사상의 자유시장이라는 오해

- 표현의 자유 다시 읽기 -

사상의 자유시장이라는 오해

- 표현의 자유 다시 읽기 -

지은이 / 문재완
펴낸이 / 조유현
편   집 / 이부섭
디자인 / 박민희
펴낸곳 / 늘봄

등록번호 / 제300-1996-106호   1996년 8월 8일
주소 / 서울시 종로구 종로35길 44, 2층
전화 / 02) 743-7784   이메일 / book@nulbom.co.kr

초판 발행 / 2025년 10월 1일
ISBN / 978-89-6555-117-1 93360

이 책은 방일영문화재단의 지원을 받아 저술·출판되었습니다.

※ 값은 표지에 있습니다.

사상의 자유시장이라는 오해

- 표현의 자유 다시 읽기 -

문재완 지음

늘봄

차 례

머리말 … 11

1장 _ 사상의 자유시장 이론 : 오해의 시작

1. 이상하지 아니한가? … 18

2. 언제 어디에서 시작된 이론인가? … 20

    1) 메이드 인 유에스에이 … 20

    2) 홈즈 대법관 … 23

3. 다른 이론은 없나? … 25

    1) 민주적 의사결정 참여 … 26

    2) 개인의 자기실현 … 27

4. 다른 나라는 사상의 자유시장을 어떻게 이해할까? … 29

    1) 독일 … 30

    2) 프랑스 … 32

    3) 영국 등 … 34

5. 사상의 자유시장 이론에 대한 중간 점검 … 35

6. 사상의 자유시장은 항상 작동하는가? … 38

    1) 자유경쟁이 이루어지지 않는다면 … 38

    2) 진실을 기다릴 시간이 없다면 … 41

    3) 진실이 이미 밝혀졌다면 … 43

4) 표현에 사상을 담고 있지 않다면 ⋯ 45

5) 표현이 담고 있는 사상의 해악이 너무 크다면 ⋯ 47

6) 참여자가 비합리적이라면 ⋯ 50

7. 소결 ⋯ 51

2장 _ 음란물에는 어떤 사상이 담겨 있을까?

1. 이상하지 아니한가? ⋯ 54

2. 음란물은 사상을 담고 있는가? ⋯ 58

1) 미국의 음란물 규제 역사 ⋯ 59

(1) *Hicklin* 기준 ⋯ 59

(2) *Roth* 판결 ⋯ 61

(3) *Miller* 판결 ⋯ 63

2) 시사점 ⋯ 65

(1) *Roth* 판결의 영향 ⋯ 65

(2) 헌법재판소가 빠뜨린 문제 ⋯ 67

(3) 미국 연방대법원이 고민한 문제 ⋯ 68

3. 음란물의 해악은 무엇인가? ⋯ 70

1) 선량한 성풍속 ⋯ 70

2) 미국이 찾은 해악 ⋯ 72

(1) 대통령 위원회의 노력 ⋯ 72

(2) 반포르노 페미니스트의 시도 ⋯ 74

3) 헌법재판소와 대법원은 무슨 해악을 고민할까? ⋯ 78

(1) 도덕주의적 관점 ⋯ 78

(2) 시간이 지나도 해결되지 않는 문제 ⋯ 80

4. 소결 ⋯ 83

3장 _ 가짜뉴스도 보호받나?

1. 이상하지 아니한가? ⋯ 88

2. 거짓말도 표현의 자유의 보호대상이다? ⋯ 92

      1) 미국 ··· 92

         (1) *New York Times* 사건과 현실적 악의(actual malice) ··· 92

         (2) 의견과 사실의 구분 ··· 94

         (3) *Alvarez* 판결의 특징 ··· 97

      2) 독일 ··· 98

         (1) 표현의 자유와 사실 전달의 보호 ··· 98

         (2) 표현의 자유와 다른 법익 간 실질적 조화 ··· 99

         (3) 표현의 자유 주요 판례 ··· 101

      3) 한국 ··· 104

         (1) 미네르바 결정 내용 ··· 104

         (2) 비판적 검토 ··· 107

         (3) 허위임을 '알고' 전파하는 행위와 이를 '모르고' 전파하는 행위 ··· 109

3. 가짜뉴스 규제법은 제정할 수 있을까? ··· 110

      1) 가짜뉴스와 허위 조작정보 ··· 111

      2) 가짜뉴스 규제에 관한 헌법적 고찰 ··· 114

      3) 가짜뉴스의 대응 방안 ··· 118

      4) 현행 제도로는 부족한가? ··· 120

         (1) 허위사실공표죄 ··· 120

         (2) 징벌적 손해배상제 도입 ··· 123

4. 소결 ··· 128

4장 _ 해악이 즉각 발생해야 표현을 금지할 수 있다?

1. 이상하지 아니한가? ··· 134

2. '명백하고 현존하는 위험' 원칙이란 무엇인가? ··· 139

      1) 탄생 ··· 139

         (1) 홈즈 대법관의 "불이야!" 비유 ··· 139

         (2) '사상의 자유시장'과 '명백하고 현존하는 위험'의 관계 ··· 140

         (3) 브랜다이스 대법관의 지지 ··· 142

      2) 발전 ··· 144

      3) '명백하고 현존하는 위험' 원칙의 재구성 ··· 146

4) *Brandenburg* 후속 판례 ··· 147

3. '명백하고 현존하는 위험' 원칙은 재판규범인가? ··· 149

　　1) 재판규범으로서 '명백하고 현존하는 위험' 원칙의 한계 ··· 150

　　2) 재판규범으로서 *Brandenburg* 기준의 한계 ··· 152

　　3) 국가안보 사안에 적용되는 위헌심사기준 ··· 153

　　　　(1) *Brandenburg* 기준을 적용할 수 있을까? ··· 153

　　　　(2) *Holder* 판례 ··· 155

　　4) 소결 ··· 157

4. '명백하고 현존하는 위험' 원칙은 다른 나라에서도 사용되나? ··· 159

　　1) 유럽인권재판소 ··· 160

　　2) 독일 ··· 163

　　　　(1) 표현의 자유의 위상 ··· 163

　　　　(2) 표현규제에 관한 위헌심사 기준 ··· 165

　　3) 프랑스 ··· 167

　　　　(1) 표현의 자유의 위상 ··· 167

　　　　(2) 선동 및 테러 미화 처벌 ··· 169

　　　　(3) 표현규제에 관한 위헌심사 기준 ··· 170

　　4) 영국 ··· 171

　　　　(1) 표현의 자유의 위상 ··· 171

　　　　(2) 테러리즘 조장 처벌 ··· 172

　　　　(3) 표현규제에 대한 위헌심사 기준 ··· 174

　　5) 일본 ··· 175

　　　　(1) 표현의 자유의 위상 ··· 175

　　　　(2) '공공의 복지'에 의한 제한 ··· 176

　　　　(3) 비교형량론 ··· 177

　　6) 정리 ··· 179

5. 국가보안법 사안에 '명백하고 현존하는 위험' 원칙을 적용할 수 있을까? ··· 182

　　1) 이적표현물의 불법성 판단 기준 ··· 182

　　2) '명백하고 현존하는 위험' 원칙의 국내 수용 ··· 184

3) '명백하고 현존하는 위험' 원칙의 도입 타당성 검토 … 186

4) 표현의 자유 제한의 정당성 심사 … 188

6. 소결 … 192

5장 _ 혐오표현는 예외인가?

1. 이상하지 아니한가? … 196

2. 혐오표현의 해악은 무엇인가? … 199

　　1) 사상의 자유시장 이론과 해악의 원리 … 199

　　2) 개인적 해악과 사회적 해악 … 201

3. 혐오표현의 해악은 개별적인가? … 203

　　1) 집단에 대한 모욕, 명예훼손 … 203

　　2) 비교법적 검토 … 206

4. 혐오표현의 해악은 즉각적인가? … 208

　　1) 해악의 중대성과 즉각성 … 208

　　2) 미국 판례 … 210

　　3) 해악의 즉각성 논쟁 … 212

5. 소결 … 214

6장 _ 신문의 자유, 방송의 자유, 인터넷의 자유

1. 이상하지 아니한가? … 222

2. 매체의 특성과 사상의 자유시장 … 225

　　1) 표현의 자유와 언론의 자유 … 225

　　2) 언론의 자유의 이중적 성격 … 228

　　3) 신문의 기능 보장 … 229

　　4) 방송의 자유 … 232

　　　　(1) 제한법률과 형성법률 … 232

　　　　(2) 미국과 독일의 서로 다른 접근 … 235

(3) 방송은 아직도 특수한가? ··· 238

(4) 방송과 OTT 간 규제 불균형 해소 ··· 242

3. 인터넷 규제와 인터넷 중개자 규제 ··· 248

1) 미디어로서 인터넷: 이론과 실제 ··· 248

(1) 흔들리는 이상론 ··· 248

(2) 인터넷 특성과 공론장 붕괴 ··· 250

2) 인터넷 중개자의 공론장 지배 ··· 253

(1) 인터넷 중개자의 인터넷 지배 ··· 253

(2) 인터넷 포털 뉴스 서비스의 특수성 ··· 255

3) 온라인 플랫폼의 공론장 지배의 위험성 ··· 257

4) 인터넷 공론장 회복의 방향 ··· 259

(1) 사회적 책임 강화 ··· 259

(2) 자율규제 유도 ··· 260

(3) 법적 규제의 종합화 ··· 261

(4) 유해정보 대책 마련 ··· 262

(5) 공익과 일치하는 모데레이션 유도 ··· 263

(6) 바른 정보 확산 지원 ··· 265

4. 소결 ··· 266

7장 _ 맺는말

1. 아웃라이어, 미국 ··· 274

2. 사상의 자유시장을 정리하면 ··· 280

3. 내가 생각하는 대안 ··· 282

미 주 ··· 288

머리말

나는 번듯한 말을 잘하지 못한다. 아니, 사실은 그런 말을 별로 좋아하지 않는다. 말이 진실을 모두 담고 있다고 생각하지 않기 때문이다. 그런데도 말은 중요하다. 말을 하지 않으면 내 생각을 전할 수 없고, 말을 듣지 않으면 다른 사람의 생각을 알 수 없기 때문이다. 그것이 말의 역할이다. 사람들이 함께 살아가는 사회에서 말은 서로를 이해하고 협력하게 하는 가장 기본적인 수단이다.

민주주의 사회에서는 말의 중요성이 더욱 커진다. 민주주의는 국민의 뜻에 따라 국가 의사가 결정되는 체제이고, 그렇게 형성된 국가 의사는 국민의 자유와 권리를 제한할 수 있는 정당성을 갖는다. 따라서 무엇보다 중요한 것은 국민의 뜻을 제대로 모으는 과정이며, 그 과정을 가능하게 하는 것이 바로 말이다.

그렇지만 말만으로 진리가 드러나는 것은 아니다. 말만으로는 민주주의를 이룰 수 없고, 모든 문제를 해결할 수 있는 것도 아니다. 짧지 않은 세월을 살면서 내가 얻은 작은 깨달음은, 말은 필요조건일 뿐 충분조건은 아니라는 점이다.

나는 평생 말과 관련된 일을 해 왔다. 젊은 시절에는 신문 기자로서 남의 말을 전했고, 이후에는 내 말을 하고 싶어 학문을 시작했다. 그렇게 공부한 것이 '말의 헌법학'이다. 표현의 자유를 주제로 논문을 쓰고 책을 내면서, 처음에는 너무도 당연하게 받아들였던 전제들이 점차 의문스럽게 느껴졌다. 사상의 자유시장 이론은 그 대표적인 주제다.

우리가 싫어하는 생각을 위한 자유 freedom for the thought that we hate

100여 년 전, 미국 연방대법원 대법관 홈즈(Oliver W. Holmes Jr.)가 남긴 말이다. 그는 자유로운 사상이 미국 헌법의 핵심이라며, 우리가 혐오하는 생각조차 보호해야 한다고 역설했다. 이를 위해서는 '사상의 자유로운 교환'이 필요하다고 강조했는데, 이른바 '사상의 자유시장'(marketplace of ideas) 이론이다. 그의 사상은 동료 브랜다이스(Louis D. Brandeis) 대법관으로 이어졌다. 브랜다이스는 "잘못된 말에 대한 대응은 강요된 침묵이 아니라 더 많은 말(more speech)이라고 했다." 참으로 번듯한 말들이다.

사상의 자유시장 이론은 언뜻 보기에 매혹적이다. 사상의 경쟁을 통해 진리가 스스로 드러난다고 하며, 따라서 정부가 옳고 그름을 판단하여 특정 사상을 억압하는 것은 잘못이라고 말한다. "착하게 살아야 한다"는 말처럼 반박하기 어려운 명제다. 그러나 법학은 현실의 문제에 답을 내놓아야 하는 학문이다. 모두가 착하게 살려 할 때 악당이 나타나 해코지한다면 어떻게 할 것인가? 잘못된 말로 피해를 입은 사람에게 "너도 말로 대응하라"는 처방은, 애초에 말할 기회를 얻지 못한 사람들과 말주변이 없는 사람들을 외면한 채 이상만 강요하는 법리에 불과하다. "빵이 없으면 케이크를 먹으라"는 말 못지않게 현실성이 없다. 사상의 자유시장은 현실적 해악 앞에서 무력한 공리공담에 지나지 않는다.

실제로 미국을 제외한 서구 민주주의 국가들 가운데 이 이론을 받아들이는 곳은 거의 없다. 진리가 시장의 경쟁 속에서 저절로 드러난다는 전제를 이론적으로나 현실적으로 수용할 수 없기 때문이다. 사상의 자유시장 이론은 재화가 시장에서 수요와 공급의 균형을 찾아가듯, 사상도 자유로운 교환을 통해 진리에 도달할 수 있다는 비유에서 시작되었다. 그러나 재화의 시장조차 정부 개입이 허용되는데, 사상의 시장만은 자유로운 경쟁으로 진리에 도달할 수 있다는 믿는 근거는 무엇인가?

어느새 우리 사회 지식인들 사이에서 당연한 법리처럼 받아들여지고 있는 사상의 자유시장 이론은, 겉으로는 번듯해 보이지만 실제로는 이론적으로도 현실적으로도 허점투성이다. 이 책은 표현의 자유가 중요한 영역에서 사상의 자유시장이 왜 작동하지 않는지를 구체적으로 설명한다.

이 책의 구성은 다음과 같다.

1장은 사상의 자유시장 이론 전반을 다룬다. 이 이론이 어떻게 태동했고, 어떤 과정을 거쳐 오늘날 미국에서 지배적인 법리로 자리 잡았는지를 설명한다. 동시에 겉으로는 매혹적이고 반박하기 어려운 이론이지만, 실제로는 여러 이론적 약점을 안고 있다는 점을 검토한다.

2장은 음란물 문제를 다룬다. 음란물이 사상을 담고 있지 않다면 규제에 정당성이 있지만, 그렇다고 사상이 전혀 없다고 단정하기도 어렵다. 결국 음란물의 사회적 해악 때문에 규제해야 한다는 논리가 등장했지만, 이는 사회적 해악을 가진 다른 표현 역시 규제해야 한다는 결론으로 이어져 근본적 한계를 드러낸다. 음란물 규제는 사상의 자유시장 이론의 한계를 가장 뚜렷하게 보여주는 사례다.

3장은 거짓말, 특히 가짜뉴스 문제를 다룬다. 사상의 자유시장은 사상(idea)의 경쟁을 전제하지 사실(fact)의 경쟁을 전제하지 않으므로, 허위 사실을 보호할 이유가 없다. 그런데도 미국은 판례 변경을 거쳐 거짓말까지 보호하고 있다. 반면 독일은 허위 사실 표현을 보호 영역에서 배제하고, 홀로코스트 부인을 형사처벌한다. 이 장의 마지막에서는 가짜뉴스 규제법 제정이 헌법적으로 허용될 조건을 검토한다.

4장은 국가안보와 관련된 표현을 다룬다. '사상의 자유시장'과 짝을 이루는 '명백하고 현존하는 위험' 원칙이 어떻게 등장했는지, 미국에서 어떻게 사용되어 왔는지, 그리고 왜 다른 민주주의 국가에서는 거의 수용되지 않았는지를 살펴본다. 또한 이 원칙을 우리나라 국가보안법 이적표현물 규제에 적용할 수 있는지 검토한다.

5장은 혐오표현을 다룬다. 미국은 사상의 자유시장 논리에 따라 즉각적인 불법행위를 초래하지 않는 한 혐오표현을 보호하지만, 유럽은 사회적 통합과 인간의 존엄성 보장을 위해 이를 규제한다. 우리나라는 미국에 가까운 예외적 국가다. 이 장에서는 혐오표현 개념과 규제 논란의 쟁점을 정리한다.

6장은 언론의 자유를 다룬다. 언론매체가 독과점화되면 사상의 자유시장은 제대로 작동하지 않는다. 과거 신문과 방송의 독점 구조, 그리고 오늘날 포털과 소셜미디어의 영향력을 살펴보며, 언론의 자유가 표현의 자유와 어떻게 다른지, 그리고 민주적 여론 형성이라는 공적 기능과 어떻게 연결되는지 분석한다.

마지막으로 7장은 앞선 논의를 종합하며 대안을 제시한다. 표현의 자유를 단순히 '하고 싶은 대로 말하는 자유'로 이해하는 통설에서 벗어나, '민주적 의사형성에 기여하는 표현'을 중심으로 보호하는 새로운 틀을 제안한다. 민주주의 사회에서 표현의 자유는 구성원들이 자기 의사를 형성하고, 서로의 의견을 듣고, 함께 결정을 내릴 수 있도록 보장하는 권리다. 따라서 화자의 권리뿐 아니라 청자의 이익도 함께 고려해 표현의 자유의 보호 범위를 설정하고, 민주적 의사형성에 기여하는 정도에 따라 보호 수준을 달리하는 접근이 필요하다.

이 책은 사상의 자유시장이라는 신화를 넘어, 민주주의 본질에 충실한 새로운 표현의 자유 이론을 모색하는 여정이다. 표현의 자유의 헌법적 의의에서부터 구체적 사안 해결까지 종적으로 살펴보고, 음란물·가짜뉴스·이적표현물·혐오표현·플랫폼 독과점 등 다양한 쟁점을 횡적으로 분석한다. 이를 통해 사상의 자유시장이 일관되게 해결하지 못한 문제들을 드러내고, 새로운 이론을 통해 그 해법을 모색하고자 한다.

이 책은 학술서다. 하지만 법학을 전공하지 않은 독자도 표현의 자유가 왜 중요한지, 그리고 그 한계는 무엇인지를 이해할 수 있도록 쉽게 쓰였다. 동시에 법학 전공자에게는 사상의 자유시장 이론의 문제를 깊이 탐구하고, 대안적 시각을 모색할 계기를 제공할 것이다. 많은 독자가 이 여정에 함께해 주시기를 바란다.

정년 퇴임을 앞두고, 자유롭게 학문을 탐구할 수 있도록 지원해준 한국외국어대학교에 깊이 감사드린다. 학교의 발전을 기원한다.

2025년 9월
이문동 법학관 연구실에서 **문 재 완**

1장 사상의 자유시장 이론 : 오해의 시작

1. 이상하지 아니한가?

2. 언제 어디에서 시작된 이론인가?

3. 다른 이론은 없나?

4. 다른 나라는 사상의 자유시장을 어떻게 이해할까?

5. 사상의 자유시장 이론에 대한 중간 점검

6. 사상의 자유시장은 항상 작동하는가?

7. 소결

1장 사상의 자유시장 이론 : 오해의 시작

1. 이상하지 아니한가?

어떤 사실이 보도가 됐는데 이게 허위라고 믿는 사람도 있고 진실이라고 믿는 사람도 있습니다. 그런 경우에 우리 헌법정신에 따르면 국민들끼리 상호 간에 토론을 해서 사상의 자유시장 속에서 진실이라고 더 국민들에게 지지를 받는 것들이 그 시장 경쟁을 통해서 승리를 해서 국민들 다수의 의견을 형성하고 또 만약에 소수 의견이었던 게 시간이 지나고 나서 다시 경쟁해서 이기면 다시 다수 의견이 되고 이렇게 흘러가도록 하는 것, 이게 우리 헌법정신에 맞다. 어떻게 보십니까? 동의하십니까?

제21대 국회 인사청문회에서 더불어민주당 소속 이탄희 의원이 정형식 헌법재판관 후보자에게 한 질문이다.[1] 정형식 후보자는 "네, 동의합니다."라고 답했다. 이탄희는 표현의 자유를 보호하는 이론으로 소위 '사상의 자유시장'(marketplace of ideas)이 우리 헌법정신에 맞는다고 주장했고, 정형식은 이에 동의한 것이다. 판사 출신의 국회의원과 헌법 해석의 최고기관인 헌법재판소 재판관 예정자가 서로 묻고 답하며 그들의 헌법 이해 수준을 보여주었다.

그런데, 질의 내용이 이상하지 않은가? 허위라고 믿는 사람과 진실이라고 믿는 사람이 논쟁을 벌이면, 목소리 큰 사람이 이기거나 양쪽이 모두 목소리를 높이다가 결국 진짜 싸움으로 이어지는 게 일상의 모습 아니던가? 하나님을 유일신으로 믿는 사람과 알라를 유일신으로 믿는 사람이 상호 토론으로 진리를 찾는 것을 본 적이 있는가? 더구나 진실을 다수 의사로 결정한다고? 국민의 지지를 더 많이 받은 내용이 진실이 되었다가, 시간이 지나 국민의 지지가 바뀌면 진실이었던 것이 허위가 되고 허위였던 것이 진실이 된다고?

이보다 더 우려스러운 것은 이탄희 같은 주장을 우리나라에서 흔히 볼 수 있다는 데 있다. 표현의 자유를 제한하려고 할 때마다 반론으로 제기되는 논거가 사상의 자유시장이다. 사상의 자유로운 경쟁에 맡기면 모두 해결된다는 낙관론이다. 대법원도, 헌법재판소도 아무런 의심 없이 이를 인용하고 있다. 헌법재판소는 "정치적 익명 표현을 규제하는 것은 인터넷이 형성한 '사상의 자유시장'에서의 다양한 의견 교환을 억제하고, 이로써 국민의 의사표현 자체가 위축될 수 있으며, 민주주의의 근간을 이루는 자유로운 여론 형성이 방해될 수 있다."라고 판시한 바 있다.[2] 대법원은 "자유로운 의사표현과 활발한 토론이 보장되지 않고서는 민주주의가 존립할 수 없다."라며

"다양한 견해가 사상의 자유시장에서 경쟁할 때 비로소 올바른 여론이 형성될 수 있[다]"라고 판시한 바 있다.[3]

사상의 자유시장은 사상의 경쟁을 통해서 진리가 스스로 모습을 드러내므로, 정부가 옳고 그름을 판단하여 특정 사상을 억압하는 것은 잘못이라는 법리다. 표현의 자유를 보호하는 이론 가운데 가장 오래된 것이다. 특히 미국에서 보편적으로 수용된 이론이고, 우리나라에도 영향력이 크다. 하지만 사상의 자유시장은 재화가 시장에서 자유로운 교환을 통해 수요와 공급의 균형을 찾아가듯, 사상도 자유로운 교환을 통해서 진리에 도달할 수 있다는 비유에 불과하며, 이론적으로나 현실적으로 많은 문제를 안고 있다.

2. 언제 어디에서 시작된 이론인가?

1) 메이드 인 유에스에이

사상의 자유시장 이론은 미국에서 탄생해 미국에서 꽃피웠다. 미국을 염두에 두지 않으면 사상의 자유시장 이론은 이해하기 어렵다. 미국은 다른 나라와 달리 표현의 자유를 절대적으로 보호하는 것처럼 보이는 헌법을 가지고 있다. 미국 수정헌법 제1조는 "의회는 언론의 자유를 제한하는 법률을 만들어서는 안 된다."라고 규정하고 있다. 수정헌법 제1조부터 제10조까지를 '권리장전'(Bill of Rights)이라고 하는데, 1789년 매디슨(James Madison) 주도로 의회에 제출된 권리장전은 1791년 주의 비준을 받아 미국 헌법의 일부가 되었다. 수정 헌법 제1조는 권리장전 중 가장 앞에 위치할 뿐만 아니라 언론의 자유를 제한하는 법률을 입법할 수 없다고 명시하고 있어, 미국 헌법에서 차지하는 위상이 상당히 높다는 것을 알 수 있다.

하지만 18세기 말 미국에 언론의 자유를 제한하는 법률이 없었던 것은 아니다. 영국 식민지 시대부터 명예훼손죄가 있었고, 음란물과 신성모독에 대해서도 처벌이 이루어졌다. 건국 이후 미국이 언론의 자유를 제한하는 법률을 제정하지 않은 것도 아니다. 대표적으로 1798년 제정된 「선동법」(Sedition Act of 1798)은 미국 정부나 의회, 또는 대통령에 대한 "허위이고, 중상적이고 악의적인" 글을 인쇄하는 것을 불법으로 규정하였다. 미국에서 언론의 자유는 건국 후 상당 기간 헌법의 장식품에 불과했다.

헌법상 언론의 자유가 규범력을 갖기 시작한 것은 20세기에 들어서다. 이를 가능하게 한 출발점은 언론의 자유는 왜 다른 기본권과 달리 제한할 수 없는 것인지에 대한 설명이었다. 언론의 자유에 대한 정당성 논거(rationale) 연구가 미국처럼 활발하게 이루어진 국가는 세계 어디에도 없다. 정당성 논거로 가장 먼저 등장한 이론이 사상의 자유시장이다. 미국 법원에서 가장 많이 인용하는 이론이기도 하다.[4] 사상의 자유시장은, 재화와 마찬가지로 사상도 시장에서 자유롭게 교환되어 경쟁을 통해서 바람직한 선에 도달한다는 이론이다. 정부가 적정 가격을 설정하고 재화의 시장에 개입하는 것이 합리적이지 않듯이, 정부가 선악을 판단하여 나쁜 사상으로부터 국민을 보호하기 위해 사상의 시장에 개입하는 것 역시 비합리적이라고 본다.

　사상의 자유시장 이론의 뿌리는 영국의 계몽주의 철학자들에게서 찾을 수 있다. 계몽주의 철학자들은 합리적인 인간은 진실과 의도된 거짓을 구분할 수 있다고 믿었다. 시인이자 사상가이자 정치가인 밀턴(John Milton)은 1644년 출판한 『아레오파지티카』(Areopagitica)에서 출판 허가제를 비난하며, 자유로운 토론을 통해 진실과 거짓이 싸우도록 내버려 둘 것을 주장하였다.[5] 밀턴은 이러한 내용을 연설문 형식의 소책자로 배포하면서, 출판 허가제에 반대하였다. 밀턴은 진리 발견을 위해서는 공개 토론이 최적의 방법이며, 공개 토론이 이루어지려면 관용과 자유가 필수적이라고 주장하였다.[6] 그러나 밀턴은 절대적 자유를 주장하지는 않았다. 신성모독이나 무신론 주장에 대한 관용에는 한계가 있으며, 이러한 표현물에 대한 검열은 찬성하였다.

　200년 후, 밀(John Stuart Mill)도 1859년 출간한 『자유론』(On Liberty)에서 검열에 반대하며 활발한 토론을 강조하였다. 그는 만약 강요된 생각이 옳다면 사람들은 진실과 거짓을 비교할 기회를 잃어버리는 것이고, 만약 옳지 않다면 사람들은 진실이 거짓에 비해 얼마나 명확하게 모습을 드러내어 감동을 주는지 아는 기회를 놓치는 것이라고 역설하였다.[7] 밀은 진리가 죽은 도그마(dogma)가 되지 않고 사람들 마음속에 살아 있으려면, 활발한 토론을 거쳐 살아남아야 한다고 보았다. 그는 사상과 언론의 자유를 절대적으로 보장해야 할 자유의 핵심 영역으로 보았으며, 사상과 언론의 자유를 보장함으로써 진리를 발견할 수 있다고 주장하였다.[8]

2) 홈즈 대법관

철학자의 주장을 실제 사건의 해결에 활용한 인물은 홈즈(Oliver W. Holmes Jr.) 대법관이다. 미국 연방대법원 대법관으로 재직하던 홈즈는 1919년 *Abrams v. United States* 사건에서 반대의견을 내면서 "궁극적으로 바람직한 선(善)은 사상의 자유 교환에 의하여 이루어진다. 즉 진리를 발견하는 가장 좋은 방법은 사상이 스스로 힘으로 시장의 경쟁에서 살아남아 받아들여지는 것"이라며, 사상의 자유시장을 미국 헌법의 중심 이론이라고 주장하였다.[9] *Abrams* 사건은 제1차 세계대전 중 사회주의자들이 탄약 등 무기를 생산하지 말 것을 촉구하는 유인물을 배포한 혐의로 기소된 사건이다. 홈즈 대법관은 이 사건에서 표현의 자유를 옹호함으로써 진보적 자유주의자로서 큰 명성을 얻었다.[10]

홈즈 대법관은 '사상의 자유시장'(marketplace of ideas)이란 용어를 직접 사용하지는 않았다. 다만, 사상의 자유시장 이론의 핵심 개념에 해당하는 '사상의 자유 교환'과 '시장'이라는 표현을 통해 자신의 주장을 전개함으로써, 사상의 자유시장 이론의 대표주자로 평가받는다. '사상의 자유시장'(marketplace of ideas)이란 용어는 홈즈 대법관의 사상을 계승한 더글러스(William O. Douglas) 대법관이 1953년 *United States v. Ramely* 사건에서 별개 의견을 내면서 처음 판결문에 등장하였다.[11]

사상의 자유시장은 1960년대까지 주목받지 못하였다.[12] 홈즈 대법관 자신도 1920년대에 사상의 자유시장을 적용할 수 있는 사건들을 처리하면서 이를 언급하지 않았다.[13] 사상의 자유시장이 부상한 것은 1960년대 연방대법원 판결을 통해서이다. 1960년대 미국은 민권운동이 한창이었고, 연방대법원은 워렌(Earl Warren) 대법원장을 주도로 인권을 중시하는 진보적인 판결을 내놓고 있었다. 워렌은 캘리포니아 주지사로 재직하던 중 아이젠하워 대통령에 의해 제14대 연방대법원장으로 지명되어 주지사직을 물러나고, 1969년까지 재임하였다. 미국 표현의 자유 판례에서 기념비적 전환점을 제시한 1964년 *New York Times v. Sullivan* 판결도[14] 이 시기 나왔다.

New York Times 판례의 핵심 법리를 사상의 자유시장이라고 할 수는 없지만, 이 판결에 등장하는 유명한 문구, "공적 쟁점에 대한 토론은 자유롭고, 활발하고, 광범위하게 열려 있어야 한다는 원칙"은[15] 사상의 자유시장 비유와 유사한 메시지를 던진다. 표현의 자유 판례사에서 중요한 의미를 갖는 1969년 *Red Lion v. FCC* 사건에서도 연방대법원은 "진실이 궁극적으로 승리하는, 제한 없는 사상의 자유시장을 보전하는 것이 수정헌법 제1조의 목적이다."라고 판시하였다.[16] 다만 연방대법원은 이 판결에서, 정부가 사상의 자유시장을 보전하기 위해 시민이 공중파에 접근할 수 있도록 방송국에 '공정성 원칙'(fairness doctrine)을 강제할 수 있다고 보았다. 이는 방송이라는 매체의 특수성을 이유로, 전통적인 사상의 자유시장 접근과 다른 입장을 취한 것이다. 1960년대 이후 '사상의 자유시장'이라는 용어가 광범위하게 사용되기 시작하였다는 사실은 구글 검색으로 확인된다.[17]

사상의 자유시장은 표현 내용에 대한 규제를 원칙적으로 허용하지 않는 법리다.[18] 하지만 사상의 자유시장도 정부 개입이 불가피한 상황을 인정한다. 홈즈 대법관은 실용주의자였기 때문에, 표현의 자유가 절대적인 가치를 지니는 영역이라고 주장하지 않았다. 그는 표현의 자유에도 한계가 있을 수밖에 없다고 보았으며, 그 한계 기준으로 '명백하고 현존하는 위험'(clear and present danger)을 제시하였다. 이론으로서의 '사상의 자유시장'은, 심사기준으로서의 '명백하고 현존하는 위험' 원칙과 더불어 표현의 자유를 보장하고 있다.

3. 다른 이론은 없나?

언론의 자유의 헌법적 정당성을 찾는 작업은 미국에서 많은 학자들에 의해 이루어졌다. 예일 대학교 로스쿨 교수였던 에머슨(Thomas I. Emerson)은 1960년대 이를 체계적으로 정리하여, '개인의 자기실현', '진리 발견', '민주적 의사결정 참여', '안정과 변화의 균형' 등으로 구분하였다.[19] 흔히 앞의 세 가지를 언론의 자유 또는 표현의 자유의 헌법적 의의라고 설명한다. 헌법재판소도 "헌법 제21조 제1항에서 규정하고 있는 언론·출판의 자유는 자유로운 인격발현의 수단임과 동시에 합리적이고 건설적인 의사형성 및 진리발견의 수단이며, 민주주의 국가의 존립과 발전에 필수불가결한 기본권이다."라고 판시한 바 있다.[20] 우리나라에서는 이 세 가지를 종합하여 언론의 자유의 기능으로 받아들이고 있지만, 실제로는 이들 각각이 미국에서 서로 다른 학자들에 의해 주장되고 발전한 것이다. 어떤 이론적 입장을 선택하느냐에 따라 언론의 자유의 보호 범위나, 언론의 자유 제한에 대한 위헌심사기준이 달라질 수 있다. 언론의 자유의 정당성 논거로 사상의 자유시장이 아닌 다른 이론들을 살펴본다.[21]

1) 민주적 의사결정 참여

국민이 민주적 의사결정에 참여하여 자기지배를 실현하는 데 표현의 자유가 필요하다고 보는 견해는 20세기 전반기 미국에서 발전하였고, 제2차 세계대전 후 전 세계 민주주의 국가로 확산되었다. 민주주의에 기초한 표현의 자유 이론은 서구 민주주의 국가에서 가장 이해하기 쉽고, 가장 인기 있는 이론이다.[22] 미국에서 표현의 자유와 민주주의의 관계를 연구한 선구적인 학자가 미이클존(Alexander Meiklejohn)이다.

그는 민주주의 국가에서 유권자가 투표하기 전에, 투표와 관련된 모든 사실과 이해관계를 알아야 한다는 점에서 표현의 자유의 정당성을 설명하였다. 그가 주장한 이론이 자기지배(self-government)이다. 민주주의 국가에서 치자(governor)가 갖는 힘의 정당성은 피치자(governed)의 동의에서 나오며, 피치자는 치자의 지배를 통해 자기지배를 실현한다고 이해하는 것이다. 이를 위해서는 정치적 평등과 민주적 통제가 필요하다.[23]

미이클존의 주장은 세 가지 내용으로 구성된다.[24] 첫째, 표현의 자유는 민주적 의사결정을 촉진하기 때문에 헌법적 가치가 있으며; 둘째, 표현의 자유는 청자(listener)가 선거할 때 내용을 알고 결정할 수 있도록 함으로써 민주적 의사결정을 가능하게 하며; 셋째, 이를 위해 필요한 모든 정보와 의견에 접근할 수 있어야 한다. 앞서 소개한 1964년 *New York Times* 판결은 공무원의 공적 활동에 대한 자유로운 비판을 허용하는 것으로, 자기지배 이론의 영향을 강하게 받은 판결로 평가된다. 이 판결 소식을 듣고 미이클존은 "거리에 나가 춤출 만한 사건"이라며,[25] 그 의의를 극찬하였다.

미이클존은 사상의 자유시장 이론에 대해 비판적이었다. 그는 이 이론이 지적 무책임과 오류의 원천이라고 보았다.[26] 또한 그는 표현의 자유가 규제의 부재를 의미하는 것이 아니라고 주장하였다.[27] 하지만 자기지배 이론은 사상의 자유시장 이론과 중첩되는 측면도 있다. 민주주의가 효과적으로 실현되기 위해서는, 민주주의 작동의 결정권을 가진 국민이 지적이고 필요한 정보를 습득해야 하며, 사상의 자유시장을 통해 사상 교환의 질이 좋아지면 민주 정부의 질도 높아질 수 있다.[28]

사상의 자유시장 이론과 자기지배 이론은 표현의 자유 그 자체에서 가치를 찾지 않는다는 점에서 공통된다. 표현의 자유를 통해 사상의 자유로운 교환이 이루어지면 전체적으로 사회에 이익이 되거나, 민주주의가 효과적으로 작동하게 된다고 보는 것이다.

2) 개인의 자기실현

표현의 자유를 수단으로 보지 않고, 표현의 자유 그 자체에서 의미를 찾는 학자들이 있다. 미국에서 처음 이러한 주장을 한 학자는 에머슨(Thomas Emerson)으로, 자기 마음을 표현하는 자유가 완전한 자기실현의 필요조건이라고 주장하였다.[29) 에머슨의 이론은 베이커(C. Edwin Baker), 레디쉬(Martin H. Redish) 등으로 계승되었다. 이들은 수정헌법 제1조가 표현 내용 그 자체 때문이 아니라 개인의 성장에 도움을 주기 때문에 표현의 자유를 보호한다고 이해한다.[30) 표현은 "인간이 생각을 발전시키고, 정신적으로 탐구하며, 스스로를 긍정하는 데 필요한 내적 부분"으로 간주된다.[31) 사회적 동물인 인간은 자기의 인성을 개발하는 과정에서 형성된 자기 생각과 의견을 표현함으로써 인간으로서 자기의 잠재력을 깨닫고 실현하게 된다는 것이다. 이러한 관점에서, 표현의 자유는 자율적인 인간이 자기 삶을 주체적으로 통제하고, 그 통제를 타인에게 표현하며, 이를 지속적으로 유지할 수 있는 필수적 조건이다.[32)

자기실현을 중시하는 학자들은 자기지배 이론과 사상의 사유시장 이론을 모두 비판한다. 표현의 자유가 개인의 자유인데, 이를 행사하는 개인에게 어떤 가치가 있는지를 설명하지 않고 사회에 주는 총체적 이익만을 고려하는 것은 잘못이라는 입장이다. 미이클존이나 그의 영향을 받은 연방대법원이 화자(speaker)가 아니라 청자(listener)에게 관심을 쏟는 것에 대해서도 비판이 제기된다.[33) 레디쉬는 "정치적 민주주의란 개인의 자기실현이라는 훨씬 중요한 가치를 실현하는 수단, 또는 그 논리적 결과물에 불과하다."라며 자기지배 이론을 비판하였다.[34) 이들은 사상의 자유시장에 대해서도 비판적이다. 베이커는 "진실은 객관적이지 않다."라며, 사상의 자유시장 이론을 신뢰하지 않았다.[35] 사람들은 진실을 발견하기보다, 그들의 관점과 이해를 바탕으로 개별적·집단적으로 진실을 선택하고 창조한다는 것이다.

4. 다른 나라는 사상의 자유시장을 어떻게 이해할까?

비교법적으로 볼 때, 표현의 자유에 관한 미국 법리는 매우 독특하다. 이른바 '미국 예외주의'라는 용어도 이러한 특수성을 설명하기 위해 등장하였다. 미국 고유의 표현의 자유 법리는 다음과 같은 요인들로 설명될 수 있다: (1) 수정헌법 제1조의 명시적인 규정, (2) 자유 중시의 가치 체제, (3) 정부에 대한 불신 문화, (4) 표현의 자유 중심의 정치 문화, (5) 사법심사의 실질적 결과, (6) 초국가적 법적 영향에 관한 국제정치학 요인.[36] 사실 "표현의 자유는 왜 보장되어야 하는가?"라는 질문 자체가 미국적이다. 미국에서 표현의 자유는 다른 헌법적 가치보다 '우월적 지위'(preferred position)를 차지한다.[37] 사상의 자유시장은 표현의 자유가 다른 권리보다 법적으로 원리적으로 우월한 지위를 보장받게 하는 정당화 이론이다.[38] 그러나 미국을 제외한 다른 국가에서는 표현의 자유가 여러 기본권 중 하나에 불과하다. 표현의 자유의 정당성 논거로서 사상의 자유시장 이론은 미국 외 국가에서 큰 관심을 받지 못하고 있다.[39]

미국과 마찬가지로 계몽주의 영향으로 발전한 서유럽 국가에서 최고의 가치는 표현의 자유가 아니라 인간의 존엄성이다. 20세기 두 차례 세계대전을 겪고 난 후, 인류는 인간의 존엄성을 최고의 가치로 인식하게 되었으며, 이는 현대 인권법의 중심 원리가 되었다. 1948년 세계인권선언(Universal Declaration of Human Rights)을 비롯한 국제 인권법은 인권의 전제적 가치를 인간의 존엄성에서 찾는다. 표현의 자유는 여러 인권 중 하나로 이해된다. 유럽인권협약(European Convention on Human Rights) 제10조는 표현의 자유를 명시하고 있지만(제1항), 제한 가능성도 비교적 자세하게 규정하고 있다(제2항). 즉, 표현의 자유는 의무와 책임을 동반하기 때문에, 국가안보, 영토의 일체성이나 공공의 안전, 무질서 및 범죄의 방지, 보건과 도덕의 보호, 타인의 명예나 권리의 보호, 비밀리에 얻은 정보의 공개 방지, 또는 사법부의 권위와 공정성의 유지를 위하여, 법률로 규정한 형식·조건·제한 또는 형벌에 의하여, 민주사회에서 필요한 한도에서 제한할 수 있다.

1) 독일

미국과 극명하게 대조되는 국가가 독일이다. 미국 헌법이 자유 중심이라면, 독일 기본법(헌법)은 인간의 존엄성 중심이다.[40] 표현의 자유에 대한 이해에서도 이러한 차이는 나타난다.[41] 미국 헌법에서 표현의 자유가 누리는 지위는 독일 기본법에서 인간의 존엄성이 향유하는 지위와 유사하다.[42] 미국 헌법이 표현의 자유를 권리장전 중 가장 앞에 두는 데 반하여, 독일 기본법 제1조는 인간의 존엄성 보장을 규정하고 있다. 표현의 자유는 기본법 제5조 제1항에서 보장되고 있으나, 동조 제2항은 "이러한 권리는 일반법률의 규정, 청소년 보호를 위한 법률상의 규정과 개인적 명예권에 의하여 제한된다."라고 규정하고 있다.

독일에서 표현의 자유는 민주주의의 핵심 요소로 간주된다. 미국 논의에 비추어 보면, 이는 자기지배를 위한 필수적인 기본권으로 이해된다. 그러나 독일은 표현의 자유를 사상의 자유시장에 더한 믿음에 기초하여 설명하지 않는다.

독일 표현의 자유의 특징은 다음과 같다.[43] 첫째, 독일에서 표현의 자유의 헌법적 위상은 미국보다 낮다. 독일은 기본권 간 위계질서를 인정하는 기본권의 객관적 가치질서를 수용하고 있는데, 표현의 자유는 인간의 존엄성이라는 최고의 헌법적 가치에 구속된다.[44]

둘째, 독일에서도 표현의 자유는 민주주의를 위하여 필수불가결한 기본권으로 인정된다. 그러나 독일은 인간의 존엄성에서 도출되는 일반적 인격권과 표현의 자유가 충돌하는 사안에서 인격권을 우선하고, 개인의 표현의 자유보다 민주주의 유지를 우선하는 경향이 있다.[45]

특히 독일이 전제하는 민주주의는 '전투적 민주주의'(streitbare Demokratie, militant democracy)이기 때문에,[46] 정치적 표현의 자유라고 하더라도 자유민주주의를 파괴하는 극단적인 표현은 헌법적으로 보호받지 못한다.[47] 독일의 전투적 민주주의는 과거 나치와 같은 반민주적 세력이 민주적 제도를 이용해서 권력을 장악하고 민주주의를 파괴했던 역사적 경험을 바탕으로 형성된 개념이다. 이 체제는 민주주의를 지키기 위해 자유민주적 기본질서를 훼손하는 정당을 해산하고, 표현의 자유를 포함한 기본권을 제한할 수 있다고 본다. 따라서 독일에서는 현존하는 정치체제의 극단적 변혁을 주장하는 개인이나 단체는 어떠한 헌법적 보호도 받을 수 없으며, 각종 민·형사상 책임을 부담하게 된다.[48] 또한 독일에서는 표현이 잠재적 해악을 초래하는지와 관계없이 표현의 내용에 근거해서 제한하는 것이 허용된다.[49] 독일 연방헌법재판소는 의견의 자유라고 하더라도 절대적으로 보호되는 것이 아니라고 판시한 바 있다.[50]

셋째, 독일 기본법 제5조 제2항은 표현의 자유에 대한 제한 사유를 명문으로 규정하고 있다. 즉, 일반법률, 청소년 보호 및 개인의 명예를 이유로 표현의 자유를 제한할 수 있음을 명시한다. 이는 수정헌법 제1조가 표현의 자유를 절대적 권리로 선언하는 미국과 뚜렷하게 대비된다. 따라서 독일에서 표현의 자유는 처음부터 다른 헌법적 가치와의 조화를 전제로 한 상대적 권리로 이해된다. 아울러 독일 연방헌법재판소는 이러한 제한 규정을 적용함에 있어 비례원칙에 따라 표현의 자유와 다른 헌법적 가치 간의 충돌을 비교형량하여 균형을 도모한다.

2) 프랑스

프랑스도 표현의 자유 원리와 이에 기초한 법적 구조에 있어서 다른 유럽 국가들과 유사하다.[51] 프랑스에서 표현의 자유는 18세기 인권의 하나로 등장하였다. 표현의 자유의 정치적·철학적 기초는 다른 인권들과 동일하며,[52] 인간 본성에 내재하는 자유권으로 이해된다.

표현의 자유가 명시적으로 규정한 최초의 문서는 1789년 「인간과 시민의 권리선언」(이하 '인권선언')이다. 인권선언 제11조는 "사상과 의사의 자유로운 통교는 인간의 가장 귀중한 권리의 하나이다. 따라서 모든 시민은 자유로이 발언하고, 글을 쓰고, 인쇄할 수 있다. 다만, 법에 의해 규정된 경우에는 그 자유의 남용에 대해서 책임을 져야 한다."라고 규정하고 있다. 또한 제4조는 "자유는 타인에게 해를 끼치지 않는 모든 것을 할 수 있는 권리"라고 하며, 제5조는 "법은 사회에 해를 끼치는 행위만을 금지할 수 있다."라고 규정하고 있다. 이러한 규정에 따르면, 프랑스에서 표현의 자유는 미국처럼 우월적 지위를 갖는 것이 아니라 타인의 권리와 조화되어야 하며, 사회적 해악을 초래할 경우 법률로 제한될 수 있는 자유로 이해된다.

프랑스는 18세기 사상가 루소(Jean-Jacques Rousseau)의 영향을 강하게 받아 입법자의 역할이 강조되는 국가다.[53] 루소는 법률을 일반의지(volonté générale)의 표현이자 자유를 가장 잘 보장하는 도구로 이해하였다. 이러한 사상의 영향을 받아, 프랑스에서 표현의 자유는 일반적으로 입법자가 조정하는 자유로 이해된다.[54] 입법자는 표현의 자유의 남용과 행사의 조건을 정할 뿐만 아니라, 표현의 자유에 관련된 다양한 매체 간의 위계질서도 실질적으로 결정할 권한을 가진다.[55]

이러한 맥락에서, 프랑스에서 사상의 자유시장 이론은 이질적이어서 수용되지 않는다. 가톨릭 전통이 강한 프랑스에서는 진리에 대한 개인의 자유로운 탐구라는 개신교적 사고방식을 받아들이지 못하고, 사상의 자유시장 역시 수용하지 못한다.[56] 프랑스는 또 미국과 달리 경제력이 시장에 미치는 영향에 대해 낙관하지 않는 전통을 가지고 있다. 프랑스에서는 재화가 시장에서 거래되어 나타나는 결과에 참가자의 경제력이 크게 영향을 미친다고 생각하기 때문에 국가 개입이 정당하다는 사고가 강하다.[57] 따라서 자유시장이라는 개념 자체가 프랑스의 전통적 사고방식과 충돌한다.

프랑스에서 표현의 자유의 정당성 논거로 가장 유력한 개념은 '다원주의'(pluralisme)에 대한 존중이다. 이는 프랑스 헌법재판소가 판례로 형성한 것이다. 프랑스 헌법재판소는 1984년 10월 11일 결정에서 인권선언 제11조에 기초하여 사상과 의견의 다원주의가 민주주의 토대 중 하나라고 강조하고,[58] 정보 발신자 중심의 전통적인 의사소통 자유 개념을 확장하여, 다원주의라는 헌법적 가치를 통해 정보 수신자의 자유 또한 강조하는 의사소통 자유의 개념을 형성하였다.[59] 이러한 관점에서 프랑스에서는 입법자와 공권력이 단순히 표현의 자유에 대한 간섭의 한계를 발견하는 데 그치지 않고, 다원주의적 표현이 효과적으로 보장될 수 있도록 적절한 방식으로 간섭해야 할 의무를 가진다고 본다. 그 결과 프랑스에서는 언론을 위한 직·간접적인 경제적 지원이 헌법적으로 정당화된다.[60]

3) 영국 등

영국의 경우 표현의 자유의 보호 근거를 민주주의에서 찾는다.[61] 영국은 2000년 유럽인권협약을 국내법으로 수용하면서 표현의 자유에 관한 헌법적 근거를 가지게 되었다. 그 전까지는 판례법(common law)이 적용되었으며, 판례법은 표현의 자유라는 개념을 인식하지 않았다.[62] 호주도 영국과 유사하다. 호주 헌법은 표현의 자유를 명시하고 있지 않지만, 법원은 정치적 표현의 자유가 대의제 민주주의에 필요하다고 인정한다. 표현의 자유는 국민의 자기지배에 기여하는 범위에서 보호된다.[63]

5. 사상의 자유시장 이론에 대한 중간 점검

사상의 자유시장은 표현의 자유 이론으로서 다음과 같은 평가할 수 있다. 첫째, 역사상 가장 먼저 제기된 법리이자, 지금도 영향력이 크다. 사상의 자유시장은 계몽주의 철학자들에 의해서 잉태되어 1919년 홈즈 대법관에 의해서 구체적인 사건 해결을 위한 법리로 발전하였다. 언론의 자유는 1791년 미국 수정헌법 제1조에 규정되었지만, 홈즈 대법관이 생명력을 불어넣기 전까지 실질적 구범력을 갖지 못했다. 미국에서 언론의 자유 또는 표현의 자유의 헌법적 의의를 고찰하고 이를 보호하기 위하여 위헌법률심사를 시작한 것은 홈즈 대법관이다. 표현의 자유 이론으로서 사상의 자유시장과, 위헌심사기준으로 명백하고 현존하는 위험은 동전의 양면과 같다. 20세기 초, 표현의 자유를 보호하기 위하여 고민한 국가는 세계에서 미국이 유일하였다. 서유럽 국가들은 20세기 중반까지 민족주의와 전체주의 영향으로 전쟁에 휩싸여 개인의 표현의 자유를 보장할 상황이 아니었다.

둘째, 사상의 자유시장은 이론으로 완결성이 떨어진다. 사상의 자유시장은 진리는 논리정연한 개념이고, 발견될 수 있다는 전제에 있다.[64] 발견되기 위해서는 진실은 주관적이기보다 객관적이어야 한다. 사회경제적 지위, 경험, 심리적 성향, 사회적 역할은 개인의 진실개념에 영향을 미쳐서는 안 된다. 하지만 오늘날 탈진실(post-truth)의 시대에, 객관적 사실보다 감정과 개인적 신념에 대한 호소가 여론 형성에 더 크게 영향을 미치고 있다. 또 표현의 종류에 따라서 진리의 발견 가능성이 달라진다. 사상의 시장에서 토론으로 진리를 발견할 수 있는 유형의 표현이 있고, 그렇지 않은 표현이 있다. 진리 발견 이론이 명백히 적용되는 유형은 정치적, 도덕적, 심리적 또는 사회적 사안이고, 사실적 주장, 과학적 수학적 공식과 관련해서는 입장이 명확하게 정립되어 있지 않다.[65] 진리가 불확실하거나 입증할 수 없는 것이라면 사상의 시장에서 진리의 승리는 증명할 수 없는 공리이다.[66]

사상의 자유시장에는 시장이 어떻게 작동하는지에 대한 설명이 없다. 재화의 시장에서는 가격이 재화를 생산하거나 소비하도록 하는 신호를 준다. 하지만 사상의 시장에서는 무엇이 그러한 역할을 하는지 모른다. 사상은 개인의 정치적 성향과 인격을 투영하는 것이어서 계량화할 수 없다.[67] 사상의 시장은 재화의 시장과 닮은 점보다 다른 점이 더 많다.[68] 사상은 교환이 아니라 공유하는 것이다. 어떤 사람이 사상을 공개한다고 해서 그 사람이 그 사상을 잃어버리는 것이 아니다. 사상은 서로 얽혀져 있어서 하나하나 분리할 수 없고 재화처럼 일부만 판매할 수 없다. 심지어 어떤 사상은 이해하기 어려워 재화를 사고팔 듯이 거래될 수 있는 것이 아니다.

셋째, 사상의 자유시장은 표현의 자유를 두텁게 보호하는 이론이다. 정부 간섭 없이 활발한 토론을 통해서 진리를 발견하고, 당면한 사회 문제에 최선의 해결책을 찾겠다는 이상을 제시하는 것이다. 정부 규제는 원칙적으로 거부한다. 이러한 배경에는 정부를 불신하는 미국 특유의 헌정 문화가 있다. 미국 법원은 특히 정부 개입을 신뢰하지 않는다.[69] 다수가 위해 또는 위험을 발견한 표현이라고 하더라도, 법원은 사상의 자유시장을 믿고 표현을 보호하는 경향을 보인다.

그러나 사상의 자유시장이 표현의 자유에 대한 모든 제한을 거부하는 것은 아니다. 사상의 자유시장을 통한 진리 발견은 표현의 자유를 보장하는 논거일 뿐만 아니라, 표현의 자유를 제한하는 논거로도 사용될 수 있다. 표현의 자유를 보호하는 이유가 진리 발견을 돕는다는 데 있다는 것은 진리 발견에 도움이 되지 않는다면 표현의 자유의 보호를 받지 못한다는 것을 의미한다. 사상의 자유를 가장 먼저 주장한 밀턴은 가톨릭 신학에 다른 진실이 숨어 있을 가능성을 부인하고, 가톨릭 교리에 대한 비판을 수용하지 않았다.[70]

전반적으로 볼 때, 사상의 자유시장은 표현의 자유를 보호하고, 정부 규제를 거부하는 이론이다. 사상의 자유시장이 개념적으로, 실증적으로, 역사적으로 문제가 있음에도 불구하고, 지금까지 생명력이 있는 이유가 여기에 있다. 특정 표현으로 해악이 발생하거나 발생할 우려가 있는 경우, 섣부른 정부 개입보다 자발적인 반론의 제기를 기다리는 것이 바람직하다는 주장이 주는 설득력이다. 문제는 사상의 자유시장이 작동하지 않은 상황이다. 어떠한 상황에서 사상의 자유시장이 작동하지 않는지 확인하고, 그러한 경우가 표현의 영역 중 어느 정도 비중을 차지하는지 검토해볼 필요가 있다.

6. 사상의 자유시장은 항상 작동하는가?

1) 자유경쟁이 이루어지지 않는다면

사상의 자유시장은 사상이 시장에서 자유롭게 경쟁하는 것을 전제하지만, 시장은 경쟁을 보장하지 않는다. 시장에 아무런 외부 간섭이 없다면, 시장은 모든 시장 참여자에게 균등한 기회를 제공하지 않는다. 경제력 권력 권위 등 사회에 존재하는 능력 차이는 사상의 시장에서 목소리의 차이로 나타난다. 사상의 자유시장은 경제력이 뒷받침되거나 기득권을 지지하는 사상이 손쉽게 수용될 수 있다는 결함을 가지고 있다.[71] 오늘날 국가는 재화의 시장에도, 사상의 시장에도 직접 개입한다. 정부는 학교 교육, 정책 홍보 등을 통해서 대중이 특정한 견해를 선호하거나 혐오하도록 강력히 권장한다.[72] 사상의 자유시장은 미리 선택된 한정된 사상들이 나타나는 시스템을 정당화하는 신화(myth)로 작용할 뿐이라는 혹독한 비판을 받는다.[73] 전통적 가치를 지지하는 기득권자에게 사상의 시장은 잘 기능하는 것처럼 보일 뿐이다. 그들이 최고라고 생각하는 사상이 채택될 가능성이 크기 때문이다.

정보통신 기술이 발전하면서 사상을 전달하는 미디어의 영향력이 커진 것도 사상의 시장에서 완전경쟁을 어렵게 하는 요인이다. 사상의 시장에서 미디어의 역할이 점차 커지면서 소수의 미디어 기업이 의제 설정을 주도하고 자유로운 경쟁은 사라지고 있다. 20세기 말까지 신문과 방송이 주도하는 전통 미디어 시장은 독과점화되었다. 신문의 경우 설립의 자유가 보장되지만 규모의 경제가 작용하는 지식산업의 특성으로 소수 신문만 살아남았고, 방송은 주파수 한계라는 기술적 문제로 정부가 소수에게 설립을 허가하였다. 미디어의 독과점화가 사회 문제가 되면서 사상의 자유시장은 비판받기 시작하였다.

대표적으로 미국 헌법학자 배론(Jerome A. Barron)은 1967년 "미국 헌법 이론은 표현의 자유에 관한 낭만적 인식, 즉 사상의 시장이 자유로이 접근가능하다는 믿음에 사로잡혀 있다."라면서 "스스로 작동하는 사상의 시장이 존재하였다고 하더라도, 더 이상 존재하지 않는다."라고 지적하였다.[74] 그는 언론의 민주적 의견형성 기능을 회복하기 위하여 언론사에 대한 접근권, 즉 액세스권(right of access)이 필요하다고 주장하였다. 액세스권은 국민이 자기 생각이나 의견을 발표하기 위하여 언론사에 자유로이 접근하여 그것을 이용할 수 있는 권리를 말한다. 배론의 주장은 반론권과 공정성 원칙의 발전에 기여하였으나, 그 이상 구체적인 내용을 제시하지 못하면서 미국에서 더 이상 주목받지 못하였다.

독일에서는 유사한 주장이 방송의 자유라는 이름으로 발전하였다. 독일 연방헌법재판소는 1981년 제3차 방송판결에서 방송의 자유를 시청자의 공적 의사형성에 '봉사하는 자유'(dienende Freiheit)라고 판시하였다.[75] 미국의 표현의 자유 이론가 미이클존이 언론의 자유의 성격을 화자(speaker)의 자유가 아닌 청자(listener)의 자유로 이해한 것과 유사한 접근이다. 헌법재판소도 신문의 자유와 방송의 자유에 관한 판결을 내면서 사상의 자유시장이 스스로 작동하지 않을 경우 정부 간섭이 불가피하다는 점을 판시하였다.[76]

1990년대 중반 이후 인터넷이 일상화되면서 미디어 환경은 급변하고 있다. 전통적인 매스미디어의 영향력이 크게 떨어지고, 개인이 인터넷을 통해서 자신의 의견을 자유롭게 표현하는 소셜 미디어가 부상하였다. 사상의 자유시장은 인터넷을 통해서 실현되는 것처럼 보였다. 그러나 인터넷이 사상의 자유시장을 실현하리라는 환상도 점차 깨지고 있다. 인터넷은 속성상 정보 생산자와 정보 이용자를 연결하는 중개자(intermediaries)가 필요한데, 시간이 지나면서 인터넷 시장은 구글, 페이스북 등 소수의 인터넷 중개자에 의해서 통제되고 있기 때문이다. 인터넷이 표현의 자유를 촉진하는 궁극적인 매체라는 생각은 너무 단순한 것이다.[77] 인터넷 폐해가 빈번히 발생하면서 인터넷에 대한 국가 규제의 정당성을 주장하는 견해는 점점 늘어나고 있다. 유럽연합(EU)은 2022년 「디지털 서비스법」(Digital Service Act)를 제정하여 디지털 중개 서비스 제공자에게 불법콘텐츠의 유통을 막기 위한 다양한 의무를 부과하고 있다.

2) 진실을 기다릴 시간이 없다면

홈즈 대법관은 표현이 행해지는 상황을 중시하였다. 사상의 시장에서 스스로 해결할 수 있는 상황인지, 그렇게 기다릴 시간기 없는 상황인지에 따라 표현규제의 정당성을 달리 본 것이다. 홈즈의 영향을 받은 브랜다이스 대법관도 1927년 *Whitney v. California* 사건에서 "만약 토론을 통해서 허위와 모순을 드러낼 시간이 있다던" 강요된 침묵이 아니라 더 많은 발언으로 해악을 치료할 수 있다고 주장하였다.[78] 만약 기다릴 시간이 없다면, 즉 홈즈가 주장하듯이 어떤 표현이 실질적 해악을 초래할 '명백하고 현존하는 위험'을 발생하는 상황에서 행해졌다면, 그러한 표현은 처벌할 수 있다.[79] 홈즈 대법관은 극장에서 "불이야!"라고 거짓으로 소리치는 경우를 예로 들었다. 극장처럼 사람이 많이 모인 곳에서 행한 거짓말이 큰 혼란과 재난을 초래하는 경우 그 표현은 처벌할 수 있다는 것이다. 이러한 주장은 홈즈 대법관이 8개월 후 *Abrams* 사건에서 반대의견을 통해서 사상이 스스로 힘으로 시장의 경쟁에서 살아남기를 기다려야 한다고 한 주장과 상치되는 것처럼 보인다. 하지만 홈즈 대법관의 두 판결은 보완적이다. 표현과 위험 사이의 인과관계가 명백하고, 위험이 현존하거나 위험 발생이 급박한 경우 표현의 자유는 규제할 수 있지만, 그렇지 않으면 표현이 초래하는 위험은 사상의 시장에서 해결되기를 기다리라는 것이다.

명백하고 현존하는 위험의 원칙은 점차 표현의 자유를 제한하는 법률의 위헌심사기준으로 활용되다가 1951년 *Dennis v. United States* 사건에서 실체적 해악의 중대성과 실현 가능성을 함께 고려하는 것으로 내용이 바뀌고,[80] 1969년 *Brandenburg v. Ohio* 사건에서 선동 (incitement) 기준으로 대체되었다.[81] *Brandenburg* 판결 이후 연방대법원은 (1) 표현자가 한 말 그 자체에 의미를 두고, 그 말이 단순히 추상적 이론에 대한 주창인지 아니면 구체적인 불법행위를 선동하는 것인지 구분해서 전자는 보호하고, (2) 후자의 경우에는 선동으로 초래되는 해악이 임박해야 처벌할 수 있다는 태도를 보인다.

명백하고 현존하는 위험의 원칙 또는 그 영향을 받은 선동 기준은 표현이 해악을 야기할 수 있으며, 해악을 해소하기 위해서 표현에 대한 규제가 불가피함을 전제로 하는 것이다. 홈즈와 그 후계자들은 시간에 초점을 맞춰서 표현으로 인하여 발생하는 해악이 급박한 경우 사상의 자유시장이 작동하지 않는 것으로 이해하였다. 미국 연방대법원이 수정헌법 제1조가 보호하지 않은 유형이라고 판시한 '도발적 발언'(fighting words) 역시 표현과 그로 인한 상대방의 폭력행위 사이의 시간적 근접성으로 사상의 자유시장이 작동되기 어려운 상황을 전제로 한 것이다.[82] 도발적 발언이란 그 자체로 상대방에게 모욕적 상해를 가하거나, 즉각적인 평화 파괴를 초래할 개연성이 있는 발언을 의미한다.

하지만 미국 판례를 살펴보면, 연방대법원이 시간적 급박성이 있는 경우에만 표현의 자유에 대한 제한이 정당하다고 판시하는 것이 아님을 알 수 있다. 명예훼손과 음란의 경우 시간적 근접성은 전혀 고려되지 않는다. 심지어 일명 「미국 애국자법」(USA Patriot Act)인 테러방지법 사안에서도 연방대법원은 즉각적인 테러를 초래하지 않는 표현에 대한 규제를 합헌으로 결정하였다. 2010년 *Holder v. Humanitarian Law Project* 사건에서 연방대법원은 명백하고 현존하는 위험의 기준이나 *Brandenburg* 판결을 언급하지 않고, 법적 조언 등 물질적 지원이 테러 활동을 간접적으로 강화하거나 정당성을 부여할 가능성을 이유로 규제를 정당화했다.[83]

3) 진실이 이미 밝혀졌다면

정보통신 기술이 발전하면서 사상의 시장은 확대되었지만, 사상의 시장에서 유통되는 정보가 허위인 경우가 많다. 특히 인공지능(AI) 기술이 급속히 발전하면서 인터넷 정보는 허위인지 확인하기조차 힘들어지고 있다. 가짜뉴스(fake news) 또는 허위조작정보(disinformation)가 사상의 시장을 포획하여 민주주의를 위협한다는 걱정이 크다.[84] 실제로 2016년 미국 대통령선거에 러시아가 개입하여 트위터 페이스북 등 소셜 미디어를 이용하여 트럼프 후보에 유리하거나 힐러리 후보에 불리한 가짜뉴스를 퍼뜨린 사실이 드러났다.[85] 사상의 시장은 진실을 제재하는 위험에서 벗어나게 하였지만, 잠재적 허위를 포용함으로써 허위의 확산이라는 정반대의 위험을 허용하고 있다는 비판을 받고 있다.[86]

사상의 자유시장에서 허위사실을 어떻게 처리할 것인가를 놓고 여러 가지 견해가 있다. 밀(J.S. Mill)은 허위사실의 가치를 긍정적으로 평가했지만, 미국 연방대법원이 처음 생각했던 사상의 자유시장은 사상(idea)의 시장이지, 사실(fact)의 시장이 아니었다. 미국 연방대법원은 *Gertz v. Robert Welch* 사건에서 "수정헌법 제1조에는 허위 사상(false idea)이란 없다."라고 하면서, "사실의 허위 진술(false statements of fact)은 헌법적 가치가 없다."라고 판시하였다.[87] 이어 의도적인 거짓말이나 부주의한 실수는 공적 과제를 제지받지 않고, 건전하고, 개방적으로 토론하는 데 있어서 사회적 이익을 높이지 않는다고 적시하였다.

그러나 연방대법원은 2012년 *United States v. Alvarez* 사건에서 의회가 수여하는 군사 훈장이나 메달을 받지 않았음에도 받았다고 허위로 주장하는 자를 처벌하는 연방법을 수정헌법 제1조에 위반된다고 판결하면서 종전과 다른 태도를 보였다. *Alvarez* 사건에서 연방대법원은 "허위 발언에 대한 해결책은 진실 발언이다. 이것이 자유 사회의 일반적인 과정이다."라고 판시하여 사상의 자유시장을 전적으로 신뢰하고 있다.[88] 우리나라 헌법재판소도 2010년 미네르바 사건에서 허위사실의 표현이 표현의 자유의 보호영역에 포함되는 것으로 판시하였다.[89]

가짜뉴스 또는 의도적인 허위사실의 유포를 사상의 시장이 해결하도록 맡겨 놓고 기다리자는 *Alvarez* 판결은 미국에서도 비판받는다.[90] 어떤 허위사실에 대해서는 사상의 자유시장이 작동하지 않는다는 점은 누구도 의심할 수 없으며, 사상의 자유시장은 해결책이 아니라 문제가 될 수 있다.[91] 그렇다고 모든 허위사실의 표현을 규제하자는 것은 아니다. 화자가 이미 진실이 아님을 알고 있는 경우만 규제한다면 진실이 아닐 수 있는 오류 가능성도, 진실이라고 생각하고 있지만 혹시 진실이 아니면 처벌받을까 두려워 발언하지 못하는 위축효과도 발생하지 않는다.[92]

가짜뉴스처럼 의도적인 허위사실의 표현은 사상의 자유시장에 의하더라도 보호할 가치가 없다. 시장에 나올 때 이미 허위이므로 진실이 발견될 때까지 기다릴 정당성이 없기 때문이다. 의약품 성능을 고의로 속이는 광고에 대해서도 사상의 자유시장이 해악을 해결할 때까지 정부가 손 놓고 있어야 하는지도 의문이다. 허위 의약품 광고의 경우 허위가 분명하고, 화자가 허위를 인식하고 있었고, 건강 상실이라는 해악은 계속 발생한다. 의도적인 허위사실의 유포에 대한 규제는 가능한지 아닌지가 아니라, 어떻게 할 것인가의 문제로 접근하는 것이 옳다고 본다.

4) 표현에 사상을 담고 있지 않다면

사상의 자유시장은 사상을 보호하는 데 그 목적이 있으므로, 사상이 담겨 있지 않은 표현을 보호영역에서 제외하는 것은 가능하다. 대표적인 유형으로 음란(obscenity)이 있다. 미국 연방대법원이 이런 입장을 택하고 있었다. 연방대법원은 1942년 *Chaplinsky v. New Hampshire* 사건에서 규제가 아무런 헌법적 문제를 일으키지 않는 표현의 유형으로 음란을 든 데 이어[93] 1957년 *Roth v. United States* 사건에서 음란은 사상을 담고 있지 않아 표현의 자유 보호영역에서 제외된다는 점을 분명히 하였다.[94] 연방대법원은 모든 사상은 그것이 이단이든 논쟁적이든 지배적인 의견형성에 해로운 것이든 상관없이 조금이라도 사회적 가치를 담고 있으면 온전히 보호되어야 하지만, 음란은 사회적 가치가 전혀 없어서 헌법의 보호에서 제외된다고 설명하였다.[95] 쉽게 말해, 음란은 성욕을 자극하는 사물에 불과하고, 사상을 담은 표현이 아니라는 것이다.

Roth 판결은 음란의 정의를 좁게 설정하고, 그 범위를 벗어난 성표현을 표현의 자유로 보호하지 않았다는 점에서 의의가 있다. 이 판결 이전까지 미국 법원은 감수성이 가장 예민한 사람을 도덕적으로 타락시킬 가능성이 있는 표현을 음란이라고 판단하였다. *Roth* 판결에서 미국 연방대법원은 동시대 동지역에 사는 평균인을 기준으로 하여, 작품 전체를 보았을 때 성욕을 자극하는 방식으로 성을 묘사하는 표현을 음란으로 재정의하였다. 그러나 음란을 사상이 담기지 않은 표현, 또는 사회적 가치를 전혀 담고 있지 않은 표현으로 정의하는 것은, 결국 음란에 대한 규제를 하지 않겠다는 것과 다르지 않다. 음란물에 메시지 하나만 담으면 규제를 피할 수 있기 때문이다. 미국에서 *Roth* 판결이 끝내 유지되지 못한 것도 이러한 한계 때문이다.

Roth 판결은 우리나라에도 영향을 주었다. 헌법재판소는 1998년 출판사 등록취소 사건에서 음란을 "인간존엄 내지 인간성을 왜곡하는 노골적이고 적나라한 성표현으로서 오로지 성적 흥미에만 호소할 뿐 전체적으로 보아 하등의 문학적, 예술적, 과학적 또는 정치적

가치를 지니지 않은 것"이라고 정의하여[96] *Roth*의 음란 기준을 차용하였다. 또 미국 연방대법원처럼 헌법재판소는 음란표현의 경우 사상의 자유시장이 작동하지 않으므로 표현의 자유에 의해서 보호될 수 없다고 보았다.

하지만 헌법재판소는 10여 년 후 선례를 변경하고, "음란표현은 헌법 제21조가 규정하는 언론·출판의 자유의 보호영역 내에 있다." 라고 판시하였다.[97] 음란표현이 언론·출판의 자유의 보호영역에 해당하지 아니한다고 해석할 경우 음란표현에 대한 최소한의 헌법상 보호마저도 부인하게 될 위험성이 농후하게 된다는 것이 판례 변경 이유다.[98]

아쉬운 점은 음란과 사상의 자유시장에 관한 설명이다. 종전 결정은 음란이 표현의 자유에 의해서 보호되지 않는 이유로 사상의 자유경쟁이 제대로 작동할 수 없다는 점을 강조하였으나, 변경 결정은 사상의 자유시장에 관한 제대로 된 검토 없이 단지 합헌성 심사를 할 수 없는 것이 부당하므로 음란도 표현의 자유에 의한 보호를 받아야 한다고 결론지었다.

5) 표현이 담고 있는 사상의 해악이 너무 크다면

음란 금지에 대해서는 또 다른 설명, 즉 해악이 너무 크기 때문에 사상의 자유시장에 맡겨 놓을 수 없다는 설명도 가능하다. 헌법재판소는 1998년 출판사 등록취소 사건에서 "일정한 표현은 일단 표출되면 그 해악이 대립되는 사상의 자유경쟁에 의한다 하더라도 아예 처음부터 해소될 수 없는 성질의 것이거나 또는 다른 사상이나 표현을 기다려 해소되기에는 너무나 심대한 해악을 지닌 것이 있다."라고 판시하였다. 이 결정은 음란표현이 사상을 담고 있지 않아서 사상의 시장에서 해악을 해소할 수 없다고 한 것인지, 너무나 심대한 해악을 지닌 사상을 담고 있어서 사상의 자유경쟁으로 그 해악이 해소되기 어렵다고 한 것인지 불명확하다. 미국 *Roth* 판결은 음란 정의를 좁게 내렸기 때문에 음란표현에는 사상이 없다는 결론을 내릴 수 있었지만, 헌법재판소는 음란을 폭넓게 정의하고 있어 음란표현은 해악이 너무 큰 사상을 담고 있다고 보는 것이 오히려 자연스럽다. 음란은 "인간존엄 내지 인간성을 왜곡하는" 성표현으로서 "사회의 건전한 성도덕을 크게 해치"는 것이라는 헌법재판소 정의는[99] 미국 *Roth* 판결에 없는 내용이다.

1998년 헌재 결정은 사상의 자유시장을 언급하고 있지만, 헌법재판소 해석은 사상의 자유시장 이론에 부합하지 않는 것이다. 사상의 자유시장에서는 사상이 초래하는 해악이 얼마나 큰 것인지 고려하지 않는다. 사상의 자유시장과 짝으로 논의되는 명백하고 현존하는 위험 원칙에서 검토되는 것은 표현과 해악 간의 인과관계의 명백성과 해악 발생 위험의 현존성이다. 표현이 발생하는 해악의 중대성은 고려 대상이 아니다. 다만, 1951년 *Dennis* 사건에서 미국 연방대법원은 명백하고 현존하는 위험의 원칙을 적용하면서 해악의 중대성과 그 실현 가능성을 함께 고려하라고 판시한 적이 있다.[100] 해악이 중대하면 인과관계의 명확성과 시간적 급박성이 인정되지 않더라도 표현을 규제할 수 있다고 본 것이다. 하지만 연방대법원은 1969년 *Brandenburg* 사건에서 선동 기준을 제시하여 해악의 중대성이 고려 대상이 아님을 확인하였다.

해악의 중대성이 논란이 되는 또 다른 대표적인 유형의 표현이 혐오표현(hate speech)이다. 세계적으로 보면, 혐오표현은 그 대상이 되는 집단과 개인에게 심각한 해악을 끼치기 때문에 처벌할 수 있다고 보는 견해가 우세하다.[101] 대표적으로 독일은 혐오표현을 광범위하게 규제하고 있다. 독일 형법 제130조는 국민선동을 금지하고, 2018년 시행된 네트워크집행법(NetzDG)은 혐오표현 등 네트워크에 게재된 불법정보를 사업자에게 신속히 차단할 것을 요구한다. 하지만 사상의 자유시장을 신뢰하는 미국의 경우 폭력 등 불법행위를 수반하지 않은 순수한 혐오표현은 규제되지 않는다. 혐오표현을 직접적으로 금지하는 연방 차원의 법률이 없으며, 연방대법원은 혐오표현의 규제에 대하여 부정적이다.[102] 홈즈 대법관은 표현의 자유를 우리가 동의하는 사상뿐만 아니라 우리가 혐오하는 사상을 위한 자유라고 주장하였다.[103]

사상의 자유시장은 해악이 큰 표현에 대해서 무력하다. 해악이 현실적으로 발생하고, 잠재적으로 확대되고 있는데도 시장이 해결할 테니 기다리라고 말하는 것은 무책임하다. 혐오표현의 문제는 사상의 자유시장에서 자유로운 토론과 논박을 통해서 해결할 수 없으며, 인위적인 개입 없이 혐오표현이 자정된다는 것은 순진한 희망사항에 불과하다는 지적은[104] 타당한 것이다. 문제는 해악이 너무 커서 사상의 자유시장에 맡길 수 없는 표현이 무엇이냐는 것이다. 혐오표현이 여기에 해당된다면, 테러단체 찬양표현물도, 국가보안법상 이적표현물도 해당된다고 보아야 한다. 해악의 중대성을 고려하는 순간 사상의 자유시장은 설 자리를 잃는다. 해악의 중대성이 표현의 가치보다 더 크다면 표현의 자유는 언제든지 제한될 수 있기 때문이다.

6) 참여자가 비합리적이라면

사상의 자유시장은 사람들이 진리를 추구하고, 진실과 허위를 구분할 수 있을 만큼 합리적이라고 가정한다. 사람들이 진실의 가치를 귀중하게 생각하지 않으면 사상의 시장에서 진실은 발견되지 않는다. 극단적으로 참여자가 허위를 추구한다면 사상의 시장은 완전경쟁을 통해서 허위를 최적의 방식으로 제공할 것이다. 인터넷에서 확증편향(confirmation bias)이 강화되면서 사람들은 자기 생각과 다른 정보를 받아들이지 않는 경향이 있다.[105] 이들은 사상의 시장에서 참과 거짓이 경쟁하는 문제에 관심이 없다. 자기 생각이 옳다는 정보가 많으면 사상의 시장은 잘 작동한다고 생각한다.

오늘날 사상의 시장에 유통되는 정보 중 상당수는 상업광고다. 인터넷 중개자들은 대부분 콘텐츠를 무료로 제공하는 대신 상업광고로 이익을 얻는다. 상업광고의 경우 시장 참여자가 추구하는 바는 진실이 아니다. 경제적 이득을 위해서 상업광고를 전파하고, 상업광고를 수용한다. 헌법재판소는 광고물도 사상·지식·정보 등을 불특정 다수인에게 전파하는 것으로서 언론·출판의 자유에 의한 보호를 받는 대상이라고 설명한다.[106] 그렇다면 경제적 이득을 위해서 하는 과장광고, 허위광고도 사상의 자유시장에서 해악이 해소될 수 있을까?

우리 헌법재판소도, 미국 연방대법원도 상업광고에 대한 정부 개입을 허용한다. 미국 연방대법원은 *Central Hudson Gas v. Public Service Commission* 사건에서 상업적 표현도 수정헌법 제1조의 보호를 받지만, 보호 수준은 헌법적으로 보호받는 다른 표현보다 낮다고 판시하였다.[107] 우리 헌법재판소도 상업광고는 사상이나 지식에 관한 정치적, 시민적 표현행위와는 차이가 있고, 인격발현과 개성신장에 미치는 효과가 중대한 것은 아니므로, 비례의 원칙 심사에 있어서 '피해의 최소성' 원칙은 "입법목적을 달성하기 위하여 필요한 범위 내의 것인지"를 심사하는 정도로 완화되는 것이 상당하다고 판시하였다.[108] 헌법재판소가 제시한 상업광고 규제의 위헌심사기준은 직업수행의 자유 규제의 위헌심사기준과 같다.[109] 직업수행의 자유는 입법형성재량이 인정되는 영역이다. 헌법재판소는 상업광고를 사상의 자유시장에 전적으로 맡길 수 없고, 공익을 위해서 국가가 규제할 수 있는 표현영역으로 이해하는 것이다.

7. 소결

지금까지 우리는 사상의 자유시장 이론의 기원과 전개, 그리고 이 이론이 지닌 이론적 한계와 실제적 문제점들을 개괄적으로 살펴보았다. 사상의 자유시장 이론은 사상의 시장이 자연적으로 형성되어 기능하므로 국가는 개입하지 말아야 한다는 내용이다. 표현의 자유를 옹호하는 이론으로 사상의 자유시장처럼 간결하고 함축적인 용어는 없다.[110] 하지만 사상의 자유시장이 작동한다는 것은 이론적 신념일 뿐, 실증적으로 관찰된 바가 없다.[111] 사상의 자유시장은 표현의 자유를 정당화하는 가장 오래된 이론이지만, 그동안 무비판적으로 수용되어 온 전제들이 사실상 오해라는 점이 점차 드러나고 있다.

사상의 자유시장에 대한 이러한 비판적 인식은 표현의 자유의 정당화 이론을 다시 점검하고, 각 쟁점에 따라 보다 정교한 접근이 필요하다는 점을 보여준다. 다음 장부터는 음란물, 가짜뉴스, 이적표현물, 혐오표현, 언론매체의 독과점 등 사상의 자유시장 이론이 실제로 적용되는 다양한 영역에서 발생하는 문제들을 하나씩 검토할 것이다. 이를 통해 이 이론이 작동하지 않는 국면들을 분석하고, 표현의 자유를 보다 현실적이고 균형 있게 구성하기 위한 대안을 모색하고자 한다.

2장 음란물에는 어떤 사상이 담겨 있을까?

1. 이상하지 아니한가?

2. 음란물은 사상을 담고 있는가?

3. 음란물의 해악은 무엇인가?

4. 소결

2장 음란물에는 어떤 사상이 담겨 있을까?

1. 이상하지 아니한가?

안주로 가져온 것은 껍질을 깐 땅콩이었다. 그냥 집어 먹으려는데, 문득 어떤 에로틱한 그림 하나가 머릿속에 떠올라 왔다. 그래서 나는 땅콩 서너 알을 질 속에다 집어 넣고 손가락으로 휘휘 저어보았다. …… 나는 불두덩 근처가 차츰 달아오르는 것을 느꼈다. 다시금 한 주먹의 땅콩을 질 속에다가 쑤셔 넣어본다. 꽉 찬 만복감, 아니 만질감 같은 느낌이 항문에서부터 머리끝까지 올라오는 것이 거 참 기분이 상당히 괜찮다. 근사하다. 나는 다시 질 속에 꼭꼭 숨어있는 땅콩 알갱이들을 뾰족한 손톱 끝으로 한알 한알 빼내어 입에다 넣고 먹어본다. 처음에는 빼내기가 쉬웠지만 나중에는 어려웠다. 하지만 깊숙이 박혀 있는 땅콩 알갱이를 빼내려고 손가락을 집어넣고 휘저어대다 보니 정말로 저릿저릿하면서도 그윽한 쾌감이 뼈 속 깊숙이 밀려왔다. 그래서 나는 일부러 손가락 동작을 아주 천천히 하여 질 속의 땅콩을 우아한 방법으로 수색해내기 시작했다. 얼근한 취기와 함께, 남자의 페니스에 의해서 이루어지는 싱거운 오르가즘보다 훨씬 더 유연하고 지속적인 오르가즘이 찾아왔다.

연세대학교 국어국문학과 교수였던 마광수가 집필한 소설 『즐거운 사라』의 일부이다.[1] 여러분은 이 글을 읽고 어떤 생각이 드는가? 야하다? 더럽다? 혐오스럽다? 검찰은 음란하다고 판단하였다. 서울지검 특수2부 검사 김진태는 『즐거운 사라』가 미풍양속을 해치는 음란물에 해당한다는 보고, 마광수와 출판사 대표를 형법 제243조(음란물 제조 및 반포) 위반 혐의로 구속하였다. 위 인용문은 당시 검찰이 음란하다고 지목한 대표적인 부분이다.

마광수는 당시 젊은이들에게 인기 있는 작가로, 1989년 시집 『가자, 장미여관으로』를 저술한 데 이어 1992년 소설 『즐거운 사라』를 출간하면서 큰 주목을 받았다. '장미여관'은 당시 신촌에 있던 러브호텔로 유명해 시집 제목만으로도 성적 상상력을 자극하기에 충분하였다. 『즐거운 사라』는 미대생인 여주인공 나사라가 다양한 사람들과 다양한 방식으로 자유로운 성생활을 즐기는 모습을 묘사한 소설이다.

마광수는 왜 이런 야한 시와 야한 소설을 발표했을까? 그는 자신의 책에서 이렇게 밝힌다.

새 시대의 조류에 맞는 새로운 성의식이나 성철학이 끼어들 여

지가 전혀 없어 사회 전체를 숨 막힌 답보상태로 몰아가고 있으며, 정치·사회·문화 전반에 걸쳐 이중적 사고방식에 기인하는 보수적 억압의 논리만이 판을 치게 만들고 있는 것이다. 이런 얘기가 굳이 자유분방한 연애심리에만 집착하는 나의 문학세계를 변명하는 말로 들릴지도 모르겠다. 하지만 나는 설사 욕을 얻어먹는 한이 있더라도, 어쨌든 일체의 성문제를 사상과 토론의 자유시장에 상장시키고 싶어서 주로 성문제에 치중해 왔다는 사실을 다시 한번 밝혀두고 싶다.[2]

문학자 마광수는 너무 순진했다. 『즐거운 사라』를 둘러싼 파문은 그의 예상했던 '욕먹는 수준'에 그치지 않았고, 그의 삶 전체를 무너뜨렸다. 그는 성적 표현도 '사상과 토론의 자유시장'에 맡겨야 한다고 믿었지만, 법조계는 그런 논의를 허용하지 않았다. 그는 강의 도중 체포되어 구속되었고, 1심 법원은 그에게 징역 8월에 집행유예 2년을 선고하였다.[3] 항소심은 그의 항소를 기각하였으며[4], 대법원 역시 상고를 기각하였다.[5]

검찰과 법원은 『즐거운 사라』에 대한 불쾌감을 노골적으로 드러냈다. 1심 법원은 "때와 장소, 상대방을 가리지 않는 각종의 난잡하고 변태적인 성행위를 선동적인 필치로 노골, 상세, 구체적으로 묘사하고 있[다]"라고 지적하고, 작가가 주장하는 '성 논의의 해방'이라는 주제를 고려하더라도 "형법 제243조, 제244조에서 말하는 음란한 문서에 해당되는 것"이라고 판단하였다. 항소심에서 음란성 여부는 본격적으로 다투어졌다. 재판부 감정인으로 지정된 서울대학교 법과대학 안경환 교수는 "『즐거운 사라』는 헌법이 보호하는 문학작품의 수준에 이르지 못하는 단순한 '음란물'"이라고 판정하였다.[6] 그는 감정서에서 "이 작품에서 성행위 및 이와 관련된 대화의 묘사는 통상인에게 도덕적 수치감과 불쾌감을 유발한다."라고 진단하고, 일부 표현은 "대다수의 국민에게 혐오감을 불러일으킨다."라고 판단하였다.

대법원도 "이 사건 소설은 미대생인 여주인공 '나사라'가 성에 대한 학습요구의 실천이라는 이름 아래 벌이는 자유분방하고 괴벽스러운 섹스행각 묘사가 대부분을 차지하고 있[다]"라며, 성희의 대상이 여러 유형의 남녀를 포괄하고, 성애의 장면도 아주 다양하며, 묘사 방법도 매우 적나라하고 장황하게 구체적이고 사실적으로, 또한 자극적이고 선정적이라고 판시하였다.

결국 『즐거운 사라』 사건은 검찰의 일방적 승리로 끝났다. 문학을 전공한 교수가 쓴 소설을 음란물로 단정하고, 저자와 출판사 대표를 구속하는 공권력 행사에 우려를 표하는 사람들도 많았지만, 법원은 검찰의 손을 들어주었다. 마광수는 이 사건으로 대학에서 해직되었다가 복직되었지만, 끝내 트라우마를 극복하지 못하고 스스로 생을 마감했다. 반면, 그를 기소한 김진태는 훗날 검찰총장에까지 올랐다.

이상하지 않은가? 검찰도, 법원도, 감정인도 마광수가 던진 질문에 답한 적은 없다. 그는 성 문제를 사상의 자유시장에 올려놓으려고 했다. 하지만 법조계는 이에 대해서는 한마디 하지 않았다. 그저 "난잡하고 변태적인 성행위"를 "노골, 상세, 구체적으로 묘사하고 있음"에 분노했고, 그러한 표현이 다수 국민에게 수치감, 불쾌감, 혐오감을 불러일으킬까 두려워하였다. 그들은 마광수가 제기한 질문에 응답했어야 했다. 음란물도 사상의 자유시장에 맡겨 둘 수는 없는가? 만약 국가가 이를 규제해야 한다면, 그 논거는 어디에서 찾아야 하는가? 표현에 대한 규제가 해악이 발생할 때만 정당화될 수 있다면, 음란물이 초래하는 해악은 무엇인가? 『즐거운 사라』를 읽은 독자가 실제로 난잡하고 변태적인 성행위를 벌일지도 모른다는 우려인가? 아니면 그로 인해 발생할 수 있는 성문화의 변화인가? 그렇다면, 결국 음란물도 하나의 사상을 전파하고 있는 것인가?

이러한 질문들에 대한 답을 찾기 위해, 먼저 음란이 과연 사상을 담고 있는지, 음란이 담고 있는 사상이 얼마나 해로운지, 나아가 음란이라는 개념을 어떻게 정의할 수 있는지 검토하고자 한다.

2. 음란물은 사상을 담고 있는가?

마광수는 성 표현의 문제가 사상의 자유시장 속에서 해결될 수 있다고 믿었지만, 과연 그럴까? 안타깝게도, 성 표현을 시장의 자율에 맡겨 놓고 아무런 규제를 하지 않는 국가는 많지 않다. 자유민주주의 국가 중에서 상대적으로 유럽 국가들이 성 표현에 대해 관대한 편이며, 미국은 전통적으로 성 표현을 엄격하게 규제하는 국가였다. 이

지점에서 의문이 생긴다. 사상의 자유시장 이론에 기초하여 표현의 자유를 세계에서 가장 두텁게 보호하는 미국에서 성 표현이 어떻게 규제될 수 있을까? 만일 성표현물이 해롭다면, 그것을 반박하는 표현물이 등장해서 논쟁을 벌이고, 궁극적으로 선한 표현물이 승리하게 되며, 이를 지켜보는 일반 대중은 성표현물의 해악을 스스로 분별할 수 있게 된다는 것이 사상의 자유시장 아닌가? 그렇다면 다시 묻게 된다. 성표현물, 특히 음란물에 과연 사상이 담겨 있는가? 만약 음란물이 일정한 사상을 담고 있다면, 그것 역시 시장에서 반박과 비판을 통해 검증되어야 할 표현일 것이다. 그러나 그렇지 않다면, 사상의 자유시장 이론은 적용될 여지가 없다. 마광수 재판 과정에서 이런 쟁점은 전혀 다루어지지 않았다. 사상의 자유시장을 강력하게 신뢰하는 국가인 미국에서는 바로 이 점이 음란 규제에서 심각한 쟁점이 되었다.

1) 미국의 음란물 규제 역사

(1) *Hicklin* 기준

미국은 청교도적 전통 위에서 건국된 국가다. 청교도들은 성을 인간 내면의 사적이고 신성한 영역으로 간주하였으며, 오직 결혼한 남녀가 자녀 출산이라는 목적 아래서만 성행위를 정당화할 수 있다고 믿었다. 성적 쾌락을 위한 행위는 육체의 타락이자 영혼을 위협하는 죄악으로 여겨졌고, 성적 욕망을 자극하거나 외부로 표출하는 행위는 공동체의 도덕 질서를 무너뜨리는 것으로 간주되었다. 특히 성을 공적 영역으로 드러내는 성표현물은 신의 질서와 사회적 순결에 대한 위협으로 인식되었으며, 음란물은 단순한 부도덕을 넘어 제거되어야 할 해악으로 간주되었다.

청교도적 도덕관은 19세기 복음주의적 도덕 개혁 운동으로 계승되었고, 법으로 구현되었다. 1873년 제정된 이른바 「콤스탁 법」(Comstock Act)은 외설적인 인쇄물과 성표현물이 우편을 통해 유통되는 것을 금지하여, 대대적인 음란물 단속을 가능케 했다. 이 법의 제정과 시행을 주도한 인물은 반부패 운동가이지 연방 우편 검사관으로 활동한 콤스탁이었다. 그는 약 15톤에 달하는 음란서적과 400만 장에 이르는 음란사진을 압수·소각하고, 3,873명을 법 위반으로 체포하여 이 중 2,881명에게 유죄판결을 이끌었다고 자랑스럽게 주장하였다.[7]

당시 미국 법원은 영국 대법원의 *Regina v. Hicklin* 판결을[8] 수용해서, 표현물의 일부가 도덕적으로 순결한 사람에게 해악을 줄 수 있다면 전체를 음란물로 간주하는 방식으로 판단하였다. 이른바 *Hicklin* 기준은 "음란물로 고발된 내용이 그러한 부도덕한 영향에 영향을 받기 쉬운 사람들을 타락시키고 부패시키는 경향이 있는지, 그리고 그러한 출판물이 그들의 손에 들어갈 가능성이 있는지 여부"로 음란물을 판단하였다.

이 기준은 1879년 뉴욕 남부 연방지방법원이 *United States v. Bennett* 사건에서 적용하여, 매춘을 옹호하는 문서를 우편으로 발송한 피고인에게 유죄를 선고하는 데 사용되었다.[9] 또한 D. H. 로렌스의 『채털리 부인의 사랑』, 제임스 조이스의 『율리시스』와 같은 문학 작품들 역시 *Hicklin* 기준에 따라 출판이 금지되었다. 그러나 시간이 지나면서 이 기준의 과도한 보수성과 검열 위험에 대한 비판이 제기되기 시작하였다. 1933년 뉴욕 남부 연방지방법원은 *Hicklin* 기준과 달리 "평균적인 성적 본능을 가진 사람에게 미치는 영향"을 기준으로 판단해야 한다고 판시하고, 『율리시스』 출판을 허용하였다.[10]

(2) *Roth* 판결

이러한 변화에도 불구하고 연방대법원이 *Hicklin* 기준을 공식적으로 폐기하고 새로운 음란 기준을 정립하기 시작한 것은 1950년대 후반에 이르러서다. 그전까지 연방대법원은 음란물 사건을 다룸에 있어 수정헌법 제1조의 의미를 심각하게 고려하지 않았다 1942년 *Chaplinsky v. New Hampshire* 판결에서 금지되거나 처벌되더라도 헌법적 문제가 제기되지 않는, 즉 표현의 자유의 보호를 받지 못하는 유형의 표현으로, 음란하고 외설적, 신성모독적, 명예훼손적, 모욕적 또는 도발적 발언을 열거하였다.[11] 이러한 유형의 발언들은 발언 자체로 피해를 주거나, 평화를 즉각 파괴하는 경향이 있다는 것이다. 연방대법원은 이어 "이러한 발언들은 사상을 설명하는 데 필수적인 부분이 아니며, 진실에 도달하기 위한 한 걸음으로서 사회적 가치가 너무 미미해서 이를 통해 얻을 수 있는 이익은 질서와 도덕에 대한 사회적 이익보다 훨씬 크다."라고 판시하였다.[12] 이는 구체적인 사건마다 표현의 자유와 공공이익을 비교하는 개별적 비교형량(ad hoc balancing)이 아니라, 일정한 범주의 표현을 사전에 정의하고 그에 대한 비교형량을 통해 표현의 자유의 보호 영역에서 제외하는 정의적 비교형량(definitional balancing)의 한 예이다. 다만 *Chaplinsky* 판결에서 연방대법원의 관심은 '도발적 발언'이 수정헌법 제1조에 의해 보호되는 표현인지 여부에 있었고, 음란 표현에 대해서는 깊이 있는 검토를 하지 않았다. 음란은 다만 전통적으로 보호받지 않는 유형 중 하나로 열거되었을 뿐이다.

연방대법원이 처음으로 음란의 헌법적 의미를 진지하게 고민한 판결은 1957년 *Roth* 판결이다.[13] *Roth* 판결에서 연방대법원은 음란물이 어떠한 사회적 가치도 지니지 않는다고 판단하였다. 다수의견을 작성한 브레넌(William J. Brennan) 대법관은 언론의 자유의 의의를 "사람들이 바라는 정치적, 사회적 변화를 가져오기 위한 자유로운 사상의 교류를 보장하기 위한 것"이라고 설명하면서, "수정헌법 제1조의 역사 속에는 음란물은 사회적으로 교환할 가치가 전혀 없는 것으로 간주되어 보호 대상에서 제외되어야 한다는 인식이 암묵적으로 내포되어 있다."라고 판시하였다. 즉, *Roth* 판결에 따르면, 음란물은 사상의 자유시장에서 해악이 해소되기를 기다릴 이유가 없는 표현이다. 그것은 사회적으로 유익한 진리 발견의 과정에 기여하지 않기 때문에, 처음부터 사상의 자유시장에 맡길 대상이 아니라는 논리이다.

Roth 판결은 *Hicklin* 기준을 대신하는 새로운 음란 기준을 제시하였다. 연방대법원은 '현재 지역사회의 보통사람'을 기준으로, '표현

물 전체를 보아' 관통하는 주제가 '호색적 흥미에 호소하는 것'이면 음란물로 판단하였다.[14] *Roth* 판결 당시 미국 연방대법원은 표현의 자유의 헌법적 의의를 중시하고 있었다. 표현의 자유에 대한 헌법적 정당성 이론으로 '사상의 자유시장'(marketplace of ideas)과 '자기지배'(self-government)는 폭넓게 수용되고 있었다. 브레넌 대법관은 *Roth* 판결에서 모든 사상은 비록 그것이 이단적이거나, 논쟁적이거나, 심지어 당시 지배적 여론에 혐오스러운 사상조차 수정헌법 제1조의 보호를 받아야 한다고 보았다.

(3) *Miller* 판결

연방대법원은 1963년 *Memoirs v. Massachusetts* 판결에서 음란 기준을 더욱 정교화하였다. 해당 판결은 음란이란 "표현물 전체가 성욕을 자극하는 것으로, 동시대 동지역의 기준으로 보아 명백히 노골적인 방식으로 성을 묘사하고, 하등의 사회적 가치를 가지지 않는 것"으로 정의하였다.[15] 이와 같은 기준은, 헌법적으로 고려할 사회적 가치가 전혀 없는 성표현물만이 음란이라는 해석으로 이어졌다.

그러나 새로운 문제가 발생하였다. *Memoirs* 기준으로 인하여 음란물 규제가 사실상 불가능해진 것이다. 검찰은 성표현물에 사회적 가치가 '전혀 없음'을 입증해야 했고, 음란물 제작자는 성표현물에 약간의 정치적 메시지를 넣거나, 교육적 내용을 담으면 형사처벌을 면할 수 있게 된 것이다. 미국 사회에 음란물 제작이 크게 늘었다.

결국 연방대법원은 음란 기준을 확대하게 된다. 1973년 *Miller v.*

California 사건에서 연방대법원은 세 가지 기준, 즉 (1) 현재 지역사회 기준에서 볼 때 보통사람 입장에서 작품이 전체적으로 '호색적 흥미'(prurient interest)에만 호소하고, (2) 성행위를 '명백히 노골적인 방식'(in a patently offensive way)으로 묘사하고 있으며, (3) 작품이 전체적으로 '상당한 정도의'(serious)의 문학적·사회적·예술적·정치적·과학적 가치를 지니지 않은 것에 부합하는 것을 음란이라고 정의하였다.[16] *Memoirs* 기준이 "사회적 가치 전혀 없음"(utterly without redeeming social importance)을 요건으로 했던 데 반해, *Miller* 기준은 "상당한 정도의 … 가치 없음"(lacks serious … value)으로 요건이 완화되었다.

음란물 규제에 관한 미국의 논의는, 음란물이 사상을 전달하지 않고 단지 육체적 자극만을 목적으로 한다는 견해를 바탕으로 한다. 표현의 자유 이론가 샤우어(Frederick Schauer) 교수는 자위기구가 의사소통 수단이 아니듯 음란물도 표현물이 아니라고 본다.[17] 이러한 견해에서 음란은 성표현(sexual expression)이 아니라 성행위(sex)일 뿐이다. 그는 수정헌법 제1조가 보호하는 표현은 "지적 의사소통의 과정과 그 결과로써 가치를 갖는 경우"에 한한다고 주장한다.[18] 연방대법원이 *Roth* 판결이나 *Memoirs* 판결에서 음란 기준을 엄격히 세우려고 한 배경에는 음란물에는 사상이 담겨 있지 않으므로 그 해악을 사상의 자유시장에 맡겨 놓을 수 없다는 인식이 있었다. *Roth* 판결은 *Chaplinsky* 판결을 인용하며, 음란은 사상의 설명에 필수적이지 않으며, 진실을 향한 논의 과정에서 사회적 가치가 너무 미미하므로 헌법이 보호하는 표현의 범위에 있지 않다고 설명하였다.[19]

2) 시사점

(1) *Roth* 판결의 영향

Roth 판결은 우리나라의 음란 판결에도 영향을 주었다. 헌법재판소는 1998년 출판사 등록취소 사건에서[20] 성표현물을 헌법상 보호되는 것과 그렇지 않은 것으로 처음 구분하였다. 그 근거는 사상의 자유시장 이론에 있었다. 헌법재판소는 다음과 같이 판시하였다.

> 언론·출판의 영역에서 국가는 단순히 어떤 표현이 가치 없거나 유해하다는 주장만으로 그 표현에 대한 규제를 정당화시킬 수는 없다. 대립되는 다양한 의견과 사상의 경쟁메커니즘에 의하여 그 표현의 해악이 해소될 수 없을 때에만 비로소 국가의 개입은 그 필요성이 인정되는 것이다. 따라서 언론·출판의 영역에 있어서 국가의 개입은 원칙적으로 2차적인 것이다. 그러나 모든 표현이 시민사회의 자기교정기능에 의해서 해소될 수 있는 것은 아니다. 일정한 표현은 일단 표출되면 그 해악이 대립되는 사상의 자유경쟁에 의한다 하더라도 아예 처음부터 해소될 수 없는 성질의 것이거나 또는 다른 사상이나 표현을 기다려 해소되기에는 너무나 심대한 해악을 지닌 것이 있다. 바로 이러한 표현어 대하여는 국가의 개입이 1차적인 것으로 용인되고, 헌법상 언론·출판의 자유에 의하여 보호되지 않는[다].

이 판시는 미국식 사상의 자유시장 이론의 전형을 보여준다. 이어서 헌법재판소는 음란이 표현의 자유의 보호 영역에 포함되지 않는다고 판시하면서, 그 논리를 미국 연방대법원에서 차용하였다.

> '음란'이란 인간존엄 내지 인간성을 왜곡하는 노골적이고 적나라한 성표현으로서 오로지 성적 흥미에만 호소할 뿐 전체적으로 보아 하등의 문학적, 예술적, 과학적 또는 정치적 가치를 지니지 않은 것으로서, 사회의 건전한 성도덕을 크게 해칠 뿐만 아니라 사상의 경쟁메커니즘에 의해서도 그 해악이 해소되기 어렵다고 하지 않을 수 없다. 따라서 이러한 엄격한 의미의 음란표현은 언론 · 출판의 자유에 의해서 보호되지 않는다고 할 것이다.

헌법재판소가 음란을 헌법상 보호되지 않는 표현물로 판단함에 따라 음란의 정의 또한 명확하게 제시될 필요가 있었고, 이 역시 미국 판례의 영향을 받은 결과였다. 대법원도 헌법재판소 판례를 수용하여 음란을 "노골적인 방법에 의하여 성적 부위나 행위를 적나라하게 표현 또는 묘사한 것으로서, 사회통념에 비추어 전적으로 또는 지배적으로 성적 흥미에만 호소하고 하등의 문학적·예술적·사상적·과학적·의학적·교육적 가치를 지니지 아니하는 것"이라고 정의하였다.[21]

이러한 판례들은 미국 *Roth* 판결과 *Memoirs* 판결에서 발전한 음란물 법리를 수용한 것이다. 즉, 오로지 성적 흥미에만 호소하며, 노골적이고 적나라한 성표현물로서, 사회적 가치가 전혀 없는 것에 한정하여 음란으로 좁게 정의한 뒤, 그러한 표현은 사상의 자유시장에서도 그 해악이 해소되지 않는다고 본 것이다. 이는 표현의 본질을 '의사 또는 사상의 전달'로 보고, 사상이 결여된 음란은 보호받을 수 없다는 점에서 미국 판례와 동일한 입장이다.

(2) 헌법재판소가 빠뜨린 문제

문제는, 미국에서는 *Miller* 판결을 통해 일정한 사상을 담고 있는 성표현물이라고 하더라도 그 표현의 사회적 가치가 '상당한 정도'에 이르지 않으면 음란으로 판단하게 되었음에도 불구하고, 우리 헌법재판소는 여전히 미국 연방대법원의 종전 입장을 답습하고 있다는 점이다. 즉 미국 연방대법원조차 과거의 전제, 즉 "음란물은 사상을 담고 있지 않다."라는 관점을 수정하여, "사상을 담고 있더라도 그 해악이 커서 사상의 자유시장에 맡겨 놓을 수 없다."라는 방향으로 판례를 발전시켰다. 하지만 이러한 변화는 우리 헌법재판소 판례에 충분히 반영되지 않고 있다.

헌법재판소는 2009년 정보통신망을 이용한 음란물 유포 사건에서[22] "음란표현은 헌법 제21조가 규정하는 언론·출판의 자유의 보호영역 내에 있다."라고 판시하면서, 종전 견해를 변경하였다. 헌법재판소는 판례 변경의 이유를 다음과 같이 설명하였다. "비록 '음란'의 개념을 위와 같이 엄격하게 이해한다 하더라도 '음란'의 내용 자체는 헌법상 표현의 자유의 보호에 관한 법리와 관련하여 그 내포와 외연을 파악하여야 할 것이고, 이와 무관하게 음란 여부를 먼저 판단한 다음, 음란으로 판단되는 표현은 표현자유의 보호영역에서 애당초 배제시킨다는 것은 그와 관련한 합헌성 심사를 포기하는 결과가 될 것이다.”

이러한 판례 변경으로 음란표현 역시 형식적으로는 표현의 자유의 보호를 받는 영역에 포함되게 되었다. 그렇다면 음란표현으로부터 발생하는 해악을 사상의 자유시장에 맡겨 해결하도록 두어야 하는가? 헌법재판소는 이 중요한 쟁점에 대해 충분히 설명하지 않았다. 헌법재판소는 다른 모든 유형의 표현과 마찬가지로 음란표현도 헌법 제37조 제2항에 따라 국가 안전보장·질서유지 또는 공공복리를 위하여 제한할 수 있으며, 제한의 정당성을 개별적으로 심사받아야 한다고만 판시하였다. 결국 과거에 음란표현을 보호영역 밖에 있다고 선언하면서 근거로 제시했던 사상의 자유시장 이론은, 이 판례에서는 사실상 기능하지 않는다. 이는 결국 초기 판례가 충분한 이론적 검토 없이 미국 판례를 수용한 결과였음을 스스로 드러낸 것이다.

(3) 미국 연방대법원이 고민한 문제

다시 처음 질문으로 돌아가 보자. 음란물에는 사상이 담겨 있는가? 이것이 바로 미국 연방대법원이 진지하게 고민한 지점이다. 음란물에도 사상이 담길 수 있다. 성욕을 노골적으로 자극하는 묘사와 함께 반사회적 사상이 담길 수도 있고, 교육적 목적이 담길 수도 있다. 그러나 단지 '혐오스럽다'는 이유만으로 그러한 사상을 규제할 수 없다는 것이 사상의 자유시장 이론의 출발점이다. 사상의 자유시장에 대한 강한 믿음은 음란물 규제 자체를 근본적으로 어렵게 만든다. 따라서 음란물을 규제하려면, 사상이 담겨 있지 않은 것만을 음란으로 정의해야 한다. *Roth* 판결이나 *Memoirs* 판결은 바로 그러한 시도를 보여주는 사례다.

그러나 음란을 그렇게 엄격하게 정의하는 순간, 현실적으로 규제가 사실상 불가능해진다. 성표현물이 어떤 사소한 메시지라도 담고 있으면, 사상의 자유시장에 맡겨 그 해악이 스스로 해소되기를 기다려야 하기 때문이다. 보수적 기독교 전통 위에서 건국된 미국에서 정부도, 법원도 이렇게 과감한 주장을 받아들이기란 쉽지 않았다. 그 결과 도출된 실용적 타협안이 바로 *Miller* 기준이다. *Miller* 기준은 종전의 기준은 유지하면서도, 표현물이 '상당한 정도'의 사회적 가치를 지니지 않을 경우에 한하여 음란으로 정의함으로써 음란물에 대한 규제 또는 관리가 가능하도록 하였다. 음란물 규제에 관한 미국 판례의 발전 과정은, 사상의 자유시장이 표현으로 인한 모든 문제를 해결할 수는 없다는 점을 여실히 보여주는 사례라 하겠다.

Miller 판결은 1960년대 워렌(Earl Warren) 대법원장 시절에 선고된 자유주의적 판례들에 대한 보수적 반작용의 성격을 지닌다. 그러나 당시 미국 사회는 이미 성표현물에 대해 보다 관대한 분위기로 전환되고 있었기 때문에, 음란물 규제를 1957년 *Roth* 판결 이전 수준으로 되돌릴 수는 없었다.[23] 미국의 음란물 규제는 성인 간 자발적 소비에 대해서는 거의 개입하지 않고, 주로 청소년이나 원치 않는 성인에 대한 보호를 중심으로 이루어지게 되었다.[24]

특히 1990년대 중반 이후 인터넷이 상용화되면서 *Miller* 기준을 적용하는 데 심각한 문제가 발생하였다. *Miller* 기준은 '지역 사회의 기준'으로 음란 여부를 판단하도록 하고 있으나, 인터넷을 통한 정보 유통은 국경과 지역을 초월하기 때문에 어느 지역의 기준을 적용해야 하는지가 불명확해졌다. 또한 과거와 달리 인터넷 환경에서는 성 표현물이 파편화된 형태로 소비되면서, 표현물을 전체 맥락에서 검토하여 음란성을 판단하라는 *Miller* 기준 자체가 현실적으로 적용하기 어려워졌다. 더구나 인터넷은 익명성이 보장되기 때문에 기존의 오프라인 유통 구조를 전제로 했던 규제 방식이 잘 작동하지 않는다.

결국 인터넷 시대 이후 *Miller* 기준은 사실상 유명무실해졌고, 음란물 규제는 아동 포르노물나 원치 않는 사람에게 노출되는 성매매 광고 등 보다 구체적이고 직접적인 해악을 유발할 수 있는 표현을 중심으로 이루어진다. 현재 미국에서 음란물 규제 논의의 초점은 "그 표현이 사상을 담고 있는가"라는 질문보다는, "그 표현이 얼마나 구체적이고 직접적인 해악을 발생시키는가"에 맞춰져 있다고 평가할 수 있다.

3. 음란물의 해악은 무엇인가?

1) 선량한 성풍속

형법은 음란을 처벌한다. 형법 제243조는 "음란한 문서, 도화, 필름 기타 물건을 반포, 판매 또는 임대하거나 공연히 전시 또는 상영하는 자"를, 형법 제244조는 "제243조의 행위에 공할 목적으로 음란한 물건을 제조, 소지, 수입 또는 수출한 자"를 처벌한다. 두 조항은 모두 "제22장 성풍속에 관한 죄"에 규정되어 있다. 이를 통해 음란물을 제조·반포·판매하는 행위를 금지하는 목적이 성풍속을 유지하는 데 있다는 점을 확인할 수 있다. 같은 장에는 "공연히 음란한 행위를 한 자"를 처벌하는 공연음란죄(제245조)도 포함되어 있다. 형법 조문을 들여다보면 몇 가지 의문이 떠오른다. 우리가 보호하고자 하는 '성풍속'이 구체적으로 무엇인지? 성풍속이 훼손되면 어떤 해악이 발생하기에 형벌로 규제해야 하는지? 그리고 '음란한 표현'에서 말하는 음란은 과연 무엇인지?

성풍속에 관한 죄는 일반적으로 사회의 선량한 성풍속 내지 성도덕을 해하는 행위를 대상으로 하는 범죄로 이해된다. 그러나 '선량한 성풍속' 또는 '성도덕'이라는 개념 자체가 매우 추상적이다. 음란물이 성도덕을 훼손하므로 이를 제작하거나 유통하는 사람을 처벌해야 한다는 논리는 우리나라뿐 아니라 여러 국가에서 형법 입법의 기초가 되어 왔다. 그러나 사회가 발전하면서 도덕의 유지를 법으로 강제하는 입법 태도는 점차 약화되고 있다. 대표적인 사례가 간통죄다. 과거에는 풍속에 관한 죄 중 가장 앞에 규정되었던 형법 제241조 간통죄는 2015년 헌법재판소의 위헌 결정으로 삭제되었다. 헌법재판소는 과거에는 선량한 성도덕과 혼인제도 및 가족생활의 유지를 위해 간통죄 처벌이 불가피하다는 이유로 여러 차례 합헌 결정을 내렸

으나, 2015년에는 이를 변경하여 간통죄를 위헌으로 선언하였다.[25]

이 판결에서 주목할 대목은 다수의견이 다음과 같이 밝힌 부분이다. "비록 비도덕적인 행위라 할지라도 본질적으로 개인의 사생활에 속하고 사회에 끼치는 해악이 그다지 크지 않거나 구체적 법익에 대한 명백한 침해가 없는 경우에는 국가권력이 개입해서는 안 된다는 것이 현대 형법의 추세이다."[26] 이와 같은 논리가 음란물죄에도 적용된다면, 음란물죄 또한 위헌으로 선언되어야 할 것이다. 음란물을 자발적으로 소비하려는 사람에게만 반포한다면, 이 역시 개인의 사생활에 속하며, 사회에 끼치는 해악이 크다고 보기 어렵고, 구체적 법익을 명백히 침해하는 것도 아니기 때문이다. 만약 그렇지 않다고 반박하려면, 음란물을 제작하여 그것을 원하는 사람에게 유통하는 행위가 사회에 구체적으로 어떤 해악을 미치는지를 명확하게 밝혀야 한다. 형벌로 규제할 만큼의 해악성이 존재한다면, 그것은 추상적인 성도덕 훼손이 아니라 실증 가능한 사회적 피해로 입증되어야 할 것이다.

2) 미국이 찾은 해악

(1) 대통령 위원회의 노력

미국에서는 음란물의 구체적 해악을 찾기 위한 노력이 여러 차례 진행되었다. 대표적으로 정부 산하 특별위원회가 두 차례에 걸쳐 구성된 바 있다. 하나는 1969년 존슨(Lyndon B. Johnson) 대통령에 의해 설치되어, 1970년 닉슨 대통령 시기까지 활동한 '음란과 포르노에 관한 대통령 위원회'이고, 다른 하나는 1985년 레이건(Ronald Reagon) 대통령 시절 에드윈 미시(Edwin Meese) 법무장관 주도로 설치되어 1년 간 활동한 '포르노에 관한 법무장관 위원회'였다. 이 두 위원회는 모두 음란물의 규제 근거를 마련하기 위한 실증적 기반 확보를 목표로 하였지만, 접근방식과 결론에서 큰 차이를 보였다.

첫 번째 위원회, 즉 '음란과 포르노에 관한 대통령 위원회'는 진보적 지식인들이 다수 참여한 가운데 구성되었다. 위원회는 음란물의 해악을 실증적으로 검토하기 위해 음란물 유통 구조, 소비 형태, 노출 빈도와 범죄 발생률 사이의 상관관계 등을 중심으로 대규모 사회과학적 실태 조사를 하였다. 실증적 조사 끝에 도출된 결론은, "성표현물 노출이 청소년의 비행과 성인의 범죄행위에 중요한 역할을 한다는 주장을 입증할 증거는 발견되지 않았다."라는 것이었다.[27] 이에 따라 위원회는 성인 간의 자발적 음란물 소비에 대한 형사규제를 완화할 것을 권고하였다. 보수 정치세력과 종교계는 보고서 결론에 거세게 반발하였다. 닉슨 대통령은 이 보고서를 "도덕적으로 파산한 결론"이라며 공식적으로 접수를 거부하였고, 연방 상원도 60 대 5라는 압도적인 표결로 위원회 권고안을 폐기하였다.

1980년대 보수적인 반(反)포르노 운동이 부상하면서, 두 번째 위원회인 미시 위원회는 반포르노 운동가와 종교계, 법조계 등 보수 성향 인사들로 구성되었다. 이 위원회는 특히 폭력적 포르노가 반사회적 행동에 미치는 영향과의 상관관계에 주목하여 이를 집중적으로 검토하고, 그로 인한 사회적 해악을 근거로 규제의 필요성을 강하게 주장하였다. 나아가 위원회는 1986년 최종 보고서에서 정부가 실행해야 할 36개의 정책 권고안을 제시하였다.[29]

　미시 위원회는 포르노를 (1) 폭력적 포르노, (2) 비폭력적이지만 여성에 대한 비하가 포함된 포르노, (3) 폭력과 비하가 없는 포르노, (4) 단순 누드 등 네 가지 유형으로 구분하여 각각 다른 결론을 도출하였다. 폭력적 포르노의 경우, 상당 기간 노출되면 성폭력을 유발할 수 있다는 결론이 내려졌고, 비폭력이나 여성 비하를 포함한 포르노 역시 여성에 대한 부정적 인식을 강화할 수 있다는 인과관계가 일부 인정되었다. 폭력이나 여성 비하가 없는 포르노에 대해서도 특정한 상황과 목적에 따라 해로울 수 있다는 제한적 판단이 제시되었다. 그러나 이 보고서는 사회과학적 객관성보다는 도덕적 접근과 인상비평적 서술에 가까웠다는 비판을 받았으며, 일부는 과학적 근거보다는 정치적·이념적 의도가 강하게 반영되었다는 점에서 논란이 되었다.

(2) 반포르노 페미니스트의 시도

　이 시기 음란물의 해악에 대한 새로운 해석을 시도한 맥키논 (Catherine MacKinnon)과 드워킨(Andrea Dworkin) 등 반(反)포르노 페미니스트들의 영향력을 무시할 수 없었다. 이들은 음란물을 단지 도덕의 문제가 아니라, 여성에 대한 구조적 폭력이라는 관점에서 접근하였다. 이들의 이론은 미즈 위원회 구성과 활동에도 일정 부분 영향을 미쳤다. 1970년 '음란과 포르노에 관한 대통령 위원회' 보고서가 성인 간의 음란물 소비가 사회에 유해하다는 증거를 찾지 못했다고 결론

지은 이후, 음란물 규제론자들은 음란물의 구체적 해악을 제시하지 못해 곤혹스러웠는데, 반포르노 페미니스들이 포르노가 여성에 대한 폭력과 차별을 조장한다고 주장함으로써 음란물 규제 담론에 새로운 동력을 제공하게 된 것이다.

반포르노 페미니스트들은 기존의 음란(obscenity)이라는 용어가 남성 중심의 시각을 반영한다고 비판하고, 그 대신 포르노(pornography)라는 개념을 사용할 것을 주장하였다. 맥키논은 "음란은 무엇이 옳고 그른지에 대한 도덕의 문제인 반면, 포르노는 정치적으로 힘이 있는 자와 없는 자와의 정치적 문제"라고 양자의 차이를 설명하였다.[29] 맥키논에 따르면 포르노는 '강요된 성의 형태'이자 '성 정치의 실천'이며, 동시에 '성차별의 제도화'라는 의미에서 '성적 현실'이다.[30] 반포르노 페미니스트들은 미국 연방대법원이 *Miller* 사건에서 제시한 음란성 판단기준도 수용하지 않는다. *Miller* 기준에 따르면 '상당한 예술적 가치'가 있는 경우 음란이 아니라고 판정하지만, 맥키논은 이에 강렬히 반대한다. 여성의 굴종이 묘사된 작품이 설령 사회적 가치가 있다고 하더라도 그것이 무슨 의미가 있느냐고 반문한다.[31]

맥키논은 포르노가 여성에게 가하는 해악을 세 가지로 설명하였다. 첫째는 포르노를 제작하는 과정에서 여성에게 직접 가혜지는 폭력이고, 둘째는 포르노의 소비자가 현실에서 여성을 대상으로 한 폭력으로 이어진다는 점이다. 그녀는 포르노 배우, 강간 피해자, 성폭력 치료 전문가 등의 증언을 토대로 포르노가 실제로 여성에 대한 강간이나 잔혹한 행동을 유발한다고 주장하였다.[32] 그러나 포르노가 성폭력의 직접적 원인이라는 점에 대해서는 전문가들의 증언이 엇갈렸고, 이로 인해 맥키논의 주장은 학계에서 광범위한 지지를 받지는 못했다. 셋째로, 맥키논은 포르노가 여성에 대한 성차별을 정당화하는 사회 분위기를 조성한다고 본다. 포르노가 묘사하는 여성상은 실제 세계에서 남성에 대한 여성의 굴종을 공고히 하는 역할을 한다. 그녀는 포르노가 남녀 관계의 본질을 규정짓는 가장 결정적인 요소라고 보며, 장기간 포르노에 노출된 남성은 여성을 가치 없고, 하찮으며, 오로지 성적 대상으로 인식하게 된다고 주장한다.[33] 결국 맥키논은 포르노가 여성을 길들이고, 성적으로 굴복시키며, 그러한 상황에 익숙해지도록 만들고, 폭력을 정당화하며, 반항하지 않고 침묵하게 만드는 수단이라고 결론지었다.[34]

맥키논은 이러한 이론을 주장하는 데 하는 데 그치지 않고, 현실의 법제도에 반영하기 위해 직접 입법 활동에도 적극 나섰다. 그녀는 드워킨과 함께 반포르노 법안 초안을 만들었다. 1983년 미네소타주에서 처음 입법을 시도하였으나, 주지사의 거부권 행사로 무산되었다. 이후 1984년 인디애나폴리스시에서 이들의 초안을 바탕으로 한 조례가 제정되었다. 이 조례는 포르노로 인해 피해를 본 주민이 제작자나 유통자를 상대로 손해배상청구 소송을 제기할 수 있도록 규정하였다. 이 조례는 *Miller* 기준을 따르지 않고, 포르노가 여성에 대한 폭력이라는 새로운 기준에 따라 판단하고자 하였다.

이러한 입법 시도는 실패로 끝났다. 1985년 연방 제7항소법원은 해당 조례가 수정헌법 제1조에 위반된다고 판결하였고, 다음 해 연방대법원은 상고허가신청(certiorari)을 기각하였다.[35] 항소법원 판사 이스터브룩(Frank Easterbrook)은 맥키논의 주장, 즉 포르노가 현실에서 여성에 대한 복종과 폭력을 유발할 수 있다는 점을 인정하면서도, 해당 조례가 위헌이라고 판단하였다. 그는 "이러한 영향은 바로 포르노가 언어로서 힘을 갖고 있다는 점을 입증하는 것"이라고 설명했다.[36] 이스터브룩 판사의 논지는 명확하다. 만약 어떤 발언이 다른 행위에 영향을 크게 미친다는 이유로 정부 규제가 정당화된다면, 그것은 언론의 자유가 종말을 맞이하는 것을 의미한다는 것이다.[37]

이 판결은 포르노가 사상을 전달하는 힘이 있는 표현물임을 인정하면서, 바로 그러한 이유에서 규제할 수 없음을 논증한 대표적인 사례이다. 이러한 논리는 음란물에 대해서도 적용될 수 있다. 미국 법원이 음란물을 보호하지 않는 이유가 음란물의 영향력이 너무 크기 때문이라는 평가도 있다. 음란물은, 표현의 자유의 보호를 확실하게 받는 정치적 발언보다 국민의 일상생활에 훨씬 더 큰 영향을 미치지만, 아이러니하게도 표현의 자유의 보호를 받지 못하고 있다.

주목할 점은, 반포르노 페미니스트들의 운동이 미국이 아닌 캐나다에서 어느 정도 성과를 거두었다는 사실이다. 캐나다 대법원은 1992년 *Regina v. Butler* 판결에서 포르노가 남성이 여성(또는 경우에 따라서는 남성)에 대한 육체적, 정신적 학대를 유발할 수 있다는 해악을 인정하였다.[38] 미국 법원과 캐나다 법원의 차이는 단순히 법리의 차이가 아니다. 그것은 표현물의 해악을 어떻게 이해하는지, 그리고 그 해악을 해소하는 방법으로서 '사상의 자유시장'에 얼마나 신뢰를 두고 있는지의 차이에서 비롯된 것이다.

3) 헌법재판소와 대법원은 무슨 해악을 고민할까?

(1) 도덕주의적 관점

우리나라에서는 음란물의 해악에 대한 실증적 연구가 제대로 이루어진 적이 없다. 음란물 규제에 있어서는 여전히 도덕을 법으로 강제하는 법도덕주의적 관점이 지배적이다. 먼저 헌법재판소 판례를 살펴보면, 음란의 해악에 대한 실증적 분석이나 구체적 검토는 찾아보기 어렵다. 헌법재판소는 '음란'의 개념에 관해 다음과 같이 설명한다.

> 헌법재판소나 대법원은 '음란' 개념에 대하여 '사회통념상 일반 보통인의 성욕을 자극하여 성적 흥분을 유발하고 정상적인 성적 수치심을 해하여 성적 도의관념에 반하는 것으로서, 표현물을 전체적으로 관찰·평가해 볼 때 단순히 저속하다거나 문란한 느낌을 준다는 정도를 넘어서서 존중·보호되어야 할 인격을 갖춘 존재인 사람의 존엄성과 가치를 심각하게 훼손·왜곡하였다고 평가할 수 있을 정도로 노골적인 방법에 의하여 성적 부위나 행위를 적나라하게 표현 또는 묘사한 것으로서, 사회통념에 비추어 전적으로 또는 지배적으로 성적 흥미에만 호소하고 하등의 문학적·예술적·사상적·과학적·의학적·교육적 가치를 지니지 아니하는 것을 뜻한다'고 판시함으로써 그 해석 기준을 제

시해 왔다.[39]

헌법재판소 판례에 나타난 음란의 개념 정의는 상당히 엄격하다. 그러나 이 정의는 음란물 규제의 정당성 논거에서 도출된 것이 아니기 때문에, 한편으로는 음란의 개념을 엄격히 규정하면서도 다른 한편으로는 성표현물 규제를 광범위하게 허용하는 모순을 드러내고 있다. 특히 헌법재판소가 제시한 음란의 개념 정의는 미국 연방대법원의 *Miller* 기준보다 더 엄격하다. 헌법재판소는 *Miller* 판결의 세 가지 요건을 수용하면서도 다음과 같이 그 기준을 한층 강화하였다. 첫째, '호색적 흥미'를 '오로지 성적 흥미에만' 호소하는 것으로 한정하였다. 둘째, '명백히 노골적인 방식'은 '인간 존엄 내지 인간성을 왜곡하는 노골적이고 적나라한 성표현'으로 좁혔다. 셋째, '상당한 사회적 가치'는 '하등의 문학적, 예술적, 과학적 또는 정치적 가치를 지니지 아니하는 것'으로 축소하였다.

이러한 정의에 따르면, 성표현물이 단순히 노골적이고 적나라한 수준을 넘어 인간의 존엄성을 왜곡하는 정도에 이르고, 동시에 어떠한 사회적 가치도 전혀 지니지 않아야 음란물로 판단된다. 따라서 이 기준을 적용할 경우 음란물로 판정될 수 있는 표현물은 극히 제한적일 수밖에 없다.

그러나 실제 사건에서 법원이 음란으로 판정하는 성표현물의 범위는 이보다 훨씬 넓다. 헌법재판소는 대법원 역시 음란 개념을 동일하게 정립하고 있다고 판시했지만, 실제로는 대법원의 이해가 훨씬 더 확장되어 있다. 대법원은 구체적 사건에서 음란을 판단할 때 음란의 개념과 음란성 판단기준이라는 이중 구조를 사용한다. 이 중 음란성 판단기준은 헌법재판소의 음란 개념과 거의 동일하다.

즉, 대법원에 따르면, 이는 표현물을 전체적으로 관찰·평가해 볼 때 단순히 저속하다거나 문란한 느낌을 준다는 정도를 넘어서 존중·보호되어야 할 인격을 갖춘 존재인 사람의 존엄성과 가치를 심각하게 훼손·왜곡하였다고 평가할 수 있을 정도로 노골적인 방법에 의하여 성적 부위나 행위를 적나라하게 표현 또는 묘사한 것으로서, 사회통념에 비추어 전적으로 또는 지배적으로 성적 흥미에만 호소하고 하등의 문학적·예술적·사상적·과학적·의학적·교육적 가치를 지니지 아니하는 것을 뜻한다. 표현물의 음란 여부를 판단함에 있어서는 표현물 제작자의 주관적 의도가 아니라 그 사회의 평균인의 입장에서 그 시대의 건전한 사회통념에 따라 객관적이고 규범적으로 평가하여야 한다.[40]

그런데, 대법원은 이와 별도로 음란을 "사회통념상 일반 보통인의 성욕을 자극하여 성적 흥분을 유발하고 정상적인 성적 수치심을 해하여 성적 도의관념에 반하는 것"으로 개념을 정의하고 있다.[41] 결국 대법원은 '성적 도의관념'을 음란 개념에 포함시킴으로써, 음란에 관한 판단에서 한층 보수적이고 엄격한 입장을 견지하는 것이다.

(2) 시간이 지나도 해결되지 않는 문제

비교적 최근 사례를 보자. A가 불법 수집한 전화번호를 이용하여 성인 폰팅 또는 성매매를 유도할 목적으로 다수의 남성에게 다음과 같은 내용이 포함된 문자메시지 31,342건을 발송하였다. "흥분한 내~꺼~ 벌어지는 거 보러 오실래요?", "혼자 집에 있는데 콩~지가 벌렁거려 참을 수가 없어^^" 등. A는 「개인정보보호법」 및 「정보통신망이용촉진및정보보호등에관한법률」(음란물 유포) 위반 혐의로 기소되어, 1심에서는 징역 1년에 집행유예 2년을 선고받았다.[42] 1심은 개인정보보호법 위반만 인정하고, 음란물 유포죄에 대해서는 무죄를 선고하였다. 해당 문자 내용만으로는 음란성을 인정할 수 없다는 이유였다. 항소심도 같은 결론을 유지하였다.[43]

그러나 대법원은 이와 달리 판단하였다. 문자메시지의 내용이 "사회통념상 일반 보통인의 성욕을 자극하여 성적 흥분을 유발하고 정상적인 성적 수치심을 해치고 성적 도의관념에 반하는 것"이라며, 무죄를 선고한 원심판결을 파기하였다.[44] 대법원은 "원심의 판단에는 음란성에 관한 법리를 오해한 위법이 있다."라고 보았고, 사실상 '성적 도의관념'이라는 추상적 개념을 기준으로 음란성을 인정한 것이다.

이 판결은 20여 년 전 마광수의 『즐거운 사라』 사건에서 한 걸음도 더 나아가지 못한 판단으로 평가할 수 있다. 당시 대법원은 음란의 개념과 음란성 판단기준을 비교적 상세히 제시한 뒤 최종 판단은 "정상적인 성적 정서와 선량한 사회풍속을 침해하고 타락시키는 정도의 음란물까지 허용될 수는 없다."라는 추상적 도덕 기준에 기초하고 있었다. 이번 문자메시지 사건도 마찬가지다. 대법원은 실증적 해악에 대한 논증 없이, "정상적인 성적 수치심과 성적 도의관념에 반한다."라는 이유만으로 음란성을 인정하였다. 이 사건에서 문제되는 불법성은 표현의 내용에 있지 않고, 그것을 원하지 않는 상대방에게 일방적으로 전달한 데 있다고 보아야 한다. 문자 내용의 음란성을 부정한 하급심의 판단이 옳고, 이를 인정한 대법원의 판단은 옳지 않다.

우리나라에서 음란의 해악성은 사회과학적 입증의 대상이 아니다. 규제의 근거는 경험적 해악의 실증보다 도덕적 직관과 국민적 정서에 호소하는 관념적 기준에 의존하고 있다. 또한 우리나라에서 음란의 정의는 명확성의 문제로 파악되기 어렵다. 헌법재판소가 제시한 정의는 문언상으로 명확하고 구체적이지만, 실제 사건에서 적용되는 음란은 개념은 법관의 주관적 판단에 따라 규범적 해석이 자의적으로 이루어진다. 헌법재판소와 대법원이 음란의 개념을 아무리 상세하게 설명해도, 실제 사건의 결론은 '보는 자의 도덕적 직감'에 의해 좌우되는 것이다.

1960년대 미국에서 음란물의 해악성이나 판단기준이 아직 명확히 정립되지 않았던 시기, 연방대법관 스튜어트(Potter Stewart)는 *Jacobellis v. Ohio* 사건에서 다음과 같은 유명한 표현을 남겼다. "나는 오늘 그 종류의 자료를 보다 정확하게 정의하려고 시도하지 않을 것이며, 어쩌면 그것을 명확하게 정의하는 데 결코 성공하지 못할지도 모른다. 하지만 나는 그것을 보면 안다."[45] "보면 안다"(I know it when I see it)는 이 언급은 음란물 판단이 객관적 기준이나 실증적 분석보다는 법관의 도덕적 직관에 의존하고 있음을 상징적으로 보여준다.

문제는, 이와 같은 인식 방식이 오늘날 대한민국에서도 여전히 음란물 규제의 실질적 판단기준으로 작동하고 있다는 점이다. 대한민국에서 성표현물은 여전히 국가권력의 자의적이고 규범적 도덕 판단에 따라 규제되는 불안정한 통제 대상이다. 음란물에 사상이 담겨 있는지 또는 음란물이 구체적으로 어떠한 해악을 야기하는지에 대한 사회과학적·경험적 검토는 이루어지지 않는다. 그 결과, 음란물 규제는 법적 명확성이나 실증성보다는 "보면 안다"는 직관적 판단의 틀 안에서 이루어지고 있으며, 이는 표현의 자유의 보호 체계와 정면으로 충돌한다. 서구 민주주의 국가 중에서도 성표현에 대해 보수적인 태도를 유지해 온 미국조차도, 1973년 *Miller* 판결에서 음란물의 범위를 '명백히 노골적인 방식'으로 묘사한 표현물에 한정하였다. 이로 인해 문자로 작성된 성표현물은 일반적으로 음란물의 범주에서 제외된다. 반면, 대한민국 대법원은 1995년 마광수 소설을, 2019년 문자메시지를 음란물로 판정하고 있다.

4. 소결

음란물 규제는 사상의 자유시장 이론으로 설명하기 어렵다. 많은 국가들이 전통적으로 성풍속이나 성도덕의 유지를 명문으로 음란물을 규제해 왔다. 이는 본래 사적 영역에 있어야 할 성의 문제가 공적

영역으로 드러나는 데 대한 사회적 불편함을 법적 규제로 제어하고
자 한 것이다. 청교도적 전통 위에 세워진 미국이 그러했고, 유교적
규범을 중시해온 한국도 마찬가지다.

20세기에 들어 미국에서 표현의 자유가 헌법적 권리로 정립되면
서, 음란물 규제의 정당화를 둘러싼 이론적 접근이 다양하게 전개되
었다. 특히 사상의 자유시장 이론은 초기부터 미국의 표현의 자유 법
리로 확실하게 자리잡았다. 이 이론은 모든 사상이 자유롭게 경쟁하
는 과정을 통해 진리에 도달할 수 있다는 전제를 담고 있으며, 국가
의 개입을 최소화하는 자유주의적 사고에 기초한다.

사상의 자유시장 이론에 따라 음란물 규제를 정당화하는 초기 논
리는, 음란물은 '사상'을 담고 있지 않다는 주장에 기초한다. 즉 음
란물은 인지적 내용을 포함하지 않으며, 오직 성욕을 자극하는 것에
불과하다는 것이다. 따라서 음란물은 사상의 자유시장에서 경쟁을
통해 해악을 해소할 수 있는 대상이 아니므로 음란물 규제가 사상의
자유시장 이론에 어긋나는 것이 아니라고 보았다.

그러나 음란물 중에서 일정한 사상이나 메시지를 담고 있는 것이
있을 수 있으면서 이 논리는 벽에 부닥쳤다. 그래서 나온 것이 음란
물의 해악이 너무 커서 사상의 자유시장에 맡겨 놓을 수 없다는 논
리였다. 하지만 이 논리는 근본적인 한계를 지닌다. 정치적 선동과
같은 정치적 표현물은 음란물보다 사회적 해악이 더 크지만 보호받
을 수 있기 때문이다.

이후 규제론자들은 음란물의 추상적인 해악이 아니라, 직접적이

고 구체적인 해악을 입증하려는 시도로 나아갔다. 성범죄 유발, 여성에 대한 왜곡된 이미지 재생산 등이 해악으로 주장되었다. 그러나 이러한 주장들은 실증적 근거가 부족하거나, 해악이 입증되더라도 그것이 표현의 자유 제한을 정당화할 수 있는가에 대해 충분한 설득력을 확보하지 못하였다.

음란물 규제는 사상의 자유시장 이론의 한계를 가장 뚜렷하게 보여주는 사례다. 이 이론은 표현의 가치를 오로지 진리 발견이라는 기능에 종속시키기 때문에, 그 논리적 귀결은 감각적·심미적·성적 표현처럼 진리 발견에 직접 기여하지 않는 표현을 헌법적 보호영역에서 배제하는 것이다. 음란표현은 사상의 자유시장 이론이 전제하는 경쟁과 자율의 메커니즘이 작동하지 않는 대표적 영역이다.

그러나 이러한 접근은 표현의 자유의 보호 범위를 지나치게 축소한다. 사상의 자유시장 이론은 이 지점에서 표현의 자유 보호이론으로서의 장점을 상실한다. 소통과 공감이 중시되는 현대 사회에서 감각적·심미적·성적 표현을 제외한 표현의 자유 이론은 전체를 설명하지 못하는 반쪽짜리 이론에 불과하다. 결국 사상의 자유시장 이론은 감각적·심미적·성적 표현을 보호영역으로 안으로 받아들일 수밖에 없는데, 일단 받아들이고 나면 그것을 규제할 논거를 찾기 힘들다는 새로운 난관에 봉착한다.

음란물 규제는 표현의 자유를 정당화하는 다른 이론, 특히 자기지배 이론이나 자기실현 이론으로 설명할 때 더 설득력이 있다. 자기지배 이론은 국민의 정치적 의사 형성과 참여를 표현의 자유 보호의 핵심이라고 보고 있으므로, 성표현물과 같은 비정치적 표현은 원칙적으로 보호 대상이 아니다. 이 관점에서 입법자는 성표현물이 사회적 법익이나 타인의 권리를 침해한다고 판단할 경우 이를 제한할 수 있다. 반면, 자기실현 이론은 개인의 자아 형성과 인격 실현의 수단으로 이해하며, 성표현도 개인의 자기실현에 도움을 주는 한 표현의 자유의 보호를 받을 수 있다고 본다. 이 관점에서 음란물을 규제하려면 단순한 도덕적 불편함이나 추상적 성도덕 훼손이 아니라, 구체적이고 실증 가능한 해악이 입증되어야 한다.

3장 가짜뉴스도 보호받나?

1. 이상하지 아니한가?

2. 거짓말도 표현의 자유의 보호대상이다?

3. 가짜뉴스 규제법은 제정할 수 있을까?

4. 소결

3장 가짜뉴스도 보호받나?

1. 이상하지 아니한가?

거짓 발언에 대한 구제책은 진실 발언이다. 이는 자유 사회의 일
반적인 과정이다. 이성적이지 않은 발언에 대한 대응은 이성적
인 발언이고, 무지한 발언에 대한 대응은 계몽적인 발언이며, 노
골적인 거짓말에 대한 대응은 단순한 진실이다. 우리 헌법 이론
은 "진실을 판단하는 가장 좋은 기준은 시장 경쟁에서 받아들여
지는 사고의 힘이다."라는 것이다. 수정헌법 제1조는 우리가 좋
아하지 않는 발언에 대해 정당한 이유로 대응할 권리를 보장한
다. 언론과 사상의 자유는 국가의 자비에서 비롯되는 것이 아니
라, 개인의 양도할 수 없는 권리에서 비롯된다. 그리고 정부의
언론 탄압은 허위 사실 폭로를 더욱 어렵게 만들 뿐, 그 어려움
을 줄이는 것은 아니다. 사회는 개방적이고 역동적이며 합리적
인 담론에 참여할 권리와 시민적 의무를 가지고 있다. 정부가 내

용 기반 명령을 통해 공론을 조장하려 한다면 이러한 목적은 제대로 달성되지 않는다.

미국 연방대법원은 2012년, 거짓말도 수정헌법 제1조에 의해 보호받을 수 있다는 판결을 내렸다. 이는 과거 거짓말은 헌법적 가치가 없다고 선언했던 판례들과 다른 입장이다. 위 문장은 2012년 *United States v. Alvarez* 사건에서 다수의견 중 일부를 인용한 것이다.[1] 피고인 알바레즈는 캘리포니아주의 한 지방 공공기관의 선출직 위원이었다. 그는 2007년 첫 회의에 참석하여 자신을 25년 차 퇴역 해병으로, 전투 중 여러 차례 부상을 입었고, 1987년에 의회 명예 훈장(Congressional Medal of Honor)을 수여받은 인물로 소개하였다. 하지만 모두 거짓이었다. 그는 해병대는 물론, 어떤 군 경력도 없었으며, 전투에서 부상당한 적도, 훈장을 받은 적도 없었다. 알바레즈는 상습적인 거짓말쟁이였다. 알바레즈에게 적용된 혐의는 2005년 제정된 「가짜 유공자 처벌법」(Stolen Valor Act) 위반으로, 명예훈장을 수여받았다는 허위 진술을 형사처벌하는 법률이다. 이에 대해 알바레즈는 이 법이 표현의 자유를 침해하며 수정헌법 제1조에 위반된다고 주장하였다.

케네디(Anthony Kennedy) 대법관을 포함한 6인의 다수의견은 알바레즈의 손을 들어주었다. 연방대법원은 다음과 같은 논거로 「가짜 유공자 처벌법」(Stolen Valor Act) 이 위헌이라고 판시하였다. (1) 거짓 발언도 일반적으로 표현의 자유에 의해 보호된다. (2) 거짓말에 대한 형사적 규제는 내용 기반 규제(content-based regulation)로서, 엄격심사(strict scrutiny) 기준에 따라 위헌성을 심사한다. (3) 정부는 명예훈장 수여에 관한 거짓 주장이 구체적인 해악을 초래한다는 입증을 하지 못했다. (4) 형사처벌이 아니라, 정부가 사실관계를 알리거나 명예훈장의 의미를 교육하는 등의 덜 제한적인 수단으로 목적을 달성할 수 있다.

이 판결은 그럴듯하게 들린다. 그러나 종전까지는 '사실에 관한 허위 진술'(false statement of facts)은 수정헌법 제1조의 보호영역이 아니라는 해석이 일반적이었다.[2] 연방대법원은 *Gertz v. Robert Welch Inc.* 사건에서[3] 분명히 거짓말은 헌법적 가치가 없다고 판시하였다. 그런데도 케네디 대법관은 *Alvarez* 사건에서 "단지 허위라는 이유만으로 어떤 표현이 수정헌법 제1조의 보호 밖에 놓이게 되는 것은 아니다."라고 판시하였다. 케네디 대법관은 이를 정당화하기 위해 사상의 자유시장 이론을 근거로 제시하였다. 노골적인 거짓말에 대한 대응은 진실이라는 것이다.

이상하지 않은가? 노골적인 거짓말을 사상의 자유시장에 방치할 이유가 있을까? 사상의 자유시장은 진실을 찾기 위한 도구인데, 이미 검증된 거짓을 사상의 자유시장에 다시 유포시킬 이유가 있을까? 사상의 자유시장 이론의 선구자, 홈즈 대법관조차도 사람들로 붐비는 극장에서 "불이야!"라고 외치는 거짓말은 보호될 수 없다고 하지 않았나? 사상의 자유시장 이론은 사상(idea)의 자유로운 경쟁을 전제하는 것이지, 사실(fact)의 자유로운 경쟁을 허용하는 것이 아니지 않은가?

독일은 나치 시대 유대인 학살의 비극을 겪은 역사적 배경 속에서 홀로코스트를 부정하는 표현을 형사처벌하고 있으며, 독일 연방 헌법재판소 역시 이를 표현의 자유에 대한 정당한 제한으로 인정하고 있다. 우리나라에서도 5·18 민주화운동에 대한 허위사실을 유포할 경우 「5·18 민주화운동 등에 관한 특별법」 제8조에 근거해 처벌하고 있다. 그렇다면 이러한 법률들은 어떻게 정당화될 수 있을까? 케네디 대법관이 다수의견에서 판시한 것처럼, 허위 진술이 특정 개인에게 명예 또는 재산상의 손해를 입히는 경우 그 해악이 명확하므로 규제 정당성이 쉽게 인정된다. 그러나 역사적 사실의 부정은 누구에게 어떤 구체적 해악을 주는가? 알바레즈처럼 과시형 거짓말을 반복하는 사람은 과연 사회에 어떤 해악을 끼치는가? 거짓으로 만들어지는 사회가 건전할 리는 없다. 신뢰가 무너진 사회에서 민주주의와 법치주의가 번성할 리 없다. 특히 소셜 미디어 시대에 누구나 인터넷 방송을 통해 사실과 허구를 구분하지 않고 정보를 쏟아내고 있는데, 이러한 가짜정보의 홍수가 바람직한가? 그렇다고 거짓말을 모두 규제하는 것이 타당한가? 바람직하지 않다고 아무런 규제를 하지 않는다면 다른 방법은 있는가? 케네디 대법관이 제시하는 교육이 대안이 될 수 있을까?

이러한 질문들에 대한 답을 찾기 위해서 다음과 같은 문제들을 차례로 검토하고자 한다. 거짓말이 표현의 자유로 보호받아야 하는지, 거짓말의 해악은 무엇이며, 이를 해결하기 위하여 거짓말 규제법 제정을 제정할 수 있는지.

2. 거짓말도 표현의 자유의 보호대상이다?

거짓말이 표현의 자유의 보호를 받는지에 대해서는 견해가 엇갈린다. 미국 연방대법원은 2012년 *Alvarez* 판결 이후 거짓말도 수정헌법 제1조에 따라 표현의 자유의 보호영역에 포함된다고 본다. 반면, 독일에서는 허위사실의 주장은 헌법상 보호를 받지 못한다는 것이 확립된 판례다.[4] 우리나라에서는 2010년 미네르바 사건에서 허위사실의 표현도 표현의 자유의 보호영역에 속한다고 한 헌법재판소 결정이 이견 없이 받아들여진다.[5] 미국과 독일이 왜 서로 다른 결론에 이르게 되었는지, 그리고 우리 사회는 어떤 논쟁을 거쳐 왔는지를 차례로 살펴본다.

1) 미국

(1) *New York Times* 사건과 현실적 악의(actual malice)

미국에서 사실에 관한 허위 진술을 표현의 자유 문제로 심각하게 고민한 출발점은 1964년 *New York Times v. Sullivan* 판결이다.[6] 이 판결은 표현의 자유와 민주주의를 중시하는 미국의 가치를 반영한 대표적인 판례다. 연방대법원은 이 사건에서 처음으로 명예훼손이라는 사적 분쟁에 헌법상 권리인 표현의 자유를 적용하였다. 이후 미국 연방대법원은 표현의 자유를 중시하는 판결을 계속 내놓게 된다. 사건의 발단은 1960년 3월 29일 뉴욕타임스에 게재된 전면 광고였다. 해당 광고는 마틴 루터 킹(Martin Luther King Jr.) 목사에 대한 경찰의 강압적 행태를 비판하고 지지를 호소하는 내용이었다. 이에 대해 앨러배마주 몽고메리 경찰책임자 설리반은 광고에 기재된 내용 중 일부가 사실과 다르다는 이유로 뉴욕타임스를 상대로 명예훼손 소송을 제기하였다. 당시 판례법(common law)에 따르면 진실한 보도는 절대적 면책사유가 되었지만, 이 사건처럼 허위보도에 대해서는 불법행위 책임이 인정되었다.

그러나 연방대법원은 이 사건에서 허위사실의 보도 역시 일정한 경우에는 수정헌법 제1조에 의해 보호될 수 있다고 판시하였다. 그 핵심 논거는 '위축효과'(chilling effect)에 있었다. 자유롭게 토론하다 보면 잘못된 표현은 불가피한데, 사람들에게 발언 내용의 진실을 입증하라고 강요하면 거짓말하는 사람에게만 부담을 주는 것이 아니라, 진실이라고 믿고 있지만 입증하지 못해 처벌받을까 두려워 스스로 자제하는 사람들이 나타난다는 것이다. 브래넌(William Brennan) 대법관은 다수의견에서 토론을 위해서는 '숨 고를 공간'(breathing space)이 필요하다고 강조하였다.

연방대법원은 이 판결에서 '현실적 악의'(actual malice)라는 새로운 개념을 도입하였다. 이 개념은 단순한 증오나 감정적 동기가 아니라, "거짓임을 알면서도" 또는 "진실 여부를 의심하면서도 무분별하게 이를 무시한 경우"를 뜻한다. 연방대법원은 *New York Times* 사건에서 공직자가 자기의 직무 행위와 관련한 보도에 대해서 명예훼손 소송을 제기한 경우 현실적 악의를 입증하지 못하면 징벌적 손해배상이 인정되지 않는다는 새로운 기준을 정립하였다. 연방대법원은 후속 판결에서 현실적 악의의 기준을 구체화하였다. *Garrison v. Louisiana* 사건에서는 공직자 비판 발언이 허위라는 이유만으로 형사처벌할 수 없으며, 발언자가 그 내용이 거짓임을 알았거나 거짓일 가능성을 알면서도 무분별하게 무시한 경우에 한해 형사책임을 물을 수 있다고 하였다.[7] 나아가 *St. Amant v. Thompson* 사건에서는 '무분별하게 무시한 경우'란 보도자가 보도 내용의 진실성에 대해 심각하게 의심할 만한 사정이 있었음에도 이를 조사하거나 확인하지 않고 보도한 경우를 의미한다고 판시하였다.[8]

그러나 현실적 악의 법리가 고의적인 허위 보도까지 면책하는 것은 아니다. 이 쟁점은 *Gertz* 사건에서 중점적으로 다루어졌다. *Gertz* 사건은 거츠라는 이름의 변호사가 자신을 공산주의자라고 보도한 언론사를 상대로 낸 소송이다. 그는 공무원도, 공인도 아닌 일반 사인이었다. 연방대법원은 이 사건에서 *New York Times* 판결에서 정립된 현실적 악의 기준은 공인(public figure)에게 적용되지만, 일반인에게는 적용되지 않는다고 판시하였다. 즉 일반인은 언론보도로 인해 명예를 훼손당한 경우, 상대방의 현실적 악의를 입증하지 않고도 보통법에 따라 손해배상을 청구할 수 있다는 것이다. 그 이유는 일반인이 언론에 자발적으로 노출되지 않았고, 명예훼손적 언론보도에 대해 반박할 수 있는 효과적인 기회도 적기 때문이라고 설명하였다.

(2) 의견과 사실의 구분

연방대법원은 또 의견과 사실의 구분을 통해 표현의 자유와 개인의 인격권 보호의 경계를 명확히 하였다. 연방대법원은 이렇게 판시하였다.

> 수정헌법 제1조에 잘못된 의견이란 없다. 의견은 아무리 해롭다고 하더라도 다른 의견에 의해서 수정되어야 하며, 법관이나 배심원의 양심에 의존해서는 아니 된다. 그러나 사실의 허위 진술에는 헌법적 가치가 없다. 의도적인 거짓말이나 부주의한 실수는 공적 과제를 '제지받지 않고, 건전하고, 개방적으로' 토론하는 데 있어서 사회적 이익을 크게 높이지 않는다.[9]

Gertz 판결은 다음과 같이 정리될 수 있다. 첫째, 의견은 도두 보호된다. 둘째, 허위사실의 표현은 불가피한 경우 보호된다. 셋째, 불가피한 경우의 기준은 New York Times 판결에서 제시된 현실적 악의 이론과 Gertz 판결에서 제시된 공인 이론이다. 즉 공인에 대한 명예훼손에는 현실적 악의 기준이 적용되고, 일반 사인에 대한 명예훼손에는 일반 불법행위 책임이 적용된다.

이 판결 이후 새로운 문제가 발견되었다. 대부분의 표현은 의견과 사실이 혼합되어 나타나기 때문에 의견의 형식을 빌려 허위 사실을 우회적으로 표현하는 방식이 남용될 우려가 제기되었다. 이 쟁점은 그 후 1990년 Milkovich v. Lorain Journal Co. 사건에서[10] 다루어졌다. 이 사건은 지역 신문에 고등학교 레슬링 감독인 밀코비치가 청문회에서 거짓말을 했다는 내용의 칼럼이 게재된 데 대해 밀코

비치가 명예훼손 소송을 제기한 것이다. 쟁점은 "거짓말을 했다."라는 표현이 의견인지, 아니면 사실의 진술인지였다. 연방대법원은 해당 표현이 사실관계에 기반한 주장으로, 진실 또는 허위로 입증가능한 것이라 판단하였다. 다수의견을 작성한 렝퀴스트(William Rehnquist) 대법원장은 *Gertz* 판결의 의미에 대해서 "의견이라는 이름 아래 어떠한 내용의 표현이라도 일률적으로 명예훼손의 면책사유가 된다는 뜻이 아니다."라고 설명하였다. 이는 의견의 표현이 종종 객관적 사실의 주장을 포함할 수 있기 때문이다. *Milkovich* 판결은 의견이라고 해서 항상 명예훼손 책임에서 면제되는 것이 아니라는 점을 분명히 한 판결이다.

위 세 판결에서 제시된 불가피한 허위사실의 표현에 대한 관용, 의견과 사실의 구분, 순수한 의견과 전제된 사실을 포함하는 의견의 구분 등은 우리나라 판례에도 영향을 미쳤다. 대법원은 "자유로운 견해의 개진과 공개된 토론과정에서 다소 잘못되거나 과장된 표현은 피할 수 없다."라며, "무릇 표현의 자유에는 그것이 생존함에 필요한 숨 쉴 공간이 있어야 하므로 진실에의 부합 여부는 표현의 전체적인 취지가 중시되어야 하는 것이고 세부적인 문제에 있어서까지 완전히 객관적 진실과 일치할 것이 요구되어서는 안 된다."라고 판시하였다.[11] 또 "공직자의 도덕성·청렴성이나 그 업무처리가 정당하게 이루어지고 있는지 여부는 항상 국민의 감시와 비판의 대상이 되어야 한다는 점을 감안하면, 이러한 감시와 비판 기능은 그것이 악의적이거나 현저히 상당성을 잃은 공격이 아닌 한 쉽게 제한되어서는

안 된다."라고 하였다.[12]

아울러 대법원은 "의견 또는 논평의 표명이 사실의 적시를 전제로 하지 않은 순수한 의견 또는 논평일 경우에는 명예훼손으로 인한 손해배상책임은 성립되지 않는다."라고 하면서,[13] 다음과 같은 기준을 제시하였다. 즉 "어떤 의견의 표현이 그 전제로서 사실을 직접적으로 표현한 경우는 물론 간접적이고 우회적인 방법에 의하더라도 그 표현의 전취지에 비추어 어떤 사실의 존재를 암시하고 또 이로써 특정인의 사회적 가치 내지 평가를 침해할 가능성이 있으면 명예훼손으로 되는 것이다."[14]

(3) *Alvarez* 판결의 특징

2012년 *Alveraz* 판결은 위 세 판결과 달리, 허위사실 적시에 의한 명예훼손 사건이 아니었다. 이 사건은 특정인에 대한 구체적 해악이 발생하지 않는, 상습적인 거짓말쟁이의 거짓말이 문제가 된 사안이었다. 다수의견은 거짓말도 수정헌법 제1조의 보호를 받는다고 판시하였지만, '어떤' 허위사실의 진술은 보호되지 않는다는 점도 인정하였다. 케네디 대법관은 위증의 경우 법의 기능과 절차를 침해하며 사법제도의 근간인 판결의 진실성을 위협한다고 보았고, 공무원 사칭을 금지하는 조항은 행정 절차의 진실성을 보호한다고 보았다.[15] 하지만 알바레즈처럼 습관적으로 하는 거짓말의 경우에는 어떤 구체적 해악이 있는지를 정부가 입증하지 못하였다고 판단하였다.

반면 알리토(Samuel Alito) 대법관은 반대의견에서 「가짜 유공자 처벌법」(Stolen Valor Act)이 금지하는 거짓말도 실질적 해악을 초래한다고 주장하였다. 그 해악은 물질적 보상을 노린 부정행위일 수도 있고, 훈장 수여자들에 대한 명예훼손일 수도 있다고 본 것이다.

2) 독일

(1) 표현의 자유와 사실 전달의 보호

독일 기본법은 제5조 제1항에서 표현의 자유와 정보의 자유(제1문), 신문·방송·영화의 자유(제2문)를 보호하고 있다. 표현의 자유, 정보의 자유, 신문의 자유, 방송의 자유, 영화의 자유는 각각 독립된 기본권이다.[16] 독일에서 이러한 자유 보장의 헌법적 의의는, 기본권의 이중성 즉 주관적 공권이자 객관적 가치규범이라는 성격을 고찰함으로써 비로소 설명될 수 있다고 한다.[17] 이중적 성격은 기본법 제5조 제1항에 열거된 여러 자유에서 각기 다르게 나타난다. 표현의 자유와 정보의 자유에서는 주관적 권리의 요소가 더 강하게 나타나고, 방송의 자유에 있어서는 객관적 가치규범적 요소가 더 지배적이다.[18]

표현의 자유가 보호하는 '표현'은 의사형성에 기여하는 모든 표현을 의미한다.[19] 자신의 의사표명뿐 아니라, 의사형성을 가능하게 하거나 이것에 영향을 주는 사실 전달도 포함된다.[20] 그러나 거짓말은 포함되지 않는다. 허위사실을 전달하는 것은 비록 의사형성을 목적으로 하였더라도, 기본법 제5조 제1항의 보호를 받을 수 없다.[21] 이는 표현의 자유의 객관적 성격에서 비롯된다. 허위사실은 헌법으로 보호되는 여론형성에 아무런 기여를 하지 못하며, 오히려 이 과정을 위협하기 때문이다.[22] 거짓말은 개인의 인격 발현과 관련되고 자신의 정신세계를 표출하는 주관적 권리에 해당할 수 있다. 그러나 독일 연방헌법재판소는 표현의 자유의 객관적 법질서 성격에 기초하여 허위사실의 표현을 기본법 제5조 제1항의 보호 영역에서 제외하였다.

(2) 표현의 자유와 다른 법익 간 실질적 조화

독일 기본법 제5조 제2항은 제1항에 규정된 표현의 자유 등이 '일반법률', '청소년 보호 법률', '개인의 명예권'에 따라 제한될 수 있음을 명시하고 있다. 이 가운데 '일반법률'이란, 표현의 자유 그 자체를 억압하려는 목적이 아닌, 표현의 자유 외의 다른 법익을 보호하기 위해 제정된 법률을 의미한다.[23] 즉, 표현의 자유를 직접 겨냥하거나 특정한 의견이나 이념을 배제하려는 것이 아니라, 사회 전체의 이익을 실현하고자 하는 법률이 일반법률이다. 예컨대, 민법의 명예훼손 규정이나 형법의 선동죄 조항은 표현의 자유를 억제하려는 것이 아니라, 타인의 인격권 보호나 공공질서 유지를 목적으로 제정된 것이므로 일반법률이다. 반면, 특정 사상이나 정치적 견해를 억제하거나 배제하려는 목적에서 제정된 법률은 표현의 자유에 의해 보호되는 법익을 부정하는 것이므로 일반법률에 해당하지 않는다. 이처럼 독일에서는 일반법률에 따라 표현의 자유를 제한할 수 있으며, 이러한 제한은 표현의 자유와 충돌하는 다른 법익과 '실질적 조화'(praktische Konkordanz)를 이루어야 한다.[24] 또한 실질적 조화는 기본

권과 이를 제한하는 다른 법익 사이에 비례적 정당성이 확보되어야 함을 요구한다.[25]

연방헌법재판소는 표현의 자유가 일반적 인격권과 충돌할 경우, 비교형량에 필요한 원칙을 세분화하여 체계적으로 정립하였다.[26] 의식적으로 또는 이미 허위임이 밝혀진 '사실'을 주장하는 경우, 이는 기본법 제5조 제1항의 보호 대상이 아니므로 인격권이 우선한다. 반면 진위가 불확실한 사실의 주장은 표현의 자유의 보호범위에 해당하므로 비교형량이 필요하다. 이 때 가장 중요한 요소는 발언자가 주의의무를 이행하였는지이다. 언론사는 개인보다 더 높은 주의의무가 요구된다. 사실을 적시한 경우, 그 사실이 침해하는 영역이 개인의 내밀한 영역인지, 사적 영역인지, 사회적 영역인지에 따라 표현의 자유 보호 정도가 달라진다.

표현 내용이 가치 판단을 포함한 '의견' 표명일 경우에도 형량에 반영할 수 있는 원칙이 마련되어 있다. 인간의 존엄성을 침해하는 내용은 비교형량의 대상이 아니며, 인격권이 항상 우위에 있다. 비방은 기본법 제5조 제1항의 보호 대상이지만, 이 경우에도 비교형량은 이루어지지 않고 인격권이 항상 우선된다. 그렇기 때문에 비방 개념은 매우 좁게 설정되며, 그 법리는 개인 간 분쟁에만 적용된다. 그 외 모든 의견표명에 대해서는 인격권과 포괄적으로 형량하여야 한다. 특히 대중적으로 중대한 문제와 관련된 정신적 논쟁 과정에서 나온 발언에 대해서는 표현의 자유가 우선된다.

(3) 표현의 자유 주요 판례

기본법 제5조 해석과 관련하여 중요한 독일 연방헌법재판소 판례를 소개하면 다음과 같다. 첫째, 표현의 자유와 기본권의 대사인적 효력을 명확히 한 *Lüth* 판결이다.[27] 뤼트는 함부르크시 공보국장으로, 나치 시대 반유대주의 선전 영화를 제작한 전력이 있는 감독의 영화가 상영되자 시민들에게 해당 영화를 보이콧하자는 성명을 발표하였다. 이에 영화 배급사와 감독은 뤼트를 상대로 손해배상청구소송을 제기하였다. 민사법원은 뤼트의 행위가 민법상 불법행위로 판단하고 금지명령을 내렸다. 뤼트는 이에 불복하여 헌법소원을 제기하며, 자신의 발언이 기본법 제5조의 보호를 받는다고 주장하였다.

연방헌법재판소는 1958년 뤼트의 보이콧 촉구가 공공의 이익에 관한 의견표명으로서 기본법 제5조 제1항에 따라 표현의 자유로 보호된다고 보았으며, 기본권이 사인 간 법률관계에도 간접적으로 적용된다는 원칙을 확립하였다. 이어 연방헌법재판소는 표현의 자유와 영화감독의 경제적 이익을 형량하고, 전자가 우선한다고 판단하였다. 하급심 판결은 파기되었다. *Lüth* 판결은 표현의 자유가 민주주의의 핵심 요소임을 확인하고, 기본권 간 충돌 시 비교형량을 통해 조화를 모색해야 한다는 원칙, 그리고 기본권의 대사인적 효력을 확립한 역사적 판결이다.

둘째, 아우슈비츠 거짓(Auschwitz-Lüge) 또는 홀로코스트 부인(Holocaust Denial) 판결이 있다. 이는 제2차 세계대전 중 나치 독일이 유대인을 아우슈비츠 강제수용소 등에서 대량 학살했다는 역사적 사실을 부정한 발언과 관련된 사건이다. 독일 형법 제130조(국민선동죄, Volksverhetzung) 제3항은 나치 시대의 범죄행위를 공공연히 부인하거나, 찬성하거나, 경시하거나, 정당화하는 행위에 대해 최대 5년 이하의 징역형에 처하도록 규정하고 있다. 이에 대해 연방헌법재판소는 형법 제130조 제3항이 민주주의와 공공질서를 보호하기 위한 '일반법률'에 해당하며, 홀로코스트 부인 발언은 기본법 제5조 제1항이 보호하는 표현의 자유의 범위에 속하지 않는다고 판시하였다.[28]

연방헌법재판소는 이 사건에서 기본법 제5조 제1항 제1문(표현의 자유)의 보호 대상은 '의견'이며, 의견은 진술이 타당한 근거가 있는지 또는 없는지, 감정적인지 또는 합리적인지, 가치 있는지 또는 무가치한지, 위험한지 또는 무해한지와 무관하게 기본권의 보호를 누린다고 보았다. 그러나 허위로 알려졌거나 입증된 사실 주장은 의견의 자유 보호의 대상이 되지 않는다는 종전 입장을 다시 한번 명확히 하였다. 따라서 연방헌법재판소는 표현의 자유 침해 여부를 직접적으로 심사하지 않고, 해당 형벌조항이 법치국가 원칙, 특히 비례원칙에 부합하는지 여부를 중심으로 심사하였다. 그 결과 홀로코스트 부인 발언은 단순한 의견 표명이 아니라 객관적으로 입증된 역사적 사실을 고의로 왜곡하는 행위로서, 이는 유대인의 인격권을 침해하고 나아가 공공의 평화 및 자유민주적 질서를 위협하는 것으로 평가되었다. 따라서 이를 형법으로 처벌하는 것은 입법 목적을 달성하는 데 적합하고, 필요하며, 균형적이어서 비례원칙의 요건을 충족하여 헌법에 위반되지 않는다고 판단하였다.

연방헌법재판소는 2009년 *Wunsiedel* 사건에서 이와 같은 입장을 재확인하였다.[29] 이 사건은 나치 인물인 루돌프 헤스(Rudolf Walter Richard Heß)의 추모 행진을 형법 제130조 제4항에 따라 금지한 사안이다. 피고인은 이 조항이 표현의 자유(기본법 제5조)와 집회의 자유(기본법 제8조)를 침해한다고 주장하며 헌법소원을 제기하였다. 그러나 연방헌법재판소는 나치 이념의 찬양이 단순히 허위 사실을 넘어, 인간 존엄성과 민주적 질서를 본질적으로 부정하며 독일 헌법 질서의 정체성에 대한 공격으로 보아, 해당 조항에 따른 처벌이 헌법적으로 정당하다고 판단하였다. *Wunsiedel* 결정에서는 형법 제130조 제4항이 나치즘이라는 특정 정치적 이념을 반대하기 때문에 기본법 제5조 제2항에서 규정하는 '일반법률'이 아니지만, 독일 기본법이 나치 정권의 잔학 행위에 대응하여 제정된 헌법으로 인간 존엄성과 자유민주적 기본질서를 보호하며 나치즘과 같은 반민주적 이념을 배제하므로 예외적으로 허용되며, 동시에 비례원칙의 모든 요건을 충족하여 합헌이라고 판시하였다.

결론적으로, 독일에서는 의도적인 허위사실 진술, 즉 거짓말은 표현의 자유의 보호를 받지 못한다. 대표적으로 홀로코스트 부인은 표현의 자유 보호범위 밖에 있으므로, 연방헌법재판소는 표현의 자유 침해 여부에 대한 비례성 심사를 생략하고, 법치국가 원칙이나 법률 명확성 원칙 등 헌법 원칙에 따라 처벌법규의 정당성을 검토한다. 실제로 연방헌법재판소는 형법 제130조 제3항에 따른 처벌이 비례원칙에 위배되지 않는다고 판시하였다. 그러나 사실과 의견이 혼재된 표현의 경우에는, 설령 그 일부가 허위라고 하더라도, 전체 표현이 정치적·사상적 견해의 표명 형식을 취하면 기본법 제5조 제1항의 보호영역에 포함될 수 있다. 이 경우에는 표현의 자유 제한 여부에 대해 비례원칙 심사가 요구된다.

3) 한국

(1) 미네르바 결정 내용

미네르바는 2008년 하반기 인터넷 포털사이트 '다음 아고라'에서 리만 브러더스 부실 사태를 예측하는 등 금융 및 경제 위기에 관한 글을 써 주목을 받던 인터넷 논객 박대성의 필명이었다. 이명박 정부는 경제에 대한 불안 심리가 확산되자 박대성을 희생양으로 삼았다. 그의 글에서 일부 허위사실을 밝혀내고, 그를 「전기통신기본법」 제47조 제1항(허위사실유포죄) 위반 혐의로 구속하였다. 이 조항은 "공익을 해할 목적으로 전기통신설비에 의하여 공연히 허위의 통신을 한 자는 5년 이하의 징역 또는 5천만원 이하의 벌금에 처한다."라는 내용으로, 1961년 제정된 이후 사실상 사문화된 상태였다. 박대성은 위 조항에 대해 헌법소원심판을 청구하였고, 헌법재판소는 재판관 7대 2의 의견으로 「전기통신기본법」제47조 제1항이 헌법에 위반된다고 결정하였다.

2010년 미네르바 사건에서 법적 쟁점은 허위사실의 표현이 표현의 자유 보호영역에 속하는지 여부가 아니었다. 헌법재판소가 위헌으로 결정한 이유는 '공익'이라는 개념이 명확성 원칙에 위배된다는 점이었다. 재판관 5인은 보충의견에서 '허위' 개념 또한 명확성 원칙에 위배되며, 해당 법률조항이 과잉금지 원칙에 위배되어 표현의 자유를 침해한다고 판시하였다. 이에 반해 재판관 2인은 해당 법률조항이 명확성 원칙이나 과잉금지 원칙에 위배되지 않는다는 반대의견을 제시하였다. 보충의견과 반대의견 모두 표현의 자유 제한에 대한 과잉금지 원칙 위배 여부를 검토하였다는 점은, "허위사실의 표현이 표현의 자유의 보호영역에 속한다."라는 점에 양쪽 모두 동의하고 있다는 것을 의미한다.

허위를 규제하는 법령의 위헌 여부를 다투는 사건은 그동안 여러 차례 있었으나, 허위를 규제하는 것 자체가 헌법에 위반되는지를 본격적으로 다룬 것은 이 사건이 처음이다. 이강국, 이공현, 조대현, 김종대, 송두환 등 재판관 5인은 보충의견에서 '허위의 통신' 행위, 즉 '허위사실의 표현' 행위도 헌법상 표현의 자유에 의하여 보호되어야 하는 이유를 다음과 같이 설명하였다.

> '허위사실'이라는 것은 언제나 명백한 관념은 아니다. 어떠한 표현에서 '의견'과 '사실'을 구별해내는 것은 매우 어렵고, 객관적인 '진실'과 '거짓'을 구별하는 것 역시 어려우며, 현재는 거짓인 것으로 인식되지만 시간이 지난 후에 그 판단이 뒤바뀌는 경우도 있을 수 있다. 이에 따라 '허위사실의 표현'임을 판단하는 과정에는 여러 가지 난제가 뒤따른다.
> 나아가 객관적으로 명백한 허위사실의 표현임이 인정되는 때에

도, 그와 같은 표현이 언제나 타인의 명예·권리를 침해하는 결과를 가져온다거나, 공중도덕·사회윤리를 침해한다고 볼 수는 없으며, 행위자의 인격의 발현이나, 행복추구, 국민주권의 실현에 전혀 도움이 되지 않는 것이라 단언하기도 어렵다.[30)]

이들은, 허위를 판단하는 일이 본질적으로 어렵고, 허위사실을 표현하였다고 해서 그것만으로 곧바로 사회적 해악이 발생하는 것은 아니라는 입장을 취하였다. 따라서 허위사실의 표현으로 인해 실질적 위험이 명백히 발생할 경우에만 이를 규제하는 것으로 충분하며, 허위의 통신 전체를 포괄적으로 규제하는 것은 침해의 최소성 원칙에 부합하지 않아 위헌이라고 보았다.

이에 대해 이동흡, 목영준 두 재판관은 허위란 관련 법조항의 체계적 해석과 법관의 보충적 해석을 통해, 객관적으로 진위가 밝혀질 수 있는 사실에 관한 것이므로 그 내용이 거짓인 것을 의미하며 명확하다고 보았다. 또한 허위사실의 표현은 사상이나 지식에 관한 정치적·시민적 표현행위라고 보기 어렵고, 민주주의의 발전이나 인격발현에 미치는 효과도 중대하다고 할 수 없는 반면, 타인의 명예나 공공질서를 해칠 가능성은 높으므로 이에 대한 규제는 일부 허용될 수 있고, 규제의 위헌심사 강도는 완화되어야 한다고 판시하였다. 특히 전기통신설비에 의한 허위사실의 유포는 강한 파급력을 가지며, 명백한 허위의 사실이라도 통신이용자들에 의해 자율적으로 신속하게 교정되기 매우 어렵고, 허위사실을 둘러싼 장시간의 논쟁에 막대한 사회적 비용이 소모될 수 있다는 점 등을 고려하면, 일정한 범위의 명백한 허위 통신에 대하여는 통상의 표현행위보다 엄격한 규제가 필요하다고 주장하였다.

(2) 비판적 검토

「전기통신기본법」 제47조 제1항이 명확성 원칙에 위반되어 위헌이라는 헌법재판소의 결정은 결론적으로 타당하나, 다수의견과 반대의견이 과잉금지 원칙 위반 여부를 놓고 벌인 논쟁은 이해가 어렵다. 표현의 자유의 보호영역은 표현의 자유가 일응 보호하고자 하는 범위를 확정하는 것으로, 기본권 제한의 위헌심사에서 중요한 의미를 갖는다. 그런데 위 결정은, 아무 내용이나 입에서 나오는 것, 즉 그 표현이 의견이든 사실이든, 허위이든 진실이든 모두 일응 표현의 자유의 보호를 받는다는 결론이어서 위헌심사의 첫 단계를 무의미하게 만들었다.

헌법재판소의 논리대로라면, 우리나라에서 표현과 관계된 모든 문제는 헌법 문제가 된다. 그 결과 기본권 제한의 위헌심사 단계에서 오직 마지막 단계만이 의미를 가지게 된다. 즉 표현의 자유의 보호영역이 의견과 사실, 진실과 허위를 모두 포함하여 사실상 무한대로 확장되기 때문에 제1단계인 '보호영역의 확정'은 의미를 상실하고 된다. 또 헌법 제37조 제2항에 따라 국민의 모든 자유와 권리는 제한할 수 있으므로 제2단계인 '기본권의 제한'도 실질적 의미를 잃게 된다. 결국 마지막 3단계인 '제한의 정당성 심사'만 남게 되는 것이다. 그 결과 제한의 정당성을 심사하는 헌법재판소의 역할이 지나치게 과중해진다. 헌법 문제와 단순한 법률 문제를 구별하고, 헌법 문제는 헌법재판소가 중심이 되어 위헌성을 심사하며, 법률 문제는 국회의 입법권을 존중하는 태도가 민주주의 원리와 권력분립 원리에 더 부합하는 헌법 해석이라고 생각한다.

특히 다수의견은 두 가지 논거에 기초하고 있으나 모두 타당하지 않다. 첫째는 의견과 사실의 구별이 어렵다는 현실론이고, 둘째는 허위사실의 표현이 사회에 기여할 수 있다는 억지론이다. 판례는 의견과 사실을 적절히 구별하고 있다. 진실과 거짓의 구별이 어렵다고 하지만, 대법원은 "언어의 통상적 의미와 용법, 입증가능성, 문제된 말이 사용된 문맥, 그 표현이 행하여진 사회적 상황 등 전체적인 정황을 고려하여 판단"하고 있다.[31] 또한 적시된 사실의 내용 전체의 취지를 살펴볼 때, 중요한 부분이 객관적 사실과 합치되는 경우에는 세부적으로 진실과 약간 차이가 나거나 다소 과장된 표현이 있다 하더라도 이를 허위의 사실이라고 보지 않는다.[32]

허위사실의 표현은 개인적으로는 국민의 올바른 정보획득을 방해하고, 사회적으로는 신뢰를 바탕으로 한 법률관계의 형성을 저해하며, 국가적으로는 여론 형성을 방해하여 민주주의를 왜곡한다는 점은 공지의 사실이다. 그런데도 다수의견은 허위사실의 표현으로 인한 사회적 해악이 크지 않다고 본다. 특히 "허위사실의 표현으로 인한 논쟁이 발생하는 경우, 문제되는 사안에 관한 사회적 관심을 높이고 참여를 촉진할 수도 있으므로 반드시 공익을 해하거나 민주주의의 발전을 저해하는 것이라고는 볼 수 없다."라는 논지는 무리한 해석이다. 이 논리대로라면, 무고한 사람을 폭행하더라도 폭행의 위험성에 대한 사회적 관심을 높이고 폭행을 근절하려는 국민의 참여를 촉진한다는 점에서 반드시 공익을 해하는 것이라 볼 수 없으므로 사회적 해악이 없다는 결론에 이르게 된다.

(3) 허위임을 '알고' 전파하는 행위와 이를 '모르고' 전파하는 행위

다수의견이 이처럼 이상한 논리와 결론에 도달한 이유는 '허위임을 알고' 이를 전파하는 행위와 '허위임을 모르고' 이를 전파하는 행위를 구분하지 않았기 때문이다. 미국과 한국의 판례를 통해 발전한 명예훼손법은 허위사실의 표현을 어떻게 다루어야 하는지를 잘 보여준다. 허위사실의 표현을 보호하는 이유는 '불가피'하기 때문이다. 허위사실의 표현이 그 자체로 보호받을 가치가 있는 것은 아니지만, 이를 함부로 규제할 경우 보호받아야 할 내용의 표현까지 위축될 수 있으므로 이를 방지하기 위해 '불가피하게' 보호되는 것이다. 허위임을 알면서 하는 의도적인 허위 표현은 위축효과와 무관하므로 '불가피'한 것이 아니다. 보호할 이유가 없다. 허위임을 알면서 의도적으로 사실을 왜곡하는 경우, 즉 명백한 허위사실의 표현은 표현의 자유의 보호영역에 속한다고 볼 수 없다. '의도적인 허위사실의 표현'과 '불가피한 허위사실의 표현'은 구분하는 해석론이 타당하다. 이것이 미국 *New York Times* 판례의 판시 내용이고, 독일 헌법재판소가 거짓말을 표현의 자유 보호범위에 포함시키지 않는 태도와도 일

맥상통한다. 허위임을 알면서도 이를 유포하는 것은 표현의 자유의 보호영역에 속하지 않는다. 이는 이러한 행위가 헌법상 표현의 자유로 보호받을 수 없다는 의미이다. 그러나 그렇다고 해서 이러한 행위에 대한 어떤 규제도 곧바로 정당화된다는 것을 뜻하지는 않는다. 예컨대, 사소한 거짓말에 대해 징역형을 부과하는 것은 책임과 형벌 간의 비례원칙에 위반될 수 있다.

유사 사안에 비해 과중하게 처벌하는 것은 형벌체계상 균형을 잃어 평등원칙에 반할 수도 있다. 허위표현이 표현의 자유의 보호를 받지 못한다고 하더라도, 이는 단지 민주주의 국가가 해당 표현을 헌법적으로 보호할 이유가 없다는 뜻일 뿐, 해당 표현이 국가의 공권력 행사에 무방비 상태에 놓인다는 의미는 아니다. 거짓말의 해악이 크다면 정부는 규제할 수 있다. 사상의 자유시장이 모든 문제를 해결할 것이기 때문에, 또는 거짓말도 표현의 자유로 보호받아야 하므로 정부는 거짓말 규제에서 손을 떼야 한다는 주장은 현실적으로도 법리적으로도 타당하지 않다. 표현의 자유라는 원칙이 명백한 허위사실을 의도적으로 유포하는 행위를 억제하려는 정부의 정당한 노력을 가로막는 논거로 사용되어서는 안 된다.[33]

3. 가짜뉴스 규제법은 제정할 수 있을까?

이른바 '가짜뉴스'(fake news)로 전 세계가 골머리를 앓고 있다. 거짓 정보가 난무하면서 참된 정보가 묻히기도 한다. 무엇이 참이고, 거짓인지 모르는 채 판단을 내려야 하는 일이 비일비재하다. 그렇게 결정된 사안이 때로는 국가의 운명을 좌우하기도 한다. 가짜뉴스의 해악은 실로 크다. 가짜뉴스는 사라져야 한다. 하지만 문제는, 어떻게 사라지게 할 것인가에 있다. 무엇이 가짜뉴스인지, 누가 이를 판정할 것인지, 가짜뉴스의 유포를 제재할 것인지, 제재한다면 어느 수준이 적정할지, 그리고 제재한다고 해서 과연 가짜뉴스가 사라질 것인지 등 과제가 산적해 있다. 이러한 문제가 어려운 것은 표현의 자유가 소중하기 때문이다. 민주주의 사회에서 표현의 자유는 가짜뉴스의 근절 못지않게 중요한 가치다.

그동안 정부는 가짜뉴스를 규제하기 위한 입법을 시도하였으나, 성공하지 못했다. 표현의 자유가 위축될 수 있다는 시민단체와 학계의 지적 때문이다. 정부는 오히려 가짜뉴스가 표현의 자유를 침해하기 때문에, 이에 대한 엄정한 대처는 표현의 자유와 충돌하지 않는다고 반박한다. 누구의 견해가 옳을까? 표현의 자유와 가짜뉴스 척결은 양립할 수 없는 문제인가?

1) 가짜뉴스와 허위 조작정보

가짜뉴스를 근절하기 위해서는 그 개념을 명확하게 정의할 필요가 있다. 하지만 가짜뉴스를 정의하기란 쉽지 않다. 트럼프 미국 대통령은 자신에게 불리한 기사를 모두 가짜뉴스라고 부른다. 그에게는 퓰리처상을 100회 넘게 수상한 신문 뉴욕타임스도 가짜뉴스고,

세계적인 뉴스채널 CNN도 가짜뉴스다. 트럼프식 정의는 보편적인 지지를 얻기 어렵다. 이런 상황에서 가짜뉴스를 법제화하려는 시도는 반대론을 잠재울 수 없다.

어떤 견해는 가짜뉴스를 "뉴스의 형식을 빌린 의도적인 거짓 정보"로 한정하여 정의한다. 또 다른 견해는 가짜뉴스를 '허위조작정보'(disinformation)로 정의한다. 과거 법무부는 가짜뉴스 규제법을 추진하면서 허위조작정보를 객관적 '사실관계'를 '의도적'으로 조작한 허위의 사실로 규정하였다. 반면, 다양한 의견표명이나 실수에 의한 오보, 근거 있는 의혹 제기 등은 해당하지 않는다고 설명하였다.[34] 허위조작정보(disinformation)는 2018년 유럽연합(EU) 고위 전문가 그룹이 발표한 『허위조작정보 대응 행동강령(Code of Practice on Disinformation) 보고서』에도 등장한다. 이 보고서에서 허위조작정보는 "검증 가능한 허위 또는 오해를 일으키는 정보로서, 경제적 이익 또는 대중을 고의로 기만하기 위한 목적으로 제작·유포되며, 공공에 해를 끼칠 가능성이 있는 정보"로 정의되었다. EU는 이 행동강령을 바탕으로 메타, 구글 등 주요 플랫폼 기업들과 자율적 협약을 체결하고, 허위조작정보에 대한 광고 차단, 펙트체크 지원, 알고리즘 투명성 강화 등의 조치를 추진하였다.

허위조작정보처럼 고의와 과실을 구분하여 접근한 것이 타당하다. 미네르바 사건 때 헌법재판소는 '의도적인' 허위사실의 표현과 '불가피한' 허위사실의 표현을 구분하지 않고 '모든' 허위사실의 표현을 표현의 자유의 보호영역에 포함하여, 「전기통신기본법」 제47

조 제1항의 위헌성을 검토하였다.[35] 이 사건에서 위헌결정의 직접적인 이유는 해당 조항의 '공익을 해할 목적'이라는 문구가 명확성 원칙을 위반하였다는 데 있었지만, 헌법재판소가 허위사실의 표현도 표현의 자유의 보호영역에 속한다고 본 점은 아쉬움을 남겼다. 고의와 과실의 구분은 표현의 자유를 보호하면서도 허위사실에 대한 규제를 정당화할 수 있는 핵심 논거다.

표현의 자유는 "민주체제에 있어서 불가결의 본질적 요소"이고, "자유롭게 토론하다 보면 잘못된 표현은 불가피"하다.[36] 허위사실을 소셜 미디어에 게시했다는 이유로 제재하게 되면 표현의 자유는 위축될 수밖에 없다. 이를 방지하기 위해서는 '의도적인 허위사실의 유포'와 표현 과정에서 수반되는 '불가피한 허위사실의 유포'를 구분할 필요가 있다. 과거 법무부가 가짜뉴스를 허위조작정보로 정의하고 입법을 추진한 것은 이러한 맥락에서 표현의 자유의 헌법적 가치를 고려한 올바른 접근이다. 또한 가짜뉴스를 '뉴스의 형식'으로 한정하지 않고, 형식에 구애받지 않도록 규제 대상을 설정한 것도 타당하다. 예컨대 유튜브 방송은 전통적 의미의 뉴스 형식을 따르지 않지만, 허위조작정보의 유통 경로가 되기 때문에 규제 대상이 될 수 있다. 조회 수 높이기 위해 근거 없는 이야기를 무책임하게 떠드는 유튜브 방송의 행태를 고려할 때, 전통 미디어뿐 아니라 소셜 미디어를 통한 정보도 규제 대상으로 삼는 것이 타당하다.

다만, 허위조작정보 개념에 의견이 포함될 가능성에 대해서는 우려가 있다. 다원화된 민주사회에서 의견은 옳고 그름을 따질 수 없는 영역이라는 점을 분명히 인식할 필요가 있다. 해악은 허위 사실의 유포에서 발생하지, 허위 의견으로부터 비롯되는 것이 아니다. 의견이 틀렸다는 이유로 제재하게 되면 표현의 자유는 위축되고, 민주주의는 그 기반을 잃는다. 그러므로 허위조작정보는 사실의 허위조작에 한정되고, 의견 표명은 그 적용대상에서 제외된다는 점을 명확히 할 필요가 있다.

2) 가짜뉴스 규제에 관한 헌법적 고찰

가짜뉴스 규제법을 만들기 위해서는 가짜뉴스가 초래하는 해악을 밝히고, 이에 대한 공감을 얻는 작업이 선행되어야 한다. 가짜뉴스의 해악으로는, 첫째 공동체의 신뢰를 훼손한다. 신뢰는 공동체를 유지하는 핵심적인 사회적 자본이다. 한 국가의 공공질서는 이러한 신뢰를 바탕으로 작동한다. 신뢰는 공동체 구성원이 제공하는 사실 정보가 진실하다는 전제 위에 형성된다. 반대로 상대방이 제공하는 정보가 거짓이고, 상대방이 하는 말이 허위사실에 기초한 것이라면 그 국가의 법질서와 공공질서는 존재 기반을 잃게 된다. 이와 같은 이유로, 허위정보에 대한 적절한 규제는 공동체 사회의 자율성을 유지하고, 나아가 국가 경쟁력을 제고하기 위해 필요하다.

둘째, 가짜뉴스는 민주주의의 정상적인 작동을 방해한다. 표현의 자유가 중요한 이유는, 그것이 단순히 개인의 권리를 넘어 민주주의 실현의 전제조건이기 때문이다. 민주주의는 국민의 의사에 따라 국가의 의사를 결정하는 통치 방식이다. 우리 헌법은 대의제 민주주의를 원칙으로 하여, 국민이 대표자를 선출하고 그 대표자가 국민의 이익을 위하여 국가의 의사를 결정하도록 위임하는 구조를 취하고 있다. 그런데 가짜뉴스는 국민의 참된 의사 형성을 왜곡하여 민주주의를 훼손한다. 특히 선거를 앞두고 유포되는 가짜뉴스는 민주주의의 존립 기반 자체를 흔든다.

그러나 가짜뉴스의 해악이 크다는 이유만으로 이를 근절하기 위해 과도한 제재를 허용한다면, 오히려 표현의 자유가 위축되어 민주주의의 작동이 저해되는 모순이 발생할 수 있다. 표현의 자유에 대한 제한은 작은 규제에서 시작하더라도 점차 범위가 확대되는 미끄럼틀 효과(slippery slope effect)를 낳을 수 있고, 그 결과 표현의 자유 자체가 위축되는 위축효과가 발생하게 된다. 이는 민주적 공론장을 축소시키고, 궁극적으로 민주주의를 형해화시키는 결과로 이어질 수 있다. 이러한 우려는 민주주의가 성숙한 국가들에서 공통적으로 제기되어 왔으며, 바로 그렇기 때문에 허위정보에 대한 형사처벌에는 극도의 주의가 필요하다.

결국 가짜뉴스가 초래하는 해악과 이를 방지하기 위해 도입되는 규제가 낳는 해악에 대한 비교형량이 필요하다. 표현의 자유가 아무리 소중한 헌법적 가치라 하더라도, 가짜뉴스의 폐해를 해소하기 위한 모든 조치가 정당성을 결여한다고 할 수는 없다. 마찬가지로, 가짜뉴스의 해악이 아무리 크다 하더라도 이를 근절하기 위한 모든 수단이 정당성을 갖는 것도 아니다. 규제의 정당성은 허위정보로 인한 해악의 정도, 표현의 공익성, 규제의 비례성과 명확성 등 다양한 요소를 종합적으로 고려하여 판단되어야 한다.

이와 관련하여 가짜뉴스의 규제를 논의할 때 중요한 판단 기준 중 하나는 피해자의 '특정 여부'이다. 피해자가 구체적으로 특정되는 가짜뉴스의 경우, 현행 법제 아래에서도 명예훼손의 민·형사상 책임을 물을 수 있다. 실제로 허위사실에 기반한 명예훼손이 인정되는 경우 피고인에게 징역형이 선고되기도 하며, 그 위하효과는 상당하다. 다만, 형사처벌은 수사 및 기소가 공권력의 재량에 따라 이루어지는 한계가 있다. 이런 점에서 보면, 피해자가 스스로 민사소송을 통해 가해자에게 손해배상을 청구할 수 있는 구조를 보완하는 것이 피해자 보호에 더 효과적일 수 있다. 피해자가 특정되는 사안에서는 해악이 비교적 경미하더라도 당사자가 능동적으로 대응할 수 있으므로, 국가가 반드시 전면적으로 개입할 필요는 없다.

문제는 피해자가 특정되지 않는 가짜뉴스의 경우이다. 홀로코스트 부정과 같은 특정 사건에 대한 허위정보, 또는 우리 사회의 경우 '5·18 광주민주화운동'이나 '제주 4·3 사건'에 대한 왜곡된 정보가 이에 해당한다. 이 경우 당사자나 유족들이 정신적 피해를 입을 수 있으나, 피해자가 구체적으로 특정되지 않는 한 현행법상 손해배상을 청구하기 어렵다. 일반적으로 이런 경우에는 표현의 자유의 헌법적 의의를 존중하여, 가능한 한 자유로운 공론의 장에 맡겨 자율적으로 정리되도록 하는 것이 바람직하다. 피해자가 특정되지 않는 상황에서는, 허위정보로 인한 해악이 사회 전체에 걸쳐 추상적으로 나타나는 만큼, 그 해악이 중대하고 명백한 경우가 아니라면 국가의 규제 개입은 신중해야 한다.

그럼에도 불구하고 역사적으로 확정된 사실을 조직적으로 부정하거나 왜곡하는 행위가 명백한 사회적 해악을 초래하는 경우에는, 피해자가 특정되지 않더라도 예외적으로 입법적 규제를 허용할 수 있다. 우리나라의 「5·18민주화운동 등에 관한 특별법」 제8조는 그 예에 해당한다. 이 조항은 '5·18민주화운동에 대한 허위의 사실을 유포한 자'를 처벌하고 있다. 다만, 그 범위가 지나치게 넓고 불명확한 것은 큰 문제이다. 일반인의 시각에서 보면, 어떤 표현이 허위사실로 간주되는지 알 수 없어 명확성 원칙에 위반될 소지가 크다. 역사적 진실을 보호하겠다는 취지는 타당하지만, 형벌 규정은 반드시 그 요건이 명확하고 협소하게 규정되어야 한다.

요컨대, 피해자가 특정되는 가짜뉴스의 경우, 해악의 크기와 무관하게 법적 책임을 묻는 것이 가능하며 당사자 간의 분쟁 해결 절차를 통해 사후적으로 조정될 수 있다. 그러나 피해자가 특정되지 않는 경우에는 분쟁 해결 절차 자체가 존재하지 않으며, 해악이 구체화되기 어려워 규제의 필요성과 정당성이 문제된다. 이러한 유형의 가짜뉴스에 대해서는, 그 해악이 사회 전체에 중대한 영향을 미치는 경우에 한정하여 규제가 정당화될 수 있다. 이처럼 피해자 특정 여부에 따라 규제의 기준과 방식은 달라져야 하며, 특히 후자의 경우에는 공익성, 사실 왜곡의 명백성, 표현의 자유에 미치는 영향 등을 종합적으로 고려하여 신중하게 접근해야 한다. 표현의 자유는 민주주의를 지탱하는 핵심 원리이며, 자유로운 공론장이 살아 있어야만 진실이 드러날 수 있다. 가짜뉴스의 규제는 이러한 자유의 공간을 보호하면서 동시에 공동체를 해치는 명백한 허위정보에 대한 최소한의 대응으로 기능해야 한다.

3) 가짜뉴스의 대응 방안

가짜뉴스를 근절하기 위해서는 그 발생 원인을 정확히 파악할 필요가 있다. 가짜뉴스가 증가한 직접적인 이유는 이를 만드는 사람이 많아졌기 때문이다. 가짜뉴스 생산의 주요 동기는 정치적 영향력 행사에 있다. 가짜뉴스가 본격적으로 주목받기 시작한 것은 2016년 미국 대통령 선거 즈음이다. 선거를 앞두고 가짜뉴스가 확산되는 현상은 세계적으로 공통적으로 나타나고 있다. 또한 유튜브 등 소셜 미디어에서는 조회 수가 많아질수록 광고 수입이 증가하기 때문에, 경제적 동기에서 가짜뉴스를 생산하는 사례가 크게 늘어나고 있다.

다른 한편, 가짜뉴스는 소비하는 사람이 있기 때문에 유통된다. 심지어 가짜뉴스임을 알면서도 이를 의도적으로 공유하는 경우도 많다. 이러한 가짜뉴스 소비의 심리적 배경에는 확증편향(confirmation bias)에 있다. 이는 개인이 자신의 생각이나 신념에 부합하는 정보만을 받아들이는 성향을 말한다. 정보의 양이 넘쳐나는 시대, 더 나아가 정보 과잉의 시대가 되면서 사람들은 자신의 정치적 성향과 유사한 정보만을 취사선택하여 소비하는 경향을 보이고 있다.[37] 진위 여부에 대한 심각한 고민 없이 정보를 소비하는 일이 보편화되었다. 가짜뉴스는 개인의 기존 생각을 강화하고, 유사한 생각을 가진 사람들끼리 결집하는 집단 극단화(group polarization) 현상을 심화시킨다.

보다 근본적으로는 정보통신기술의 발전과 새로운 미디어 환경이 가짜뉴스 확산을 구조적으로 촉진시켰다. 누구나 뉴스를 생산하고 유통하고 소비할 수 있는 디지털과 인터넷 환경에서 가짜뉴스는 빠르게 확산될 수 있게 되었다. 디지털 환경에서 단순히 복사와 붙여넣기만으로도 가짜뉴스는 손쉽게 유통된다. 나아가 인공지능(AI) 기술을 활용한 영상 조작 등으로 실제로 하지 않은 발언이나 행동까지 진짜처럼 조작하여 유통하는 것도 가능하다. 이러한 기술적 환경에 대한 고려 없이 마련된 가짜뉴스 대응책은 실효성을 가질 수 없다.

이러한 원인에 기초하여 대응 방향을 제시한다면, 가짜뉴스 생산을 줄이기 위해서는 그 정치적·경제적 동기를 약화시키는 방안이 필요하다. 정치적 목적에 따라 가짜뉴스를 생산하는 정치인에 대해서는 피선거권을 제한하는 강력한 제재가 요구된다. 경제적 이익을 목적으로 가짜뉴스를 제작·유통하는 경우에는, 그로 인해 얻은 수익을 상회하는 수준의 손해배상 책임을 부과하는 방안을 고려할 수 있다. 가짜뉴스의 소비를 줄이는 방안으로는, 미디어 리터러시(media literacy) 교육을 통해 정보 이용자가 스스로 허위정보를 식별할 수 있는 역량을 기르는 것이 중요하다. 더불어 진위 구분을 지원하는 팩트체크(fact check) 기구의 활성화도 하나의 효과적인 대안이 될 수 있다.

나아가 새로운 미디어 환경에서는 과거와는 다른 규제 접근이 필요하다. 가짜뉴스가 생산되고 소비되는 플랫폼을 제공하는 인터넷 서비스 제공자가 허위정보의 유통 차단에 적극적으로 나서도록 유도하는 법적 장치가 마련되어야 한다. 다만, 이 과정에서 플랫폼이 사적 검열 주체로 기능하지 않도록, 삭제 기준과 절차의 투명성과 책임성을 확보하도록 자율규제와 법적 통제를 조화롭게 구성하는 것이 필요하다. 유럽연합(EU)에서 시행되고 있는「디지털 서비스법」(DSA)은 가짜뉴스와 같은 허위정보의 확산을 막기 위해 체계적 위험을 평가하고 이를 줄이기 위한 조치를 취하게 하는 등 디지털 중개서비스 제공자에게 다양한 의무를 부과하고 있다.

4) 현행 제도로는 부족한가?

(1) 허위사실공표죄

이제 현행 제도를 통해 가짜뉴스에 효과적으로 대응할 수 있는지를 검토해 볼 시점이다. 먼저 살펴볼 것은 공직선거법상 허위사실공표죄이다. 공직선거법 제250조 제1항은 '당선되거나 되게 할 목적'으로 후보자 또는 그 가족에 관해 허위사실을 공표하거나 공표하게 한 자를 처벌하며, 제2항은 '당선되지 못하게 할 목적'으로 후보자 또는 그 가족에 관한 허위의 사실을 공표하거나 공표하게 한 경우를 처벌한다. 그 밖에도 공직선거법 제96조는 허위 사실의 보도 또는 논평을 금지하고, 제110조는 선거운동을 위하여 후보자 등에 관하여 허위사실을 공표할 수 없도록 제한하고 있다. 공직선거법은 "누구든지 자유롭게 선거운동을 할 수 있다."라고 선언하고 있지만(제58조 제2항 제1문), 실제로는 선거운동의 기간, 주체, 방법 및 비용을 포괄적으로 규제하고 있어 과도한 제한이라는 비판이 적지 않다. 특히 허위사실공표죄에 대해서는 위헌이라는 주장이 반복적으로 제기되어 왔다. 해당 규정을 위반해 징역형이나 100만 원 이상의 벌금형이 확정되면 당선은 무효가 되고(제264조 제1항), 국고로 보전받은 선거비용을 반환해야 하며(제265조의2), 5년간 선거권과 피선거권을 상실하게 되는 등(제18조 제1항 제3호 및 제19조 제1호) 법 위반의 불이익이 크다.

헌법재판소는 허위사실공표죄가 선거의 공정성을 보장하기 위한 것이며, 금지되는 행위의 유형이 제한되고 다른 대안을 상정하기 어렵다는 점을 들어 정치적 표현의 자유를 침해한다고 볼 수도 없다고 결정하였다.[38] 해당 조항으로 정치적 표현의 자유가 제한되는 정도가 선거인들에게 후보자가 되고자 하는 자의 능력, 자질 등을 올바르게 판단하는 기회를 제공함으로써 선거의 공정성을 보장하고자 하는 공익에 비해 중하지 않다고 한다.

일부 학자들은 이러한 결정을 비판하지만, 헌법적 가치 간의 균형이라는 점에서 헌법재판소의 판단은 수긍할 수 있다. 선거운동의 자유 못지않게 선거의 공정성 역시 중요한 헌법적 가치이기 때문이다. 선거의 공정성은 단지 국민의 정치적 의사를 대의기관 구성에 정확히 반영하기 위한 수단에 불과하다는 비판도 있다. 그러나 그렇게 본다면 선거운동의 자유 역시 민주주의 실현을 위한 수단적 가치라는 점에서 다르지 않다. 두 가치는 헌법적으로 동등한 지위를 가지며, 그 관계는 상호 대립적일 수밖에 없고, 어느 한쪽이 항상 우선한다고 말할 수 없다. 선거의 공정성을 보장하기 위해서는 어느 정도 선거운동의 자유가 제한될 수밖에 없다.

여기서 중요한 기준은 선거일과의 근접성이다. 선거일이 다가올수록 사상의 자유시장이 제대로 기능하지 못하고, 유권자들이 진실과 거짓을 구별하기가 점점 더 어려워진다. 선거가 끝난 후에야 진실이 밝혀지는 경우도 많다. 당락이 결정되고 나면 선거운동 기간 중 제기된 허위 사실에 대한 사법적 평가는 자의적으로 이루어질 수 있다. 이러한 문제는 구체적 사례에서 확인된다.

제21대 대통령 선거 직전 대법원은 이재명 후보에 대해 공직선거법상 허위사실공표죄 위반 사실을 사실상 확정하고, 사건을 서울고등법원으로 환송하였다.[39] 그러나 그가 대통령에 취임하자 재판은 전면 중단되었다. 헌법 제84조는 대통령은 재직 중 형사상 소추를 받지 아니한다고 규정하고 있어, 새로운 사건에 대한 기소만 중지된다는 것인지, 이미 공소가 제기된 사건의 재판 진행도 중단된다는 것인지 명확하지 않다. 윤석열 전 대통령 역시 제20대 대통령 선거 토론회에서 부인 김건희의 도이치모터스 주가조작 의혹에 대해 허위 해명을 했다는 비판을 받았지만, 재임 중에는 아무런 법적 문제가 제기되지 않았다. 더 거슬러 올라가면, 과거 제16대 대선에서는 김대업이라는 인물이 당시 유력한 야당 후보 이회창의 아들에 대한 병역비리 허위사실을 유포해서 정치권과 언론의 집중 조명을 받았다. 이회창 한나라당 후보는 낙선했고, 노무현 새천년민주당 후보는 당선됐다. 김대업의 허위사실 유포가 당락에 영향을 미쳤는지는 알 수 없다. 하지만 선거 결과에 어느 정도 영향을 미쳤음은 분명하다. 김대업은 대선 후 명예훼손과 무고 혐의로 구속돼 1년 10개월

형을 선고받았다.

이처럼 선거에서는 진실과 거짓이 싸우면 언젠가 진실이 승리하리라는 낙관적 기대가 의미를 갖기 어렵다. 사상의 자유시장 기론은 선거일이 임박한 시기에는 작동하지 않는다. 허위정보가 단기간 내에 선거에 결정적 영향을 미칠 수 있다는 점에서, 선거운동기간에는 선거운동의 자유와 선거의 공정성을 모두 고려한 선거규제가 불가피하다. 허위사실공표죄는 민주주의의 꽃이라 할 수 있는 선거의 정당성과 투명성을 보장하기 위한 최소한의 법적 장치이며, 가짜뉴스 규제를 위해서도 필요한 제도적 수단이다.

(2) 징벌적 손해배상제
가. 허위사실 적시에 의한 명예훼손

징벌적 손해배상제 도입 논의를 살펴보기 위해서는 먼저 허위사실 적시에 의한 명예훼손을 규율하는 현행법제를 검토할 필요가 있다. 형법 제307조 제2항은 "공연히 허위의 사실을 적시하여 사람의 명예를 훼손한 자"를 5년 이하의 징역 또는 벌금에 처하도록 규정하고 있으며, 정보통신망법은 동일 행위를 온라인에서 한 경우 가중 처벌하도록 규정하고 있다(7년 이하의 징역 또는 5천만 원 이하의 벌금). 이와 함께 명예훼손은 민법 제750조의 불법행위를 구성하므로 피해자는 자신의 정신적 손해에 대해 손해배상을 청구할 수 있고 법원은 민법 제764조에 따라 타인의 명예를 훼손한 자에 대해 손해배상에 갈음하거나 손해배상과 함께 정정보도 명령 등 명예회복에 적당한 처분을 명할 수 있다. 정보통신망법 제44조의2는 피해자가 정보통신서비스 제공자에게 허위정보 삭제를 요청할 수 있도록 하며, 방송통신심의위원회는 해당 정보를 차단하도록 조치할 수 있다(「방송통신위원회의 설치 및 운영에 관한 법률」 제21조 제3항). 이처럼 허위사실 유포로 인한 명예훼손이나 사회적 해악에 대해서 우리나라는 형사적·민사적·행정적 대응을 포괄하는 제도를 갖추고 있다고 평가할 수 있다.

문제는 이러한 제도가 사안에 따라서는 피해자 구제에 충분히 기능하지 못한다는 점이다. 최근 소셜 미디어 등에서 유통되는 가짜뉴스의 상당수가 경제적 이익을 얻기 위한 목적으로 제작되고 유통되고 있음에도, 이를 억제할 수 있는 민사적 제재 수단으로서 현행 법제가 얼마나 실효적인지에 대해서도 의문이 제기된다. 실제로 언론사를 상대로 명예훼손 소송을 제기해 원고가 승소하더라도 인용 금액은 대체로 미미하다. 2023년 한 해 동안 각급 법원이 선고한 언론보도 관련 민사사건 판결을 분석한 결과, 손해배상 인용액이 500만 원 이하인 사건이 전체의 71.6%를 차지하였고, 1천만 원을 넘는 사건은 극히 소수였다.[40] 이와 같은 현실은 명예훼손 소송이 피해자에게 실질적인 구제 수단으로 작용하지 못하고 있다는 비판으로 이어진다.

나. 징벌적 손해배상제 도입

이러한 현실에 대한 대안으로 제시되는 것이 바로 징벌적 손해배상제의 도입이다. 징벌적 손해배상은 단순한 손해 회복을 넘어서, 비난가능성 있는 행위를 한 사람을 징벌하고(punitive), 이를 본보기 삼아 (exemplary) 유사한 행위를 억제하려는 데 목적이 있다. 일반적인 손해배상은 피해자의 손해를 전보하는 데 그 목적이 있지만, 징벌적 손해배상은 가해자에 대한 징벌과 억제를 통해 사회 전체의 법익을 보호하는 데 초점을 둔다. 따라서 이는 순수한 의미의 손해배상제도라기보다 형벌적 성격을 지닌 손해배상제도라고 할 수 있다.

가짜뉴스에 징벌적 손해배상제를 도입하자는 주장은 최근 법원 판결에 대한 불만에서 비롯된 측면이 크다. 2023년 언론보도로 인한 명예훼손 손해배상 사건에서 원고 승소율은 38.6%, 인용액의 평균값은 703만 원, 중앙값은 250만 원으로 나타났다.[41] 승소할 가능성도 높지 않고, 승소하더라도 변호사 비용보다 적은 손해배상금을 받는 것이 현실이다. 징벌적 손해배상제를 도입해서 명예훼손으로 인정되면 지금보다 10배 이상 더 배상금을 받게 된다면 피해자에게 실질적 구제 수단이 될 것이다. 동시에 가짜뉴스 생산자에게 강력한 억제 효과를 주어 허위정보 확산을 방지하는 데 기여할 수 있다는 점에서 정책적 정당성을 가진다.

미디어 환경이 바뀌면 명예훼손 법제 역시 변화에 맞게 즈정되는 것이 타당하다. 특히 징벌적 손해배상제는 새로운 미디어 환경에서 가짜뉴스의 생산과 유통을 자극하는 경제적 유인을 차단하는 데 효과적인 수단이 될 수 있다. 적극적으로 도입하는 것을 고려할 시점에 이르렀다. 그러나 이에 앞서 기존 법제에 대한 종합적인 검토가 선행되어야 한다. 우리나라는 이미 허위·조작보도에 대해 형사처벌, 행정적 제재, 민사상 손해배상 등 다양한 제도적 수단을 갖추고 있다. 미국이 형사처벌 대신 민사상 징벌적 손해배상에 의존하는 것과 달리, 우리나라는 형법 제307조 제2항에 따라 허위사실 적시 명예훼손에 대해 실제로 형사처벌이 이루어지고 있다.

언론인이 구속되거나 징역형을 선고받는 사례도 간헐적으로 발생하고 있다. 대표적인 사례로 JTBC가 최순실 태블릿PC를 조작해 보도했다고 주장한 미디어워치 사건이 있다. 이 회사 대표 변희재는 2018년 12월 1심에서 「정보통신망 이용촉진 및 정보보호 등에 관한 법률」 위반으로 징역 2년의 실형을 선고받았다.[42] 함께 기소된 회사 대표이사 겸 편집국장은 징역 1년을 선고받고 법정 구속되었으며, 담당 기자 2명은 각각 징역 6개월에 집행유예 2년, 벌금 500만 원을 선고받았다.[43] 또 다른 사례로 신문기자 출신 유튜버 우종창 사건이 있다. 그는 2018년 3월 자신의 유튜브 채널에서 당시 청와대 민정수석비서관 조국이 '최순실 사건'에 대한 1심 선고 직전 담당 판사와 청와대 인근 식당에서 식사를 했다는 제보를 받았다고 주장하였다가 명예훼손 혐의로 기소되어, 2020년 7월 1심에서 징역 8개월의 실형을 선고받고 법정 구속되었다.[44]

이와 같이 이미 형사·민사·행정적 대응이 병존하는 상황에서 징벌적 손해배상제를 추가로 도입하는 것은 법익 균형성과 체계 정당성 측면에서 중대한 문제가 될 수 있다. 민사적 징벌을 형사처벌과 병과할 경우 이중처벌의 위험이 있고, 과잉규제라는 비판도 불가피하다. 현행 법제도를 그대로 둔 채 징벌적 손해배상제를 도입하는 것은 위헌 소지가 크다.

다. 징벌적 손해배상제 도입의 전제

결국 징벌적 손해배상제는 제도 정비를 전제로 도입하는 방식이 바람직하다. 구체적으로는, 징벌적 손해배상제의 도입과 함께 명예훼손에 대한 형사처벌 조항들을 전면 폐지하는 것이다. 특히 형법 제307조 제1항에서 규정한 사실적시에 의한 명예훼손죄에 대해서는 그동안 위헌 내지 폐지 주장이 지속되어 왔다. 헌법재판소는 2020년 재판관 5대4 의견으로 합헌 결정을 내렸다.[45] 그러나 다수의견조차도 "우리나라의 민사적 구제방법만으로는 형벌과 같은 예방효과를 확보하기 어렵기 때문에 형사처벌이 불가피하다."라는 점을 근거로 삼았다. 이는 다시 말해, 민사상 징벌적 손해배상과 같은 실효적인 수단이 마련된다면 형사처벌의 정당성은 약화될 수 있다는 의미이기도 하다.

국제적으로도 명예훼손에 대한 형사처벌은 폐지하는 국가들이 점차 늘고 있다. 대표적으로 영국은 2010년 1월부터 명예훼손죄에 대한 형사처벌을 전면 폐지하였다. 우리나라에서도 명예훼손죄는 권력자가 자의적으로 적용하여 언론의 자유를 침해할 수 있다는 비판을 받아 왔다. 그동안 폐지 논의는 형법 제307조 제1항의 사실적시 명예훼손죄를 중심으로 이루어졌다.[46] 가짜뉴스에 대한 종합적인 규제 대책을 마련하는 과정에서, 형법 제307조 제2항의 허위사실 적시 명예훼손죄 역시 함께 폐지하고, 고의에 의한 허위사실 유포에 대해서는 민사상 징벌적 손해배상을 중심으로 하는 새로운 대응 체계를 구축하는 것이 헌법적 균형성과 시대적 요청에 부합하는 타당한 방향이라 할 수 있다.

4. 소결

흔히 '가짜뉴스'를 무력화하는 가장 효과적인 방법은 '진짜뉴스'라고 한다. 이는 미국 연방대법관 홈즈가 말했듯이 "진리를 발견하는 가장 좋은 방법은 사상이 스스로의 힘으로 시장의 경쟁에서 살아남아 받아들여지는 것"이라는 믿음에 기초한다. 이러한 믿음은 가짜뉴스 규제 입법 논의에서 가장 크게 부딪히는 이념적 장벽이다. 가짜뉴스를 규제하기 위해서는 우선 그 정보가 허위인지 여부를 판단해야 하는데, 이 판단 권한을 정부가 독점하게 되면 전체주의 국가의 출현이 우려된다. 이러한 관점은 허위 정보에 대한 규제보다 다른 대응 방안을 선호한다. 보다 많은 뉴스가 생산되고, 정보 이용자가 그중에서 진짜와 가짜를 구분할 수 있는 능력을 키워야 한다고 주장한다. 또 정부는 미디어 리터러시 교육이나 팩트 체크 기구의 활성화 등 간접적 방식으로 대응해야 한다고 본다. 이러한 접근은 허위사실의 표현을 함부로 규제해서는 안 된다는 원론적 지침으로서는 일정 부분 타당하다.

그러나 오늘날 가짜뉴스가 초래하는 해악은 그냥 두면 해결될 수 있는 수준을 이미 넘어섰다. 과거에는 언론사의 수가 많지 않았고, 정보 유통도 제한적이었기 때문에 허위 정보에 대한 대응 체계가 어느 정도 작동할 수 있었다. 하지만 현재는 누구나 유튜브나 소셜 미디어를 통해 정보를 생산하고 확산시킬 수 있는 환경이 조성되었다. 과거처럼 보도하기 전에 언론사 내부에서 실시하는 사실 검증 기능(gate keeping)도 이루어지지 않는다. 소셜 미디어 정보생산자는 진실 여부보다 클릭을 유도할 수 있는 자극적 콘텐츠를 생산하는 더 주력하며, 이용자 역시 자신의 확증편향을 만족시키는 정보만 선택적으로 소비한다. 새로운 미디어 환경은 허위정보가 빠르게 확산되고 반복 소비되는 구조를 형성하였다.

허위사실의 표현에 대한 규제 체계를 새롭게 정비하고, 변화한 환경에 부합하는 규제 원칙을 정립할 필요가 있다. 이러한 접근이 사상의 자유시장 이론에 반듯이 어긋나는 것도 아니다. 실제로 미국 판례 발전을 보더라도, *Alvarez* 판결에서는 거짓말도 사상의 자유시장에 맡겨 해결하자고 했지만, 그 이전 *Gertz* 판결에서는 '사실'에 대한 허위 진술은 '사상'의 시장에서 해결가능한 대상이 아니라고 보았다. 홈즈 대법관 역시 극장에서 허위로 "불이야!"라고 외쳐 사고가 났다면 허위 사실을 표현한 사람이 책임져야 한다고 주장한 바 있다.

결국 문제는 규제의 가능성 자체가 아니다. 어떻게 규제할 것인가가 더 중요하다. 우리나라는 이미 다양한 방식으로 허위사실의 표현을 규제하고 있다. 이러한 규제를 미디어 환경 변화에 맞게 정비하는 일이 시급하다. 이를 위해 다음과 같은 원칙을 제시할 수 있다.

첫째, 해악이 구체적인 허위사실은 규제가 허용된다. 허위사실 적시 명예훼손처럼 피해자가 특정되는 경우 명백한 해악이 존재하며 규제의 정당성이 인정된다. 규제 방식은 피해자가 실질적 손해배상을 받을 수 있도록 하고, 악의적 사안에서는 동일한 행태가 반복되지 않도록 위하효과를 실현해야 한다. 형사처벌을 통해 국가가 직접 표현의 내용을 통제하는 것보다는 민사소송을 통해 법원이 개별 사안에서 표현의 자유와 인격권 간 조화로운 해결을 찾도록 하는 방법이 더 낫다. 과거 미네르바 사건처럼 정부가 실시하지 않은 외환 규제를 실시하였다고 주장하는 허위사실은 피해자가 특정되지 않지만, 외환시장을 왜곡한 해악은 구체적이기 때문에 규제가능하다. 당시 헌법재판소는 해당 조항이 명확성 원칙에 위배되어 위헌이라고 보았지만, 법률이 명확하게 정비된다면 합헌적 규제도 충분히 가능하다.

둘째, 해악이 추상적이라 하더라도 그 중대성이 크다면 규제할 수 있다. 미국 *Alvarez* 사건에서 보듯이, 훈장을 받았다는 거짓말은 진짜 수훈자의 명예를 훼손할 수는 있어도 그 해악이 중대하다고 보기 어려워 이를 형사처벌하는 것은 과도한 것이다. 반면 독일의 홀로코스트 부정 표현은 역사적 경험과 사회적 맥락에서 볼 때 해악의 중대성이 인정되기 때문에 금지될 수 있다. 이처럼 허위사실 표현이 공공의 안녕질서, 민주주의의 기능, 선거의 공정성과 같은 추상적 법익을 해칠 경우에도, 구체적 사정과 해악의 중대성에 따라 금지될 수 있다. 대표적인 예가 공직선거법상 허위사실공표죄로, 이는 여전히 유지되는 것이 타당하다. 반면 미네르바 판결에서 보듯이 공공의 이익을 보호한다는 목적으로 해악의 중대성을 고려하지 않고 허위사실의 표현 그 자체를 금지하는 것은 표현의 자유를 침해하는 것이다.

셋째, 허위사실 유통이 빈번한 영역에 대한 규제 또는 관리가 이루어져야 한다. 과거에는 정보 유통의 주체가 주로 신문과 방송 등 언론사였으며, 이들에 대해서는 여론형성의 민주적 기능을 수행한다고 보아 특별한 의무를 부과하는 것이 헌법적으로 정당하다고 여겨졌다. 주로 독일에서 발전한 이론으로 우리나라 언론법제에 적지 않은 영향을 미쳤다. 그러나 오늘날에는 신문과 방송 등 컨텐츠 생산자의 영향력은 약화되고, 플랫폼과 인터넷 서비스 중개자의 영향력이 절대적으로 커졌다. 허위정보 역시 이러한 중개자를 통해 확산된다. 유럽사법재판소는 2014년 구글 스페인 판결에서 정보접근차단요구권, 이른바 '잊혀질 권리'를 인정하면서 검색엔진 사업자에 대해서만 이를 인정하고, 기사를 게재한 언론사에 대해서는 인정하지 않았다.[46] 이용자들이 주로 검색엔진을 통해 문제의 기사에 접근하게 되므로 이를 차단하는 것만으로도 실질적 효과가 크다고 본 것이다. 이는 허위정보 대응 역시 플랫폼 규제가 핵심임을 시사한다. 가짜뉴스를 효과적으로 통제하기 위해서는 플랫폼과 인터넷 서비스 중개자에게 어떤 법적 의무를 부과할 것인지가 핵심과제가 된다.

4장 해악이 즉각 발생해야 표현을 금지할 수 있다?

1. 이상하지 아니한가?

2. '명백하고 현존하는 위험' 원칙이란 무엇인가?

3. '명백하고 현존하는 위험' 원칙은 재판규범인가?

4. '명백하고 현존하는 위험' 원칙은 다른 나라에서도 사용되나?

5. 국가보안법 사안에 '명백하고 현존하는 위험' 원칙을
적용할 수 있을까?

6. 소결

4장 해악이 즉각 발생해야 표현을 금지할 수 있다?

1. 이상하지 아니한가?

서로 동등한 가치를 가지고 동등한 기회를 제공받아야 할 다수자와 소수자의 생각 사이에 적용되는 이와 같은 불균형과 불합리를 제거하기 위하여 인류는 오래 동안 노력해 왔으며, 그 결과물로 찾아낸 원칙이 어떤 생각이 명백하고 현존하는 위험을 수반할 때에 한하여 비로소 규제가 가능하다는 원칙이다. 다수자의 막연한 거부감과 두려움에 의하여 추정되고 의제된 위험이 아니라 실제로 존재하는 직접적이고 중대한 위험이 명백하게 인정될 경우에 한하여 비로소 소수자·반대자의 생각을 규제할 수 있다는 원칙이다. … 어느 생각이 옳고 어느 생각이 위험한 것인지는 다른 반대 생각들과 함께 비교·토론의 과정을 거쳐 논증된 뒤에 결론 지워져야 하는 것이 원칙이고, 사상의 공개시장에 동등하게 올려져 자유경쟁을 통하여 판가름나야 하는 것이다. 그와 같은 토론과 자유경쟁을 거칠 시간 여유가 없을 만큼 급박하고 현존하는 위험을 수반하는 생각에 한하여 비로소 규제의 대상으로 삼을 수 있는 것이다.

2008년 국가보안법 위반 전원합의체 사건에서 박시환 대법관이 낸 별개의견이다.[1] 이 의견은 지금까지도 국가보안법의 위헌성 내지 폐지 필요성을 뒷받침하는 강력한 논거로 평가받고 있다.[2] 박시환 전 대법관은 진보적인 법조인 사이에 신망이 두터워 문재인 정부 시절 유력한 대법원장 후보로 거론되었다. 그와 함께 대법관으로 근무했던 변호사는, 그가 전원합의체 회의에서 그가 "장팔사모를 든 장비처럼 적진에 뛰어들어 혼자서 종횡무진했다."라고 회고한 바 있다.[3] 그런 그가 국가보안법 전원합의체 사건에서 침묵했을 리 없다.

국가보안법은 "국가의 안전을 위태롭게 하는 반국가활동을 규제함으로써 국가의 안전과 국민의 생존 및 자유를 확보함"을 목적으로 한다(제1조 제1항). 하지만 이 법은 권위주의 정부 시절 반복적으로 남용되어 인권을 침해한 '헌법 위의 악법'이라는 평가를 받아왔다.[4] '민주사회를 위한 변호사모임'은 이 법이 북한을 반국가단체로 전제하고 구축된 법률로, 냉전체제가 해체되고 남북교류가 본격화된 1990년경에는 이미 폐지되었어야 한다고 주장한다. 국가보안법 폐지론 또는 위헌론에서는, 특히 표현행위나 표현물을 통해 이루어지는 이적행위를 규정한 제7조 1항 및 제5항을 대표적인 독소조항으로 지목하고 있다.

이적행위 조항(제1항)을 보자. "국가의 존립·안전이나 자유민주적 기본질서를 위태롭게 한다는 정을 알면서 반국가단체나 그 구성원 또는 그 지령을 받은 자의 활동을 찬양·고무·선전 또는 이에 동조하거나 국가변란을 선전·선동한 자는 7년 이하의 징역에 처한다." 이어지는 이적표현물 조항(제5항)은 위 제1항 등의 행위를 할 목적으로 "문서·도화 기타의 표현물을 제작·수입·복사·소지·운반·반포·판매 또는 취득한 자"를 처벌하는 내용이다. 이들 조항에 대해 "북한에 동조적인 표현을 했거나, 그 표현을 목적으로 하는 단체에 가입했거나, 북측 체제에 긍정적인 표현물을 소지했다는 이유로 실제로 처벌받는 사람들은 세계에서 유일하게 오직 대한민국 국민뿐"이라는 비판이 제기된다.[5]

국가보안법 제7조에 대한 위헌론의 핵심 논거는 바로 이러한 표현에 대해 '명백하고 현존하는 위험'이 없다는 점이다. 과거 동국대학교 교수 강정구 사건을 보자. 강정구는 2001년 평양축전에 참가하여 만경대 방명록에 "만경대정신 이어받아 통일위업 이룩하자"는 글을 남기고, 2002년부터 2005년까지 계간지 등에 기고한 글에서 "6·25전쟁은 북한지도부가 시도한 통일전쟁"이라고 주장하였다. 그는 결국 2010년 대법원에서 징역 2년에 집행유예 3년 및 자격정지 2년의 형을 확정받았다.[6] 강정구에 대한 수사가 시작되었을 '참여연대 사법감시센터'는 다음과 같은 내용의 성명서를 발표하였다.

칼럼을 통해 한국전쟁에 대한 개인적 의견을 밝혔을 뿐인 이번

사건에 국가보안법상 찬양고무죄를 적용하는 것은 표현의 자유에 대한 명백한 침해에 해당한다. 헌법상 보장되어 있는 표현의 자유는 민주주의 사회의 초석과 같은 기본권이다. 민주주의는 다원성과 개방성을 근간으로 하여 서로 다른 의견의 공존을 인정하는 것이 핵심이며, 기존의 상식에 반한다 하여 무조건 배척하거나 억제할 것이 아니라 자유롭게 논의되는 과정을 거치게 함으로써 건전한 국가와 사회체제가 형성될 수 있다. 다시 말해 어떤 주장에 대한 찬반여부를 떠나 표현의 자유는 보장되어야 한다. 부득이 표현의 자유를 제약해야하는 경우에도 "명백하고 현존하는 위험"이 있을 때만 가능할 것이다. 이같은 위험성이 없는 의견표명조차도 북한의 주장과 유사하거나 동일하다는 이유만으로 처벌하는 근거가 되었던 국가보안법의 찬양고무죄 조항은, 국가보안법 폐지에 반대하고 일부개정만을 주장하는 개정론자들도 문제삼았을 정도의 대표적인 독소조항이다.[7]

국가보안법 위헌 주장은, 누구나 자신의 사상을 자유롭게 표현할 수 있어야 하며, 이러한 표현의 자유를 제한하려면 그 표현이 해악을 발생시키는 것이 명백하고 그 해악이 현존하거나 즉각적으로 발생함을 국가가 입증해야 한다는 표현의 자유 이론에 근거하고 있다. 이상하지 않은가? 즉각적인 폭력을 유발하지 않는다면, 어떤 표현이라도 허용되어야 하는 것인가? 표현과 해악 간의 인과관계, 그리고 해악 발생의 시간적 근접성만을 기준으로 삼는다면, 포르노를 제작해서 구매를 원하는 사람에게 판매하는 행위는 처벌할 수 없다는 결론에 이르게 된다. 포르노가 즉각적인 해악을 발생시키지 않는다는 점은, 1986년 '미시 위원회'(Meese Commission)의 보고서에서도 확인된 바 있다. 이 위원회는 포르노의 해악을 조사했지만, 구체적 해악이 있다고 제시한 경우는 일부 폭력적이거나 여성 비하적인 내용에 국한되었으며, 그조차도 해악이 '현존'하거나 '즉각' 발생한다고 본 것은 아니었다.

그렇다면 포르노는 사상을 담고 있지 않기 때문에 '명백하고 현존하는 위험' 원칙이 적용되지 않는다고 말할 것인가? 최근 사회적으로 논란이 많은 혐오표현에 대해서는 어떻게 설명할 것인가? '즉각적인 해악'이라는 기준을 적용할 경우, 특정 집단에 대한 혐오나 차별적 의견을 표현하더라도 이를 처벌할 수 없게 된다. 이번에는 평화 시기가 아니라 전시 상황을 가정해 보자. 적의 침공으로 가족과 이웃이 죽고 다치는 와중에, 누군가가 적군이 도덕적으로 우월하다거나 그 우두머리를 위대한 지도자라고 공개적으로 발언한다면, 우리는 그러한 표현을 '사상의 자유시장'에 맡겨 해악이 해소될 때까지 기다리자고 해야 할까?

이러한 질문들에 답하기 위해서는 먼저 '명백하고 현존하는 위험' 원칙이 무엇인지, 그리고 그것이 미국에서 어떻게 형성되고 발전해 왔는지를 살펴볼 필요가 있다. 그리고 표현이 해악을 초래할 경우, 어떤 기준으로 이를 처벌하는 것이 정당한지를 검토하고자 한다. 특히 우리나라에서는 국가보안법 사건에서 이 원칙의 적용을 주장하는 견해가 많으므로 이 부분을 중점적으로 분석해 보겠다.

2. '명백하고 현존하는 위험' 원칙이란 무엇인가?

1) 탄생

(1) 홈즈 대법관의 "불이야!" 비유

'명백하고 현존하는 위험'(clear and present danger) 원칙은 언론·출판의 자유를 제한하려면 그 표현이 명백하고 현존하는 위험을 초래해야 한다는 것이다. 다시 말해, 표현과 해악 사이의 인과관계가 명백(clear)해야 할 뿐 아니라, 그 해악이 시간적으로 임박하여 실제로 발생할 위험이 현존(present)해야 한다는 것이다. 이러한 요건을 갖춘 경우에만 언론·출판의 자유에 대한 제한이 정당화될 수 있다는 것이 이 원칙에 대한 일반적인 설명이다.

명백하고 현존하는 위험 원칙이 처음 제시된 것은 1919년 *Schenck v. United States* 사건이다.[8] 이 사건은 제1차 세계대전 중에 발생하였다. 당시 미국 의회는 1917년 「방첩법」(Espionage Act)을 제정하여, 군대 내에서의 명령 불복종이나 복무 거부뿐 아니라, 징병 업무를 고의로 방해하는 행위까지 처벌할 수 있도록 규정하였다. 피그인 쉔크는 미국 사회당 간부로서, 징병제에 반대하는 내용을 담은 유인물을 징집 대상자들에게 배포한 혐의로 기소되었다. 연방대법원은 만장일치로 유죄 판결을 확정하였다. 이때 규제 논리로 등장한 것이 홈즈

(Oliver W. Holmes) 대법관이 제시한 명백하고 현존하는 위험 원칙이다.

홈즈 대법관은 표현 행위가 직접적인 불법행위를 유도하지 않더라도, 특정한 상황에서는 처벌이 정당화될 수 있다는 점을 강조하였다. 이를 설명하기 위해 등장한 비유가 그 유명한, 극장에서 "불이야!"라고 거짓 소리치는 사안이다. 몇몇 사람만 있을 평온한 장소에서라면 불이 났다는 거짓말이 별것 아니지만, 극장 같은 장소에서는 큰 혼란과 재난을 초래할 수 있다는 것이다. 따라서 평상시에는 징병제의 문제점을 지적하는 글이 허용되지만, 전시 상황에서는 처벌될 수 있다는 의미다. 홈즈 대법관은 *Schenck* 사건에서 "표현이 실질적 해악을 초래할 명백하고 현존하는 위험을 발생시키는 상황에서 사용되었느냐와 그러한 성질을 지녔느냐"에 따라 그 표현은 처벌될 수 있다고 판시하였다.

(2) '사상의 자유시장'과 '명백하고 현존하는 위험'의 관계

홈즈 대법관은 Schenck 판결 8개월 후, *Abrams v. United States* 사건에서[9] 다수의견과 다른 견해를 제시하였다. 이 사건에서 그는 표현의 자유를 보장해야 하는 이론적 근거로 '사상의 자유경쟁'을 제시하며, 종전 태도와 다른 모습을 보였다. *Abrams* 사건은 사실관계에 있어서 *Schenck* 사건과 큰 차이가 없었다. 피고인들은 개정된 「방첩법」(Espionage Act of 1918) 위반 혐의로 기소되었다. 이 법에 따르면, 미국의 전쟁 수행을 방해할 목적으로 군수품 생산에 대한 저항을 촉구하는 발언을 한 경우 형사처벌받게 된다. 이 사건의 피고인들은 사회주의자들이었으며, 근로자들에게 탄약 등 무기를 생산하지 말 것을 촉구하는 유인물을 배포한 혐의를 받았다. 사건의 핵심 쟁점은 피고인들이 실제로 독일과의 전쟁을 방해할 의도를 가지고 있었는지 여부였다.

다수의견을 집필한 클라크(John Hessin Clarke) 대법관은, 피고인들의 목적이 미국 정부의 전쟁 수행을 좌절시키려는 데 있었다고 판단하였다. 군수품 생산을 저지하려는 시도가 전쟁 계획을 방해할 수 있다는 점에서, 그 결과가 표현의 직접적 목적은 아니더라도 합리적 가능성의 범위 내에 있다면, 그러한 결과를 의도한 것으로 간주해야 한다는 논리를 제시하였다. 이는 당시 표현 규제의 지배적 이론이었던 '해로운 경향'(bad tendency) 원칙을 수용한 판결이었다.

이에 반해 홈즈 대법관은 피고인들이 독일과의 전쟁을 방해하려는 의도가 없었다고 본 것이다. 홈즈 대법관은 소수의견을 통해 "타인의 권리를 침해하지 않는 한, 정부가 의견표명을 제한할 수 있는 경우는 오직 임박한 해악의 위험이 현존하거나 그 위험을 야기하려는 의도가 있을 때에 한정된다."라고 주장하였다.[10] 이 소수의견은 오늘날까지도 표현의 자유를 옹호하는 대표적인 글로 높이 평가받는다. 그 이유는 바로 그가 이 판결에서 펼친 사상의 자유시장 이론 때문이다. 그는 다음과 같이 역설하였다.

궁극적으로 바람직한 선(善)은 사상의 자유교환에 의해서 이루어진다. 즉 진리를 발견하는 가장 좋은 방법은 사상이 스스로의 힘으로 시장의 경쟁에서 살아남아 받아들여지는 것이고, 이런 진리는 사람들의 희망을 안전하게 전달할 수 있는 유일한 기반이 된다. 이것이 바로 우리 헌법의 이론이다.[11]

이러한 사상의 자유시장 이론은 표현의 자유를 절대적으로 보호하는 이론은 아니었다. 홈즈 대법관 자신도 표현의 자유가 절대적인 가치를 지니는 영역이라고 주장하지 않았다. 그는 표현의 자유에도 한계가 있을 수밖에 없다고 보았으며, 그러한 한계의 기준으로 제시한 것이 바로 '명백하고 현존하는 위험' 원칙이었다.

(3) 브랜다이스 대법관의 지지

명백하고 현존하는 위험 원칙이 표현의 자유를 보호하는 논리로 확실하게 자리 잡은 것은 1925년 *Gitlow v. New York* 사건[12]과 1927년 *Whitney v. California* 사건이었다.[13] *Girlow* 사건에서 다수의견을 집필한 샌포드(Edward Sanford) 대법관은 의회의 입법적 판단을 존중해야 한다는 태도를 보였다. 이 사건에서 문제가 된 뉴욕주의 무정부주의 처벌법은, 정부를 무력으로 전복하고자 주장하는 발언을 법적으로 금지하고 있었기 때문에 그러한 표현 자체가 공중의 평화와 국가의 안전을 해치는 위험을 내포하고 있으며, 따라서 처벌이 가능하다는 것이었다. 그러나 홈즈와 브랜다이스(Louis Brandeis) 대법관은 입법부의 판단을 존중해야 한다는 다수의견에 반대하였다. 그들은 개별 사건에서 어떤 표현이 명백하고 현존하는 위험을 초래하는지 여부는 사법부가 판단할 대상이라고 보았다. 이어 두 대법관은 명백하고 현존하는 위험 원칙을 적용해, 문제가 된 문건이 현재 정부 전복을 야기할 가능성이 없었기 때문에 처벌대상이 되지 않는다고 판시하였다.

2년 뒤인 1927년 *Whitney v. California* 사건에서도 두 대법관은 다수의견과 다른 견해를 밝혔다. 반대의견을 작성한 브랜다이스 대법관은, 만약 어떤 표현이 국가가 방지하고자 하는 어떤 실질적 해악의 명백하고 즉각적인 위험을 초래하거나 초래할 의도가 없는 한 그러한 표현은 제한되어서는 안 된다고 주장하였다.[14] 브랜다이스 대법관은 표현의 자유를 보호해야 할 이론적 근거로 홈즈 대법관이 주창한 '사상의 자유시장'을 지지하였다. 그는 다음과 같이 주장하였다.

> 우리의 독립을 쟁취한 이들은, 국가의 궁극적 목적이 모든 개인이 자기 능력을 자유롭게 계발할 수 있도록 하는 데 있으며 국가 통치에 있어서는 자의적인 권력이 아니라 숙고와 토론의 힘이 우위를 점해야 한다고 믿었다. 그들은 자유를 목적이자 수단으로서 모두 중시하였다. 자유는 행복의 비결이며, 용기는 자유의 비결이라는 신념을 가졌고, 자유롭게 사고하고, 생각한 바를 자유롭게 표현할 수 있는 권리는 정치적 진실을 발견하고 확산시키는 데 필수적인 수단이라고 보았다. 언론과 집회의 자유가 없다면 논의는 무의미하며, 이들이 보장될 때에만 논의는 해로운 사상의 유포로부터 일반적으로 적절한 방어를 제공할 수 있다고

여겼다. 그들은 자유에 대한 가장 큰 위협은 무기력한 국민이며, 공개된 토론은 정치적 의무이며, 이러한 토론의 원리야말로 미국 정부의 근본 원칙이 되어야 한다고 믿었다.[15]

그러나 브랜다이스 대법관 역시 사상의 자유시장으로 해결할 수 없는 위기 상황에서는, 다시 말해 충분히 토론할 시간적 여유가 없을 때는 표현의 자유를 제한하는 것이 불가피하다는 입장을 취하였다.[16] 이러한 불가피한 위기 상황을 판단하는 기준으로 그는 홈즈 대법관이 제시한 명백하고 현존하는 위험 원칙을 지지하였다.

2) 발전

Whitney 사건 후 1951년 *Dennis v. United States* 사건이[17] 선고되기까지 약 24년 동안 명백하고 현존하는 위험 원칙은 표현의 자유와 관련된 사건에서 판단기준으로 광범위하게 사용되었다. 대법원은 별도의 명확한 기준이 없는 경우 이 원칙을 적용해서 표현의 자유를 보호하려고 하였다.[18] 그러나 *Dennis* 사건은 이러한 흐름을 뒤집어 놓았다. 1951년 당시 미국에서는 반공산주의 정서가 극에 달하였다. 소련은 핵 실험에 성공하였고, 중국에서는 공산당이 본토를 완전히 장악하였으며, 한국에선 전쟁이 진행 중이었다. 위스콘신주 상원의원 매카시(Joseph McCarthy)는 이를 이용해 반공산당 공작정치를 벌이기도 하였다. 공산주의 확산에 맞서 국가안보를 공고히 해야 한다는 분위기 속에서 연방대법원은 명백하고 현존하는 위험 원칙을

처음 취지와 다른 방향으로 해석하였다. 그 전환점을 보여주는 대표적인 판례가 *Dennis* 사건이다.

미국 의회는 1940년 「스미스법」(Smith Act)을 제정하였다. 이 법은 무력이나 폭력으로 미국 정부를 전복 또는 파괴하는 것을 지도하거나, 옹호하거나, 장려하는 단체를 결성하는 것을 범죄로 규정하고 있었다. *Dennis* 사건의 피고인들은 미국 공산당 당원들이었다. 연방대법원은 명백하고 현존하는 위험 원칙을 적용해 이들에게 유죄를 선고한 원심을 확정하였다. 복수의견(plurality opinion)을 대표 집필한 빈슨(Fred M. Vinson) 대법원장은 항소심 판사가 제시한 '변형된' 명백하고 현존하는 위험 원칙을 인용하여 판결의 근거로 삼았다. 그 내용은 "해악이 실현될 가능성이 없다고 하더라도, 이를 감안하고 난 뒤에도 해악이 표현의 자유의 침해를 정당화할 만큼 중대한 것인지를 고려하라."라는 것이었다.[19] 종전 명백하고 현존하는 위험 원칙에서 전혀 언급되지 않았던 '해악의 중대성'(gravity of the evil)이 고려 요소로 제시된 것이다. 따라서 해악이 중대하다면, 그 해악의 실현 가능성이 낮아도 표현의 자유는 제한될 수 있게 된 것이다.

실제로 연방대법원은 이 사건에서 피고인이 외국 공산당과 연계되어 있다는 구체적인 증거나 언급 없이, 단지 공산당이 활가 치는 세계 정세와 공산당이 봉기한 여러 나라의 예에서 억압을 정당화하는 근거를 찾았다. 인과관계나 시간적 급박성보다는 해악의 중대성만으로 규제할 수 있다고 본 것이다. 이러한 점에서 *Dennis* 판결은 명백하고 현존하는 위험 원칙과 무관하다고 주장하는 학자도 있다.

어쨌든 *Dennis* 기준에 따르면, 급진적인 정치적 표현은 수정헌법 제 1조의 보호를 온전히 받지 못하게 된다.

3) '명백하고 현존하는 위험' 원칙의 재구성

공산주의자 색출의 광풍이 가라앉고, 매카시 상원의원의 정치적 영향력도 사라지면서 연방대법원은 표현의 자유에 대한 새로운 기준을 정립하게 된다. 그 전환점은 1957년 *Yates v. United States* 판결이었다.[20] 연방대법원은 이 판결에서, 의회가 「스미스법」(Smith Act)을 제정한 목적은 단지 추상적인 원리를 주창하는 행위를 금지하려는 것이 아니라, 실질적인 불법행위를 유도하거나 초래하는 주장을 금지하려는 데 있었다고 판시하였다. 다시 말해, 발언자가 어떤 표현을 통해 상대방이 자기 말을 단순히 믿게 하려고 한 것인지, 아니면 상대방에게 어떤 행동을 실제로 하도록 유도한 것인지를 구분해야 한다는 것이다. 이러한 태도는 1969년 *Brandenburg v. Ohio* 사건에서[21] 더욱 명확한 기준으로 정립되었다.

Brandenburg 사건은 명백하고 현존하는 위험 원칙을 단순 주창(advocacy)과 선동(incitement)을 구별하는 선동기준과 결합하여, 표현의 자유를 가장 두텁게 보호한 판결로 평가된다. 이 사건의 피고인은 백인우월주의 단체 KKK의 오하이오주 지부 간부로, 단체 행사에 참석한 언론의 취재 카메라 앞에서 다음과 같은 발언을 하였다. "우리는 복수를 하는 단체가 아니다. 그러나 대통령, 의회, 대법원이 백인을 억압하는 일을 계속한다면, 어떤 형태의 복수도 행해질 수 있다."

당시 오하이오주는 「신디컬리즘 형법」(Criminal Syndicalism Statue)을 통해 정치적 또는 산업적 변혁을 위한 수단으로 폭력이나 불법적 테러의 주창을 금지하고 있었다. 피고인은 이 조항을 위반한 혐의로 기소되었다. 연방대법원은 해당 법률이 수정헌법 제1조에 위배된다고 판단하였다. 주목할 점은 이 판결에 '명백하고 현존하는 위험' 원칙이라는 표현은 등장하지 않았다는 점이다. 그 대신 연방대법원은 단순 주창(advocacy)과 불법행위 선동(incitement)을 구분하는 방식으로 사안을 해결하였다. 연방대법원은 다음과 같이 판시하였다.

> 자유로운 언론과 출판에 대한 헌법 규정은 무력 사용이나 위법행위에 대한 주창이 즉각적인 불법행위를 선동하거나 야기하려는 데 초점이 맞춰져 있고 또 그런 행동을 선동 내지 조장할 가능성이 있는 경우를 제외하고는 정부가 이를 금지하지 못하도록 보장하고 있다.[22]

4) *Brandenburg* 후속 판례

Brandenburg 판결은 이후 1975년 *Hess v. Indiana* 사건에서[23] 인용되면서, 명백하고 현존하는 위험 원칙의 현재 모습으로 자리매김하게 된다. *Hess* 사건은 인디애나 대학교에서 열린 반전시위 도중 발생하였다. 도로 위에서 시위를 벌이던 약 100명의 학생들이 경찰이 접근하자 인도로 물러섰고, 그때 한 학생이 "우리가 이 망할 놈의 거리를 언젠가 다시 차지할 것이다."라고 외쳤다. 이에 대해 경찰은 그를

소요 관련법 위반 혐의로 체포하고 기소하였다. 인디애나주 대법원은 그의 발언이 장래 불법행위를 선동하려는 의도로 행해졌으며, 또 그럴 가능성이 있다는 이유로 유죄를 선고하였다. 그러나 연방대법원은 *Brandenburg* 판결을 인용하며, "그의 발언이 즉각적인 소요를 야기할 의도로 이뤄졌고 또 그렇게 될 가능성이 있다는 점을 입증할 증거를 해당 발언에서 찾을 수 없다."라고 판시하였다.[24] 원심은 파기되었고, 피고인은 무죄로 인정되었다.

Brandenburg 기준이 적용된 또 다른 판례는 *NAACP v. Claiborne Hardware* 사건이다.[25] 이 사건은 1966년 미시시피주 클레이본 카운티에서 아프리카계 미국인들이 NAACP(전미유색인지위향상협회) 주도로 백인 상점들을 대상으로 한 불매운동에 대해서 백인 상점주들이 NAACP를 상대로 제기한 손해배상청구소송이다. 불매운동은 다양한 방식으로 진행되었다. 문제가 된 것은, NAACP의 한 지역 간부가 수백 명의 군중 앞에서 백인 상점 불매운동에 동참하지 않으면 목을 분질러 놓겠다고 한 말이었다. 연방대법원은 그의 말이 *Brandenburg* 기준에 비추어 볼 때 보호되는 표현의 범위를 초과한 것은 아니라고 판단하였다. 연방대법원이 중시한 점은, 실제로 폭력이 발생하지 않았다는 사실이다. 연방대법원은 연설 이후 실제로 폭력이 발생하였다면 연설자에게 법적 책임을 물을 수 있는지를 검토할 수 있겠지만, 본 사건에서는 그러한 사실이 존재하지 않았기 때문에 그 여부를 따져보지 않는다고 판시하였다.[26]

두 판례를 통해 알 수 있는 점은, *Brandenburg* 판결이 제시한 기준에 따라 불법행위를 주창하는 표현도 두 가지 조건 중 하나에 해당하지 않으면 헌법상 보호를 받게 된다는 점이다. 첫째는, 즉각성 요건이다. *Hess* 사건에서 보듯이, 발언이 즉각적인 불법행위를 선동한 것이 아니라면 해당 발언은 보호된다. 둘째, 실제 불법행위의 발생 여부이다. *NAACP* 사건에서 보듯이, 불법행위를 선동하는 표현이라고 하더라도 실제로 불법행위가 발생하지 않았다면 그 표현은 헌법적으로 보호된다. 만약 불법행위가 실제로 발생한 경우에는, 표현이 불법행위를 야기시켰는지에 대한 인과관계를 객관적으로 입증해야 한다는 기준이 적용된다.

3. '명백하고 현존하는 위험' 원칙은 재판규범인가?

'명백하고 현존하는 위험' 원칙과 '사상의 자유시장' 이론은 동전의 양면과 같다. 표현이 발생하는 해악은 사상의 자유시장어서 자율적으로 시정될 수 있다는 믿음과, 시장이 제대로 작동할 수 없는 급박한 경우에는 표현에 대한 규제가 가능하다는 논리는 결국 같은 전제에서 출발한다. 사상의 자유시장이 표현의 자유 이론으로 한계가 있듯, 명백하고 현존하는 위험 원칙 역시 표현의 자유 규제 기준으로서 한계를 지닌다. 후술하는 바와 같이, 서구 민주주의 국가 중 이 원칙을 재판규범으로 활용하는 국가는 미국이 유일하다. 미국 내에서도 이 원칙의 중요성과 유용성을 너무 강조해서는 안 된다는 지적이

나온다.[27] 실제로 명백하고 현존하는 위험 원칙이 미국에서 재판규범으로 사용된 시기는 20세기 중반에 불과하다. 이 원칙은 냉전 시기 표현의 자유를 강하게 제한하는 방식으로 적용되었으며, 이러한 경향에 대응하여 연방대법원은 표현의 자유를 헌법적으로 보호하기 위해 비교형량 기준(balancing test)을 발전시켰다. 1969년 *Brandenburg* 판결 이후 명백하고 현존하는 위험 원칙은 표현의 자유를 두텁게 보호하는 기준으로 전환되었다. 하지만 *Brandenburg* 기준이 명백하고 현존하는 위험 원칙을 완전히 대체한 것인지, 아니면 이를 현대적으로 해석한 모습인지에 대해서는 학계에서 논란이 있다.

1) 재판규범으로서 '명백하고 현존하는 위험' 원칙의 한계

재판규범으로서 명백하고 현존하는 위험 원칙은 다음과 같은 한계를 보인다. 첫째, 모호성과 주관성의 문제이다. 명백하고 현존하는 위험 원칙은 '위험'의 기준을 구체적으로 판단할 때, 어떤 표현이 실제로 해악을 야기하는지, 그리고 그 인과관계가 명백한지를 평가하는 과정에서 주관적 요소가 개입될 수 있어 모호하다. 또한 법관마다 평가가 달라질 수 있어 적용의 일관성이 부족하다는 점도 지적된다. 위험의 정도와 시급성을 평가하는 기준은 법관 개인의 경험, 사회적 가치관, 당시의 정치적 상황에 크게 영향을 받기 때문이다.

둘째, 조작가능성과 예측불가능성의 문제이다. 이 원칙은 법관의 주관적 판단에 크게 의존하는 만큼, 특정 집단이나 정치적 목적에 따라 위험 기준이 조작될 우려가 있다. 특히 사회적 불안이나 정치적 위기 상황에서 정부나 사법부가 위험의 기준을 임의로 확대하거나 축소함으로써, 동일한 표현이라고 하더라도 시기와 상황에 따라 서로 다른 법적 결과를 도출할 수 있다. 이처럼 법적 적용 결과가 예측 불가능할 경우, 시민들은 자신의 표현이 법적으로 어떤 결과를 초래할지 명확히 판단하기 어려워 법적 안정성을 심각하게 훼손한다.

셋째, 표현의 자유에 대한 과도한 제한이다. 명백하고 현존하는 위험 원칙을 표현의 자유를 두텁게 보호하는 법리로 이해하는 국내 견해와 달리 이 원칙은 표현의 자유를 제한하는 논거로 더 많이 활용되었다. 명백하고 현존하는 위험 원칙은 전쟁 시기에는 표현 억제의 논리로, 평화 시기에는 표현 보호의 논리로 상반되게 기능하였다. 전시에는 국가안보와 공공질서가 중시되어 정부는 잠재적으로 불법행위나 사회 혼란을 유발할 위험이 있다고 판단되는 표현을 적극적으로 제한하였고, 명백하고 현존하는 위험 원칙은 이를 뒷받침하였다. 1919년 *Schenck* 판결에서는 제1차 세계대전 중 국가안보와 전시 질서 유지를 위해, 1951년 *Dennis* 판결에서는 냉전기 정부 전복과 혁명 선동을 억제하기 위해 표현의 자유를 제한하는 모습으로 나타났다.

Brandenburg 판결이 선고된 1969년 무렵, 미국은 상대적으로 평화기에 접어들면서 자유로운 의견 교환과 토론을 중시하고, 표현의 자유를 두텁게 보호하려는 분위기가 형성되었다. 연방대법원이 언론에 대한 역사적 제한을 해제한 것도, 국가가 선동적 언론을 용납할 만큼 안전해졌다고 판단했기 때문이다.[28] 그러나 테러리즘의 위

협이 심화되고, 그 양상이 사이버 공간으로까지 확장된 오늘날, 국가안보를 둘러싼 환경은 과거와는 다른 양상을 보이면서 명백하고 현존하는 위험 원칙이 표현의 자유 보호의 논거로 사용될 것인지는 확신할 수 없게 되었다.

2) 재판규범으로서 *Brandenburg* 기준의 한계

Brandenburg 기준은 명백하고 현존하는 위험 원칙의 문제를 극복하고, 표현의 자유를 두텁게 보호한다는 평가를 받는다. 하지만 *Brandenburg* 기준 역시 재판규범으로서 한계가 크다. 이 기준은 표현의 자유의 보호를 받는 표현의 유형 중 일부에만 적용되는 재판규범이다. 1969년 이후 미국 연방대법원은 *Brandenburg* 판결을 단 두 차례, 1973년 *Hess* 판결과 1982년 *NAACP* 판결에서 인용했을 뿐이다. 명백하고 현존하는 위험 원칙은 미국 표현의 자유를 상징하는 재판규범인 것처럼 널리 알려졌는데, 그 현대적 표현인 *Brandenburg* 기준이 연방대법원에서 거의 사용되지 않는 이유는 무엇일까? 법리가 분명하여 연방대법원이 더 이상 이 문제를 다룰 이유가 없기 때문이라는 설명도 있지만, 더 큰 이유는 *Brandenburg* 기준의 적용 범위가 넓지 않기 때문이다.

Brandenburg 판결은 본질적으로 폭력적 정치적 담론에 관한 표현 규제를 다룬다. 이 판결은 폭력적 행동을 선동하는 표현과 추상적인 주장을 구별하는 것을 목적으로 했기 때문에 그 외 다른 유형의 표현에는 일반적으로 적용되지 않는다.[29] 표현의 자유 최고 전문가 중 한

사람인 소몰라(Rodney A. Smolla) 교수는 표현의 자유 문제는 매우 다양한 상황과 환경에서 발생하기 때문에 연방대법원이 모든 표현의 자유 사건에 *Brandenburg* 기준을 적용하려 하지 않는다고 지적한다.[30] 연방대법원은 *Brandenburg*와 유사한 설정을 다루는 사건에서만 이 기준에 따른 분석을 한다. *Brandenburg* 판결에서 말하는 선동과 주창은 실제로 청중이 행동에 나서도록 만드는 발언을 의미한다.[31] 또한 *Brandenburg* 기준에서 즉각성 요건은, 실제 장소에서 군중을 결집하려는 선동적인 연설가를 전제로 한다.[32] 따라서 단순히 범죄를 가능하게 하는 정보를 제공하는 경우나, 정치적 또는 이념적 요소 없이 순수하게 사적 영역에서 이뤄지는 범죄 유발 발언, 또는 직접 대면이 아닌 인터넷이나 소셜미디어를 통해 이루어지는 표현에도 이 기준이 적용되는지에 대해서는 부정적이다.[33]

3) 국가안보 사안에 적용되는 위헌심사기준

(1) *Brandenburg* 기준을 적용할 수 있을까?

국가보안법 적용에 명백하고 현존하는 위험 원칙을 적용하자는 국내 일부 주장과 달리, 미국에서는 이 원칙을 계승한 *Brandenburg* 기준을 국가안보와 관련된 사안에 적용하기 어렵다는 평가를 받고 있다.

첫째, 국가안보 사건에 이 기준이 실제로 적용된 사례가 없다.[34] *Brandenburg* 기준이 적용된 사건들은, 전시 상황이나 안보 위협과는 무관한, 평시의 집회·시위 과정에서 발생한 단순 폭력 사태에 국한

되어 있다. 해당 사건에서 문제가 된 발언 역시 전쟁이나 국가안보와 직접적인 관련이 없었다.[35]

따라서 미국 학계에서도 *Brandenburg* 기준이 국가안보 사안에도 그대로 적용되어야 한다는 주장은 논쟁적이다. 이를 긍정하는 견해는, 명백하고 현존하는 위험 원칙이 본래 국가안보를 위협하는 정치적 표현에 적용되었다는 점을 근거로 든다.[36] 그러나 1919년 *Schenck* 사건이나 1951년 *Dennis* 사건에서 연방대법원은 명백하고 현존하는 위험 원칙을 적용하였지만, 그 결과는 정부의 표현 제한 조치를 정당화하는 것이었다. 더구나 *Dennis* 판결은 현재까지 공식적으로 폐기된 바 없다. 따라서 *Brandenburg* 판결이 존재하더라도, 연방대법원이 전시 상황이나 국가안보 사안에서 다시금 명백하고 현존하는 위험 원칙을 적용해 표현의 자유에 제한을 가할 가능성은 여전히 존재한다.[37]

둘째, *Brandenburg* 기준은 '즉각적인' 불법행위를 선동하는 표현만 규제할 수 있도록 제한하기 때문에, 장기적 세뇌나 선전과 같은 현대 테러리즘 전략에 효과적으로 대응하지 못한다. 특히 인터넷을 통해 확산되는 테러 선동이 명확한 즉각성을 동반하지 않는 경우 이를 규제하기 어렵다는 점이 문제로 지적된다.[38] 유럽 국가들은 테러 등 국가안보에 위해가 되는 표현에 대해 즉각적인 위협이 없더라도 형사처벌을 허용하고 있다. 미국 내에서도 이러한 점을 고려하여 *Brandenburg* 기준의 완화를 주장하는 견해가 존재한다. 테러 조직들은 온라인을 통해 불특정 다수를 대상으로 폭력 행위에 가담하도록 유도하거나, 조직의 이념을 선전하고 폭력을 미화하며, 이를 통해 조직원을 모집한다. 이러한 행위는 *Brandenburg* 기준의 즉각성 요건을 충족하지 않지만, 장기적으로 테러를 조장할 위험이 매우 크다는 것이다.

반면, 현행법 체계 내에서도 테러 주창은 충분히 처벌할 수 있으며, *Brandenburg* 기준 역시 이를 금지하지 않는다는 견해도 있다.[39] 이 견해에 따르면, *Brandenburg* 기준은 '즉각적 해악'을 수반하는 발언에 한정하여 적용되는 것이므로, 장기적 세뇌·멘토링·모집 행위는 그 범위에 해당하지 않으며, 오히려 *Dennis* 판결에 적용된 명백하고 현존하는 위험 원칙이 유효하게 적용될 수 있다고 본다.[40]

(2) *Holder* 판례

2010년 *Holder v. Humanitarian Law Project* 판결[41]은 명백하고 현존하는 위험 원칙의 현재 위상을 보여준다. 이 사건에서 연방대법원은 즉각적인 테러를 초래하지 않는 표현에 대한 규제를 합헌으로 판단하면서, 명백하고 현존하는 위험 원칙을 전혀 언급하지 않았다. 연방대법원은 해당 규제를 내용 기반 규제(content-based regulation)로 보아 엄격심사(strict scrutiny) 기준을 적용하였다. 현행 연방대법원 판례에 따르면, 표현 내용에 기초한 규제는 엄격심사 기준을, 표현 내용과 관계없는 내용 중립 규제(content-neutral regulation)는 중간심사(intermediate scrutiny) 기준을 적용받는다. 엄격심사기준을 통과하려면 규제가 '매우 중요한 국가이익'을 달성하기 위하여 '필수 불가결한'

수단임이 입증되어야 한다. 반면, 중간심사에서는 규제가 '실질적이거나 중요한 국가이익'을 달성하기 위하여 '엄밀하게 재단된' 수단임이 요구된다.

Holder 사건에서 문제가 된 법률은 「미국 애국자법」(USA Partiot Act) 제2339B조로, 국무부가 지정한 외국 테러 조직에 '물자지원'(material support)할 경우 형사처벌하도록 규정하고 있다. 여기서 물자지원에는 '훈련'과 '전문적인 조언 또는 조력'도 포함된다. 피고인들은 테러 조직인 PKK 단원들에게, 분쟁을 평화적으로 해결하기 위한 인권법·국제법의 활용 방법이나 UN 등 국제기구에 청원하는 절차에 관한 비폭력적 조언을 제공했을 뿐이라고 주장하였다. 그러나 로버트(John G. Roberts, Jr.) 대법원장이 작성한 다수의견에서, 6인의 대법관은 해당 규제가 표현 내용을 규제하는 것이므로 엄격심사 기준이 적용된다고 하면서도 이를 합헌으로 결정하였다. 다수의견은 "국제관계와 국가안보의 맥락에서 즉각적인 해악을 방지하려는 정부는 그 경험적 결론에 무게를 두기 전에 퍼즐의 모든 조각을 최종적으로 맞출 필요는 없다."라고 판시하였다.[42] 따라서 정부가 제시한 위험의 가능성이 충분히 합리적이고 구체적일 경우, 완전한 경험적 증거가 없더라도 규제가 정당화될 수 있다고 본 것이다.

이에 대하여 브라이어(Stephen G. Breyer) 대법관 등 3인의 반대의견은, 해당 법률조항이 금지하는 표현이 '매우 중요한 국가이익'을 충족하지 못하였으며, 다수의견은 실질적 위험을 인식하지 않았다고 비판하였다. 국제법에 대한 교육과 테러 행위 조장 사이의 직접적 연결을 입증하지 못하였다는 것이다. 반대의견 역시 엄격심사 기준에 따라 위헌이라고 주장하였을 뿐, 명백하고 현존하는 위험 원칙을 적용해야 한다는 주장은 제기되지 않았다.

Holder 판결은 해악의 중대성을 중시하고, 표현과 해악 간의 인과관계를 경시한다는 점에서 과거 냉전시대 *Dennis* 판결과 유사하다. *Dennis* 판결에 등장했던 공산당, 사회주의자, 무정부주의자라는 단어가 *Holder* 판결에서는 테러리스트라는 단어로 대체되었다. 차이가 있다면, *Dennis* 판결에서는 명백하고 현존하는 위험 원칙이 변형된 형태로 적용되었지만, *Holder* 판결에서는 엄격심사 기준이 적용되었다는 점이다. 표현의 자유를 제한하는 입법의 위헌성 심사에서는, 입법으로 달성하고자 하는 국가이익의 중요도와 그로 인해 표현의 자유가 제한되는 정도를 함께 고려하고, 표현의 내용을 기준으로 심사의 강도를 달리하는 것이 타당하다. 이런 점에서 국가이익의 중요도를 고려하지 않고, 단지 해악 발생의 명백성과 현존성만을 기준으로 삼는 명백하고 현존하는 위험 원칙은 표현 규제 입법에 대한 일반적인 위헌심사 기준으로 기능하기 어렵다.

4) 소결

명백하고 현존하는 위험 원칙과 *Brandenburg* 기준은 모두 미국 수정헌법 제1조에 따른 표현의 자유 제한 기준으로서 중요한 역할을 해왔다. 그러나 이 두 기준 모두 재판규범으로서 일정한 한계를 지닌다. 명백하고 현존하는 위험 원칙은 그 모호성과 주관성으로 인해 법관에 따라 다른 해석이 가능하며, 위험 판단 기준이 정치적 상황이나 사회적 분위기에 따라 쉽게 조작될 수 있다는 문제점이 제기되어 왔다. 특히 이 원칙은 전시에는 표현을 억제하는 근거로, 평시에는 표현을 보호하는 기준으로 상반되게 적용되어, 일관된 법적 기준으로 기능하지 못했다. 결과적으로 표현의 자유를 과도하게 제한할 수 있는 여지를 남긴다는 점에서 학계와 법원 모두 비판적 입장을 견지해 왔다.

Brandenburg 기준은 명백하고 현존하는 위험 원칙보다 엄격한 기준으로, 표현의 자유를 강하게 보호하는 기능을 수행해 왔다. 그러나 이 기준 역시 적용 영역이 제한적이다. 특히 정치적 표현이나 집회·시위와 같은 전형적인 상황 외에, 증오 발언, 온라인 테러 선전, 인터넷 기반의 주창과 같은 현대적인 문제 상황에는 그 적용이 불명확하거나 곤란할 수 있다. 더 나아가, 국가안보나 테러와 같은 중대한 해악이 개입된 사안에서는 *Brandenburg* 기준이 실질적으로 적용된 사례가 없으며, 오히려 과거의 명백하고 현존하는 위험의 기준이 부활하거나, 보다 유연한 법적 해석이 시도되는 양상도 나타난다.

결론적으로 명백하고 현존하는 위험 원칙은 현재 미국 내에서 표현 규제에 대한 일반적인 위헌심사 기준이라고 보기 어렵다. 이는 사상의 자유시장과 마찬가지로, 표현의 자유가 미국 헌법의 최고가치이며 함부로 제한되어서는 안 된다는 헌법적 상징으로만 남아 있을 뿐이다.

4. '명백하고 현존하는 위험' 원칙은 다른 나라에서도 사용되나?

명백하고 현존하는 위험 원칙을 국가보안법 사안에 적용해야 한다고 주장하는 이들 중에는, 이 원칙이 세계적으로 수용되는 보편적인 기준인 것처럼 설명하는 경우도 있다.[43] 이 장 맨 앞에서 소개한 2008년 국가보안법 전원합의체 판결에서 박시환 대법관은, "명백하고 현존하는 위험을 수반할 때에 한하여 비로소 규제가 가능하다는 원칙"을 인류가 오랜 노력 끝에 찾아낸 원칙이라고 설명하였다. 그러나 이 원칙은 미국 수정헌법 제1조 해석의 맥락에서 형성된 고유한 법리로, 미국 외 대부분의 서구 자유민주주의 국가에서는 재판규범으로 채택되지 않고 있다. 인류가 보편적으로 받아들이는 원칙은 아닌 것이다. 유럽 국가들은 유럽인권협약(European Convertion on Human Rights) 체계 아래에서, 비례원칙에 근거하여 '민주사회에서의 필요성 여부'를 표현 규제의 판단 기준으로 삼고 있다. 이러한 비교법적 결과는, 우리나라가 표현의 자유를 억압하는 후진국이기 때문에 명백하고 현존하는 위험 원칙을 채택하지 않은 것이 아니라, 이 원칙 자체가 표현 규제의 기준으로서 한계를 내포하고 있음을 보여준다. 즉, 해악 발생의 '명백성'과 '즉각성'만으로는 특정 표현을 형사처벌하거나, 그 위헌성을 판단하기에 충분하고 일관된 기준이 될 수 없다. 다음에서는 이러한 점을 구체적으로 확인하기 위해 주요 국가들의 사례를 살펴본다.

1) 유럽인권재판소

유럽인권재판소(European Court of Human Rights)는 유럽인권협약에 근거해서 1959년 설립되었다. 유럽인권재판소 결정은 법적 구속력을 가지며,[44] 체약국의 재판 실무에 큰 영향을 미친다. 표현의 자유는 유럽인권협약 제10조에 규정되어 있다. 그러나 유럽인권협약이 보장하는 표현의 자유는 미국 수정헌법 제1조와 달리 절대적으로 보호되는 권리가 아니다. 제10조 제1항은 표현의 자유를 보장하는 내용을 규정하고, 제2항은 국가안보, 공공안전, 도덕 보호, 타인의 명예 보호 등 정당한 목적 하에 법률로 제한할 수 있음을 명시한다. 이에 따라 체약국들은 폭력을 선동하거나 정당화하는 표현을 형사처벌할 수 있으며,[45] 실제로 여러 판례에서 그러한 제한이 정당화되었다.

유럽은 미국과 달리 표현의 자유의 정당성을 '사상의 자유시장' 이론에서 찾지 않는다. 이는 '명백하고 현존하는 위험'을 초래할 때만 표현행위를 규제할 수 있다는 법리가 성립할 수 없다는 것을 의미한다. 제2차 세계대전에서 전체주의의 파괴적 폐해를 경험한 유럽 국가들은 극단주의와 권리 남용을 금지하는 법률을 제정하였다.[46] 사상의 자유시장을 전제로 할 경우, 이러한 법률을 정당화하기 어렵다. 유럽인권재판소도 표현의 자유 제한이 부당하다는 이유로 사상의 자유시장 논거를 사용하지 않는다. 대신 유럽인권재판소는 표현의 자유를 민주주의 발전과 인간의 자기실현에 필수적인 조건으로 이해하며,[47] 절대적 자유가 아니라 의무와 책임이 수반되는 조건부 자유로 본다.

유럽인권재판소에서 표현의 자유 제한의 정당성 심사는 세 가지 기준에 따라 이루어진다.[48] 첫째, 제한이 법률에 의해 규정되어 있는지; 둘째, 제10조 제2항이 열거한 정당한 목적을 추구하는지; 셋째, 그러한 제한이 민주사회에서 필요한 것인지 여부다. 제한이 이 세 요건을 충족하지 못하면 협약 위반이 된다.

이 중 가장 핵심적인 심사 기준은 세 번째, 즉 비례원칙에 기반한 '민주사회에서의 필요성'이다. 유럽인권재판소는 사건의 맥락, 제재의 성격과 중대성, 발언의 전체적 성격과 맥락, 표현의 사회적 파급력, 공익에 대한 기여도 등을 종합적으로 검토한다. 특히 정치적 표현이나 공적 인물에 대한 비판, 공공이익에 관한 발언은 보다 넓은 보호를 받으며, 반대로 폭력 선동이나 증오 표현은 더 쉽게 제한될 수 있다.

비례원칙을 위헌심사 기준으로 삼는 유럽인권재판소의 접근 방식을 잘 보여주는 사례로 Zana v. Turkey 사건이 있다. 유럽인권재판소는 이 판결에서, 터키의 역사적·사회적 환경을 고려하여 심사기준을 완화하는 재량(margin of appreciation)을 부여해 신청인에 대한 기소와 징역형 선고가 비례원칙에 위반되지 않는다고 판단하였다.[49] 재판소는 문제된 진술이 미치는 잠재적 영향력과 관련하여 두 가지 기준을 강조하였다. 첫째, 진술을 한 사람의 사회적 역할과 기능, 둘째, 해당 진술이 이루어진 사회적 상황이다.[50]

유럽인권재판소는 표현의 자유 규제와 관련해서 명백하고 현존하는 위험 원칙을 사용하지 않는다.[51] 보넬로(Judge Bonello) 재판관이 Arslan v. Turkey 사건에서 폭력을 선동하는 표현이 명백하고 현존하는 위험을 발생하는 경우에만 국가 당국의 처벌이 정당화될 수 있다는 별개의견을 제시하였지만,[52] 공감을 얻지 못했다. 유럽인권재판소는 표현의 자유 제한 정당성 심사에서 비례원칙을 핵심으로 삼으며, *Brandenburg* 판결과 달리 즉각성 요건을 명시적으로 요구하지 않는다. 대신 표현의 맥락과 잠재적 해악의 정도를 중시하고, 장기적 영향력까지 고려한다. 이러한 접근 방식의 차이로 인해, 유럽인권재판소는 미국 연방대법원에 비해 사회적 이익을 고려하여 표현의 자유를 제한하는 것이 상대적으로 용이하다.

유럽인권재판소가 명백하고 현존하는 위험 원칙을 채택하지 않고 있음은 *Leroy v. France* 사건에서 명확하게 드러난다.[53] 이 사건은 만평가 루아(Leroy)가 2001년 9월 11일 뉴욕 세계무역센터를 공격한 비행기 테러 장면을 묘사한 만화에 "우리 모두 꿈꾸던 것 … 하마스가 해냈다."라는 캡션을 달아 바스크 지역의 한 주간지에 게재하자 프랑스 검찰이 기소한 사건이다. 프랑스 법원은 해당 만평이 9.11 테러를 미화하여 테러리즘을 정당화하였다고 보고, 출판 책임자와 루아에게 각각 1,500유로의 벌금형을 선고하였다. 이 판결에서 유럽인권재판소는 벌금형을 선고한 프랑스 법원의 판결이 표현의 자유를 침해하지 않는다고 판시하였다. 유럽인권재판소는 이 만평이 폭력을 선동하지는 않았지만, 특정 시점(테러 직후)에 특정 지역(바스크 지역)에서 발표되었기 때문에 공공질서를 해칠 가능성이 있다고 판단하였다. 즉 유럽인권재판소는 해당 표현이 즉각적인 폭력을 유발하지 않더라도, 사회적 맥락과 정치적 영향력을 고려하여 표현 제한을 정당화할 수 있다고 본 것이다. 여기서 폭력의 '즉각성'은 판단 요소가 아니었다. *Leroy* 판결은 테러 미화에 대한 국가의 광범위한 재량을 인정한 것으로, 이후 프랑스 사법부는 테러 관련 미화 발언에 엄격한 기준을 계속 적용하였다.

2) 독일

(1) 표현의 자유의 위상

독일에서도 표현의 자유는 최고가치 중 하나로 인정된다. 기본법 제5조 제1항은 표현의 자유와 정보의 자유(제1문), 신문·방송·영화의 자유(제2문)를 각각 독립된 기본권으로 보호한다.[54] 연방헌법재판소는 1958년 *Lüth* 사건에서 표현의 자유를 "사회적으로 인간 인격의 가장 직접적인 표현으로서 가장 기본적인 인권 중 하나"이자 "자유민주주의 정치 질서의 핵심 요소"라고 판시하였다.[55] 즉 표현의 자유는 개인이 자신의 정신적 인격을 실현할 수 있는 주관적 권리이면서, 동시에 객관적으로 자유민주적 기본질서를 구성하는 요소로서, 입법·행정·사법에 지침과 자극을 제공하는 객관적 가치규범이다.[56]

하지만 독일에서 표현의 자유의 헌법상 위상은 미국보다 낮다. 미국 헌법이 자유의 헌법이라면, 독일 기본법은 인간의 존엄성 보장의 헌법이다.[59] 미국 헌법 권리장전 중 가장 먼저 나오는 수정헌법 제1조가 표현의 자유를 규정하고 있는 데 반해 독일 기본법 제1조는 인간의 존엄성을 보장하고 있다. 표현의 자유는 인간의 존엄성과 조화를 이루는 범위 내에서만 보호된다. 독일 헌법이 상정하는 민주주의가 전투적 민주주의(streitbare Demokratie) 또는 방어적 민주주의(wehrhafte

Demokratie)라는 점도 독일에서 표현의 자유가 한계가 있음을 보여준다.[58] 전투적 민주주의는 민주주의 자체를 파괴하는 표현에 대해서 스스로 방어할 권리가 있다고 본다. 따라서 자유민주적 기본질서를 실질적으로 위협하거나 전복하려는 표현은 비록 그것이 정치적 표현이라고 하더라도 헌법적 보호를 받지 못한다. 독일에서 표현의 자유는 다른 헌법적 가치를 침해하지 않는 범위에서 보호된다.[59] 이러한 관점은 독일 형법 제130조(Volksverhetzung, 국민선동죄)에 반영되어 있으며, 특히 제3항과 제4항은 나치 범죄에 대한 부인, 정당화, 찬양 행위를 처벌한다.

1994년 연방헌법재판소는 *Auschwitz-Lüge* 사건에서 형법 제130조 제3항이 위헌이 아니라고 결정하였다.[60] 연방헌법재판소는 홀로코스트 부인 발언은 단순한 의견 표명이 아니라 객관적으로 입증된 역사적 사실을 고의로 왜곡하는 행위로서 표현의 자유의 보호 대상이 아니며, 유대인의 인격권을 침해하고 나아가 공공의 평화 및 자유민주적 질서를 위협하는 것으로 평가하였다. 따라서 이를 형법으로 처벌하는 것은 입법 목적을 달성하는 데 적합하고, 필요하며, 균형적이어서 비례원칙의 요건을 충족하여 헌법에 위반되지 않는다고 판단하였다.

2009년 나치 정권의 주요 인물 루돌프 헤스(Rudolf Walter Richard Heß)를 추모하는 행진을 금지한 *Wunsiedel* 사건에서도 같은 원칙이 적용되었다.[61] 형법 제130조 제4항이 표현의 자유 및 집회의 자유를 침해한다는 주장에 대해 연방헌법재판소는 나치 이념의 찬양은 독일 헌법 질서의 정체성에 대한 공격이며, 해당 조항은 인간 존엄과 자유 민주주의를 지키기 위한 예외적 조치로서 합헌이라고 판단하였다.

전투적 민주주의는 독일 형법 제86조(위헌 조직 선전물 금지) 및 제86a조(위헌 조직 표식 사용 금지)에도 반영되어 있다. 그러나 이러한 규제는 광범위하게 허용되는 것이 아니다. 1969년 독일 연방대법원(BGH)은 단순히 나치 이념을 미화하는 것만으로는 충분하지 않으며, 해당 표현이 민주적 기본질서를 위협하는 '적극적으로 투쟁적이고, 공격적인 경향성'(aktiv kämpferische, aggressive Tendenz)을 가질 것을 요구하였다.[62] 이 기준은 연방헌법재판소가 1956년 공산당(KPD) 해산 결정에서 처음 도입되었고,[63] 2017년 국민민주당(NPD) 해산 심판 사건에서도 사용되었다.[64] 결국 독일에서는 표현이 반헌법적 사상을 담고 있다는 이유만으로 처벌되지 않고, 그러한 사상이 자유롭고 민주적인 기본질서에 대한 적극적이고 공격적인 태도로 표현될 때만 제한이 허용된다.

(2) 표현규제에 관한 위헌심사 기준

기본법 제5조 제2항은 표현의 자유가 '일반법률', '청소년 보호 법률', '개인의 명예권'에 따라 제한될 수 있음을 명시하고 있다. 여기서 '일반법률'이란, 표현의 자유를 직접 억압하려는 것이 아니라, 타인의 인격권이나 공공질서 등 다른 법익을 보호하기 위해 제정된 법률을 의미한다.[65] 특정 사상이나 정치적 견해를 억제하려는 목적으로 제정된 법률은 일반법률에 해당하지 않는다. 표현을 제한하는 법률은 표현 내용 자체가 아닌, 그 표현이 사회에 미치는 해악 가능성에 대응하는 것이어야 하며,[66] 표현의 자유와 충돌하는 법익과 '실제적 조화'(praktische Konkordanz)를 이루어야 한다.[67]

실제적 조화의 과제는 기본권과 다른 법익 간의 비례원칙에 맞는 질서 정립을 요구한다.[68] 비례원칙은 19세기 말 독일 행정법에서 기원하여, 1950년대 독일 연방헌법재판소에 의해 헌법 원칙으로 확립되었다.[69] 연방헌법재판소에 의하여 구조화된 비례성 심사는 네 단계로 이루어져 있다.[70] 즉 제한의 목적이 정당한지, 국가가 취한 행위나 조치가 정당한 목적을 달성하는데 적절한지, 정당한 목적을 달성함에 있어 다른 덜 침해적인 수단이 존재하는지, 좁은 의미의 비례성 또는 이익형량을 심사한다. 더 나아가, 독일 연방헌법재판소는 스멘트(Rudolf Smend)의 '상호작용의 원칙'(Wechselwirkungslehre)을 도입하여 표현의 자유 제한의 정당성을 보다 맥락적으로 평가한다. 표현의 자유에 대한 제한은 단순히 형식적으로 일반법률이 존재한다는 이유만으로 정당화될 수 없다. 상호작용의 원칙은 표현의 자유가 개별 사안에서 어떤 방식으로 민주적 기본질서 및 사회적 통합과 관계를 맺고 있는지를 실질적으로 검토할 것을 요구한다. 연방헌법재판소는 *Lüth* 사건에서 표현의 자유와 타인의 명예 보호 간 균형을 상호작용적 관점에서 평가하였고, *Auschwitz-Lüge* 사건에서 홀로코스트 부인 발언이 표현의 자유로 보호받지 않는다고 판단하며, 역사적 맥락과 인간 존엄성, 자유민주주적 가치 등 독일의 가치를 종합적으로 고려해서 판단하였다.

결국 독일은 표현의 자유를 민주주의의 전제가 되는 핵심적 기본권으로 보장하면서도, 스멘트의 상호작용의 원칙과 비례원칙을 결합하여, 표현의 자유 제한 시 역사적·사회적 맥락, 인간 존엄, 자유민주적 기본질서를 종합적으로 고려한다. 이러한 시각은 미국의 표현의 자유 해석과 뚜렷한 차이를 보여준다. 독일은 '명백하고 현존하는 위험'이나 '즉각적 불법행위 선동' 기준을 수용하지 않는다. 구체적인 맥락에서는 위험이 임박할 때까지 기다리는 것이 아니라, 민주주의 질서에 대한 실질적 위협이 인지되는 단계에서부터 사전적, 예방적 대응이 가능하다고 본다.[71] 또한 독일은 전투적 민주주의 원리에 따라 자유민주적 기본질서를 부정하거나 파괴하려는 경향성이 있는 경우에는 보호 대상에서 제외할 수 있다고 본다. 이를 판단하기 위한 기준으로, 표현이 단순한 반체제적 비판을 넘어 '적극적으로 투쟁적이고, 공격적인 경향성'(aktive kämpferische, aggressive Tendenz)을 지니는지를 검토한다.

3) 프랑스

(1) 표현의 자유의 위상

프랑스에서 표현의 자유는 18세기 인권의 하나로 등장하였다. 표현의 자유의 정치적·철학적 기초는 다른 인권과 동일하다.[72] 표현의 자유는 인간 본성에 내재하는 자유권이라고 간주된다. 그러나 프랑스 헌법은 한국 헌법과 달리 기본권을 체계적으로 규정하지 않는다. 현행 제5공화국 헌법(1958년 개정)은 전문에서 1789년 제정된 「인간과 시민의 권리선언」을 수용한다고 명시할 뿐, 본문에 기본권 목록을 두지 않았다. 프랑스 헌법재판소가 인권선언의 규범력을 인정하면서,[73] 표현의 자유의 헌법적 근거는 인권선언 제11조에서 찾을 수 있다. 제11조는 "사상과 의사의 자유로운 통교는 인간의 가장 귀중한 권리 중 하나이며, 시민은 자유롭게 말하고, 쓰고, 인쇄할 수 있다. 다만 법률이 정한 경우, 그 남용에 대해서는 책임을 져야 한다."라고 선언한다. 여기에 더해 제4조는 "자유는 타인에게 해를 끼치지 않는 모든 것을 할 수 있는 권리"라고 규정하고, 제10조는 의사표현의 자유가 공공질서를 침해하지 않는 한 보장된다고 본다.

프랑스 헌법에서 표현의 자유는 그 자체로 우월적 지위를 갖지 않는다. 표현의 자유 역시 타인의 권리, 공공질서와 충돌하는 경우 입법에 의해 제한될 수 있다. 이는 미국과 결정적으로 다른 지점이다. 미국은 표현의 자유를 의회도 침해할 수 없는 절대적 자유로 보지만, 프랑스는 입법자가 자유의 한계를 설정할 수 있는 권한을 가진다고 본다. 이러한 입법주의적 전통은 루소(Jean-Jacques Rousseau)의 영향을 크게 받은 것이다.[74] 루소는 법률을 일반의지(volonté générale)의 표현이자 자유를 가장 잘 보장하는 도구로 이해하였다. 이러한 사상의 영향을 받아 프랑스에서 헌법상 표현의 자유는 일반적으로 입법자가 조정하는 자유로 이해된다.[75] 입법자는 표현의 자유의 남용과 행사의 조건을 정할 뿐만 아니라, 표현의 자유에 관련된 다양한 매체 간의 위계질서도 실질적으로 결정할 권한을 가진다.[76]

프랑스 학계는 표현의 자유의 정당성 논거로 '사상의 자유시장'을 수용하지 않는다. 프랑스는 진리에 대한 개인의 자유로운 탐구를 쉽게 받아들이지 않는 가톨릭 전통과 경제력이 시장에 미치는 영향을 낙관적으로 보지 않는 비시장주의적 전통을 가지고 있다.[77] 프랑스는 국가의 개입 없이 표현의 자유가 온전히 유지될 수 없다고 보기 때문에, 표현의 자유에 대한 국가의 조정 역할이 강조된다. 프랑스에서 표현의 자유의 정당성 논거로 가장 유력한 개념은 '다원주의'(pluralisme)에 대한 존중이다. 문화 분야에서 국가적 지원과 개입의 전통이 강한 프랑스는, 표현의 자유 또한 다원주의 확보를 위한 국가의 간섭과 지원이 포함되는 권리로 이해되는 경향이 있다.[78] 프랑스는 2008년 헌법개정을 통해 미디어의 다원주의와 독립을 보장하기 위한 사항을 법률로 규정되어야 한다는 내용을 추가하였다(제34조 제1항).

(2) 선동 및 테러 미화 처벌

프랑스에서 언론에 관한 가장 기본적인 법률은 제3공화국 시기에 제정된 「1881년 7월 29일 언론의 자유에 관한 법률」(La loui du 29 juillet 1881 sur la liberte, de la presse, 이하 '언론자유법')이다. 이 법률은 비록 19세기에 제정되었지만, 지금도 언론의 자유와 관련된 중요한 내용을 담고 있다. 언론자유법은 특히 '언론 자유의 남용' 또는 '언른 자유의 원칙에 대한 위배'에 해당하는 행위를 구체적으로 규정하고 있다.[79]

언론자유법 제24조 제2항은, 제23조(범죄선동)에 명시된 스단을 통해 제1항에 언급된 범죄, 전쟁 범죄, 반인도적 범죄, 노예화 범죄 또는 적과의 협력 범죄 등을 미화(l'apologie)한 자는 해당 범죄의 가해자가 유죄 판결을 받지 않았더라도 동일한 처벌을 받는다고 규정하고 있다. 즉 프랑스는 직접적으로 범죄 실행을 선동하는 것뿐만 아니라, 과거 범죄를 찬양하여 미화하는 행위도 별도의 범죄로 처벌한다. 프랑스 헌법재판소는 '미화'를 범죄 행위를 공개적으로 찬양하거나 정당화하여, 사회 일반에 그 범죄에 대한 긍정적 평가를 유도하는 표현으로 해석하고 있다.[80]

프랑스는 특히 테러 미화를 처벌하는 법을 일찍부터 도입한 국가로 유명하다. 프랑스는 1893년과 1894년 무정부주의자에 의한 테러를 단속하기 위해 「셀레라트 법」(lois scélérates)을 제정하면서 처음으로 테러 미화를 처벌하였다. 당초 테러 미화 조항은 언론자유법에 규정되어 있었으나, 2014년 테러와의 전쟁을 강화하는 과정에서 형법으로 이동되었다. 프랑스 형법 제421조의2조 제1항은 "테러 행위를 직접적으로 선동하거나 공개적으로 그러한 행위를 미화하는 행위는 5년의 징역형과 75,000유로의 벌금형에 처해질 수 있다."라고 규정하고 있다. 또한 해당 행위가 인터넷을 통해 이루어질 경우 미화 행위는 7년의 징역형과 10만 유로의 벌금형에 처해진다.

(3) 표현규제에 관한 위헌심사 기준

프랑스 헌법재판소는 표현의 자유가 '공공질서'(ordre public)의 요청에 따라 제한될 수 있다고 본다.[81] 프랑스 헌법 제34조는 법률로 규정할 수 있는 사항으로 "공적 자유의 실행을 위해 시민에게 부여된 시민권 및 기본권 보장"을 명시하고 있다. 헌법재판소는 이 조항의 의미를, 입법자는 공공질서와 제3자의 권리를 훼손하는 표현과 의

사소통의 자유를 침해하는 것을 종식하기 위한 법률을 자유롭게 제정할 수 있는 권한을 부여받은 것이라고 해석하였다.[82] 다만, 헌법재판소는 표현과 의사소통의 자유가 민주주의 실현을 위한 조건이며, 다른 권리와 자유에 대한 존중을 보장한다고 강조한다. 따라서 표현의 자유에 대한 제한은 적합성(Adéquation), 필요성(Nécessité) 그리고 좁은 의미의 비례성(proportionnalité au sens strict)이라는 세 가지 기준을 충족해야 하며,[83] 헌법재판소는 이러한 비례원칙을 위헌심사 기준으로 삼는다.[84] 프랑스에서 비례원칙은 20세기 초 행정최고재판소(Conseil d'État)가 처음 사용하였고, 이후 헌법재판에도 적용되었다.[85]

프랑스에서는 명백하고 현존하는 위험 원칙이 재판규범으로 사용되지 않는다. 범죄 미화를 형사처벌하고 헌법재판소가 이를 허용하고 있기 때문에, 미국의 *Brandenburg* 기준은 적용될 여지가 없다. 프랑스는 표현의 자유 정당성 이론으로 사상의 자유시장을 스용하지 않으며, 국가 개입 없이 표현의 자유가 온전히 유지될 수 없다는 입장을 취한다. 따라서 프랑스에서는 예방적 조치가 허용되며, 표현의 자유를 보호함과 동시에 공공질서를 유지하기 위한 적극적인 국가 개입이 정당화될 수 있다.

4) 영국

(1) 표현의 자유의 위상

영국은 미국과 마찬가지로 판례법(common law) 국가이지만, 표현의 자유를 미국처럼 강하게 보호하는 국가는 아니다. 역사적으로 선동죄와 반역죄를 활용하여 정치적 반대 표현을 억제해 왔다. 영국 판례법은 표현의 자유라는 헌법상 개념을 인식하지 못하였다.[86] 판례에 의해서 보호되는 표현의 자유도 법률로 쉽게 제한할 수 있었다. 국가는「공공질서법」(Public Order Act 1986) 등에 근거로 국가안보와 공공질서를 이유로 표현의 자유를 제한하였다. 영국은 1998년 제정한「인권법」(Human Right Act)이 2000년 발효됨에 따라 유럽인권협약을 국내법으로 수용하였고, 비로소 표현의 자유에 관한 헌법적 근거를 갖게 되었다.

그러나 유럽인권협약 자체가 미국 수정헌법 제1조와 달리 표현의 자유를 절대적으로 보호하는 형식으로 규정하고 있지 않기 때문에 영국에서 표현의 자유의 위상은 미국과 다르게 형성되었다. 영국에서 표현의 자유는 민주주의 발전과 연계하여 그 의의를 찾는다.[87] 유럽인권협약 제10조는 공공질서 유지, 국가안보 보호, 범죄 예방 등을 이유로 표현의 자유를 제한할 수 있음을 명시하고 있다. 영국에는 표현의 자유를 제한하는 법률이 다수 있다. 대표적으로,「공공질서법」(Public Order Act 1986)은 혐오발언이나 폭력 선동을 처벌하며,「테러법」(Terrorism Act 2000, 2006)은 테러 찬양(glorification of terrorism)을 처벌하며,「통신법」(Communications Act 2003, Online Safety Act 2023)은 온라인상의 유해한 표현을 규제한다.

(2) 테러리즘 조장 처벌

영국에서 표현의 자유와 관련해서 주목해야 할 법제 중 하나가 테러방지법이다. 영국은 20세기 초부터 테러 방지를 위한 법적 체계를 발전시켰다. 북아일랜드 분쟁이 계속되면서 1974년 강력한 테러방지법을 제정하였다. 2005년 7월 7일 런던 테러로 52명이 사망한 사건 이후, 영국은 인터넷을 통한 테러 선동을 막기 위해 「2006년 테러방지법」(Terrorism Act 2006)을 제정하였다. 영국은 테러를 선동할 수 있는 발언에 대해 무관용 정책을 채택하였다. 이 법 제1조는 '테러리즘 조장'(encouragement of terrorism)이라는 새로운 범죄 유형을 도입하였다. 여기서 '조장'이라는 개념은 '선동'(incitement)보다 넓은 개념으로, 직접적인 영향을 미칠 뿐만 아니라 간접적으로 조장하거나 유도하는 것으로 이해할 가능성이 있는 표현물에 적용된다(제1조 제1항). 또 테러리즘을 간접적으로 조장하는 표현행위 유형에 테러 행위의 실행 또는 준비(과거, 미래 또는 일반적으로)를 찬양하는(glorifies) 행위가 포함된다(제2조 제4항).

테러 찬양 발언을 처벌함에 있어 객관적인 인과관계나 발언자의 주관적인 의도는 요구되지 않으며, 그러한 '기여'가 명시적일 필요도 없다고 본다.[88] 이는 특정한 표현물의 직접적인 효과보다는 그러한 표현의 존재가 테러리즘에 유리한 분위기를 조성하는 효과가 있는지를 중시하는 것이다.[89] 영국은 2019년 「대테러 및 국경안보법」(Counter-Terrorism and Border Security Act 2019)을 제정하여 테러방지법을 더욱 강화하였다. 이 법 제1조는 「2000년 테러방지법」(Terrorism Act 2000) 제12조를 개정하여, 테러 조직으로 지정된 단체를 지지하는 표현행위를 범죄로 규정하였다.

(3) 표현규제에 대한 위헌심사 기준

영국 법원이 표현의 자유를 제한하는 법률이 유럽인권협약 제10조에 위반되는지 판단할 때 사용하는 기준은 유럽인권재판소와 동일한 비례원칙이다.[90] 그러나 불문헌법 국가인 영국은 의회주권 원칙에 따라 법원이 법률을 위헌으로 선언할 권한을 갖지 않는다. 대신 영국 법원은 유럽인권협약을 수용한 1998년 인권법과 충돌하는지를 검토하는 적합성을 심사한다. 특정 법률이 유럽인권협약과 합치하지 않는다고 판단될 경우, 법원은 불합치선언을 할 수 있다. 이는 법률의 효력을 직접 무효화하는 것은 아니고, 그에 대한 최종결정권은 의회가 갖는다.[91]

영국의 테러방지법 규정들은 미국 *Brandenburg* 기준을 적용하면 표현의 자유를 침해한다는 평가를 받을 것이다.[92] 2006년 테러방지법은 테러에 대한 간접적인 조장을 처벌하므로 *Brandenburg* 기준의 필수적 요건인 '가능성'과 '즉각성'을 요구하지 않는다. 더구나 조장에는 단순히 테러를 찬양하는 것도 포함되며, 범죄 성립에는 특별한 '의도'도 요구되지 않는다. 표현의 자유 측면에서 2006년 테러방지법의 특징을 보면, 첫째 어떠한 범죄가 발생할 수 있는 위험을 보여줄 필요는 없으며, 일부 대중이 테러리즘을 조장하는 것으로 이해할 가능성이 있다는 것만으로 충분하고, 둘째 의도적인 행위 외에 무모한 행위에 의해서도 테러리즘 조장이 범죄가 된다는 것이다.[93] 영국에서 명백하고 현존하는 위험 원칙은 설 자리가 없다.

5) 일본

(1) 표현의 자유의 위상

일본 헌법 제21조는 "집회, 결사 및 언론, 출판 그 외 일체의 표현의 자유는 이를 보장한다."라고 규정하며, 제2항에서는 검열 금지를 명시하고 있다. 일본 최고재판소는 표현의 자유가 개인의 사상과 인격 형성에 필수적이며, 민주주의 사회의 성립과 유지를 위한 전제 조건이라고 판시해 왔다.[94]

이러한 태도는 표현의 자유에 대한 미국의 정당화 이론, 특히 미이클존(Alexander Meiklejohn)의 민주주의 이론의 영향을 받은 것이다.[95] 반면, 사상의 자유시장 이론은 일본에서 큰 영향력을 발휘하지 못한다.[96] 그 이유에 대해 개인보다 집단을 중시하는 문화적 가치를 반영한 결과라고 해석되기도 한다.[97] 조화를 중시하는 일본 사회의 특성을 고려하면, 공개적이고 규제되지 않는 시장이라는 개념은 적합하지 않다고 보는 것이다.

일본에서는 표현의 자유가 우월적 지위를 가지며, 그 제한은 신중하게 이루어져야 한다는 점에서 이중기준 이론이 학계 통설로 자리 잡았다. 즉, 정신적 자유는 경제적 자유보다 강하게 보호받아야 하며, 그 제한에는 보다 엄격한 심사가 요구된다는 것이다. 최고재판소도 이중기준론을 지지하는 판시를 하고 있다. 하지만 일반론에 그치는 경우가 대부분이고, 개별 사건에서 위헌심사기준으로 구체화되는 경우는 거의 없다.[98] 또 표현규제의 형태를 내용 기반 규제(content-based regulation)와 내용 중립 규제(content-neutral regulation)로 구분

한 후 위헌심사기준을 달리하는 미국 판례법도 학설상 널리 수용되고 있다.[99]

(2) '공공의 복지'에 의한 제한

일본 헌법은 모든 기본권에 대해서 개별적으로 제한의 근거나 정도를 규정하지 않고, '공공의 복지'에 의한 제약이 존재한다는 내용을 일반적으로 규정하는 방식을 취한다. 즉, 일본 헌법 제12조는 국민은 헌법상 보장된 자유와 권리를 남용하여서는 아니 되며, 항상 '공공의 복지'를 위하여 이를 이용할 책임을 진다고 규정하고 있다. 또 제13조는 국민의 권리에 대해서는 '공공의 복지'에 반하지 아니하는 한 입법 등 국정에서 최대한 존중한다고 규정하고 있다.

이것이 일본 헌법과 미국 헌법의 차이다. 일본 헌법은 미국 헌법과 달리 표현의 자유를 포함한 모든 헌법상 권리와 공동체 이익 간 비교형량을 전제하는 것이다.

일본 최고재판소는 "헌법 제21조 제1항도 표현의 자유를 절대적으로 무제한으로 보장한 것이 아니라 공공의 복지를 위하여 필요하고 합리적인 제한을 인정하는 것"이라고 판시하였다.[100] 이처럼 일본에서는 공공의 복지가 표현의 자유의 제한요인이다. 일본 최고재판소는 판결문에서 표현의 자유를 최대한 존중하는 태도를 보이지만 이는 외양에 그칠 뿐, 실제 사안을 해결함에 있어서는 공공의 복지를 더 중시하는 태도를 보인다.[101]

(3) 비교형량론

일본 최고재판소는 구체적 사건마다 필요에 따라 다른 심사기준을 적용하는 비교형량 방식을 유지하고 있다. 최고재판소는 과거 '공공의 복지'를 기본권의 일반적 제약 원리로 삼는 '일원적 외재적 제약설'에 입각하여, 공공의 복지의 내용을 밝히지 않은 채 헌법 제12조 및 제13조의 공공의 복지를 원용하여 기본권을 제한하는 법률을 쉽게 합헌으로 판단하였다. 표현의 자유에 대한 제한 역시 마찬가지로 쉽게 허용되었다.[102] 이에 대해, 최고재판소가 '공공의 복지' 개념을 명확하고 구체적으로 정의하지 않은 채 국가적·사회적·개인적 법익에 관한 법령을 추인하는 태도를 보여, 결과적으로 추상적인 규제 목적을 위해 표현의 자유가 부당하게 제한될 위험이 있다는 문제가 지적되었다.[103]

최고재판소는 1960년대 말부터 '공공의 복지' 대신 '이익형량' 또는 '비교형량' 방식을 통해 위헌 여부를 판단하기 시작하였다.[104] 비교형량론은 인권을 제한함으로써 얻는 이익과 제한하지 않음으로써 유지되는 이익을 비교하여 전자의 가치가 더 크다고 판단되는 경우 제한이 허용되는 방식으로, '개별적 비교형량'이라고도 불린다. 비교형량론은 공공의 복지라는 추상적 원리를 통해 인권 제한의 합헌성을 판단하는 것과 달리, 개별 사건의 구체적 상황을 바탕으로 대립하는 이익을 형량하면서 합리적인 결론을 도출하려는 방법이기 때문에 우수한 평가를 받고 있다. 표현의 자유에 대한 보호도 과거 공공의 복지론보다 강화된 것으로 평가된다.

최고재판소 판례에 따르면, 헌법 제21조 제1항의 표현의 자유는 무제한 보장되는 것이 아니며, 공공의 복지에 의해 합리적이고 필요한 부득이한 한도의 제한을 받을 수 있다. 이러한 제한이 허용되는지 여부는 제한의 필요 정도, 제한되는 자유의 내용과 성질, 가해지는 구체적 제한의 태양과 정도 등을 형량하여 구체적으로 비교하여 결정해야 한다.[105]

일본 학계에서는 명백하고 현존하는 위험 원칙을 표현내용규제에 적용해야 한다는 주장도 있다. 헌법학자 아시베 노부요시(芦部信喜)는 이 기준은 매우 엄격해서 요건(특히 해악의 중대성과 절박성의 존재와 정도)을 판단하기 어려우며, 일정한 표현내용을 규제하는 입법(예를 들면 선동을 처벌하는 법률)에 사용되는 것이 타당하다고 설명한다.[106] 그러나 이 기준은 일본 최고재판소 판례에서 독립적인 심사기준으로 채택된 적이 없다.

선동죄 관련된 대표적인 사례로 시부야(渋谷) 폭동 사건이 있다.[107] 이 사건에서 일본 최고재판소는 선동죄가 합헌이라는 결론을 내리면서 특별한 위헌심사기준을 제시하지 않았다. 단순히 선동은 사회적으로 위험하므로 공공의 복지에 반하고 그렇다면 표현의 자유의 보호를 받지 못한다고 판시하였을 뿐이다. 이 판결에는 합헌성 판단 기준도 설정되어 있지 않고, 위험의 정도에 대해서도 아무런 언급이 없다. 이 판결은 즉각적 불법행위를 초래하는지를 기준을 제시한 미국 *Brandenburg* 판결과 대비되면서 일본에서는 단순한 구호만 외쳐도 선동이 될 수 있는 위험을 남겼다는 비판을 받는다.[108]

6) 정리

지금까지 내용을 정리하면, 미국을 제외한 주요 자유민주주의 국가는 *Brandenburg* 기준을 채택하지 않으며, 각국의 역사적·사회적·법적 배경에 따라 국가안보를 위협하는 표현을 보다 더 적극적으로 규제하고 있다. 미국에서는 수정헌법 제1조에 의해 표현의 자유가 강력하게 보호된다. 표현 규제는 엄격한 기준을 통해 이루어지며, 1919년 *Schenck* 사건에서 등장한 '명백하고 현존하는 위험' 기준이 점진적으로 발전하여, 1969년 *Brandenburg* 판결에서 확립된 '즉각적 불법행위 선동' 기준이 현재까지 유지되고 있다. 이 기준에 따르면, 단순한 혐오 표현이나 정부에 대한 비판적 발언이 아니라, 즉각적인 불법행위를 발생시킬 위험이 있고, 그러한 결과를 야기하려는 의도를 가진 표현만이 법적으로 규제될 수 있다.

반면, 유럽 국가들과 일본은 이 기준을 수용하지 않으며, 표현의 자유에 대한 제한 가능성을 보다 넓게 인정하고 있다. 일반적으로 유럽은 테러를 자극하거나 민주주의 질서를 위협하는 표현을 금지하는 것이 표현의 자유에 대한 정당한 제한이라고 인식하는 법적 전통을 가지고 있다.[109]

유럽의 인권규범과 각 국의 헌법은 표현의 자유를 절대적 권리가 아닌 제한 가능한 권리로 간주하며, 규제의 정당성은 대개 비례원칙에 따라 평가된다. 이에 따라 명백하고 현존하는 위험이 없더라도, 규제의 목적이 정당하고 수단이 필요하며 침해가 최소한일 경우에는 제한이 허용된다.

비교법적 검토 결과는 분명하다. 미국은 표현의 자유 규제에 있어서 예외적인 국가이며, 폭력 선동이나 불법행위 조장 표현의 규제 기준이 다른 자유민주주의 국가들과 현저하게 다르다. 명백하고 현존하는 위험 기준 또는 *Brandenburg* 기준은 미국에서만 사용되는 특수한 기준이다. 그 이유는 무엇일까?

겉보기에는, 미국 헌법이 표현의 자유에 우월적 지위를 부여하는 반면, 유럽 및 일본 등 다른 국가의 헌법은 표현의 자유를 여러 기본권 중 하나로 규정하고, 다른 헌법적 가치와 조화를 전제로 제한 가능성을 명시하고 있다는 점에서 차이가 발생하는 것처럼 보인다.

하지만 보다 근본적으로는, 각국이 경험한 역사적 배경과 국가안보에 대한 인식의 차이가 이러한 차이를 설명한다. 미국은 건국 이후 자국 영토에서 외부의 침입에 의한 전면전을 겪지 않았고, 비교적 안정된 국내 질서를 바탕으로 표현의 자유를 폭넓게 보장하는 전통을 발전시켜 왔다. 이러한 배경 속에서 미국은 불법행위를 직접적이고 즉각적으로 유발하는 표현만 규제하려는 경향을 보여왔고, *Brandenburg* 기준이 그 대표적인 예이다.

반면, 유럽 국가들은 20세기 전반 두 차례 세계대전, 전체주의 정권의 경험, 극단적 정치이념의 확산 등을 거치며, 표현의 자유가 공동체에 해를 끼칠 수 있다는 현실적 우려를 깊이 인식하게 되었다. 독일의 경우, 기본법 제5조가 표현의 자유를 보장하면서도 인간의 존엄성과 자유민주적 기본질서라는 헌법 핵심 가치를 우선하며, 제한은 반드시 일반법률에 근거해야 하고 비례원칙을 충족해야 한다.

프랑스는 1789년 인권선언 제11조에서 표현의 자유를 천부적 권리로 규정하면서도, 테러 선동이나 혐오표현 규제를 통해 공화주의적 질서를 수호하는 방향으로 입법과 판례를 전개해 왔다. 영국은 불문헌법 국가로서 표현의 자유에 대해 개별 입법을 통해 제한 가능성을 넓게 인정해 왔으며, 공공질서법과 테러방지법을 통해 위험 표현을 적극적으로 규제한다.

따라서 표현의 자유는 국가안보와 공공질서, 그리고 인간의 존엄성과 조화를 이루어야 하는 권리로 자리매김하게 되었다. 유럽에서는 사상의 자유시장이 표현의 위험성을 자율적으로 조정하리라는 낙관론이 설 자리가 없다. 표현의 자유는 절대적 권리가 아니라 제한 가능한 권리로 이해되며, 명백하고 현존하는 위험이 없더라도 비례원칙에 따라 규제가 정당화될 수 있다.

일본도 마찬가지다. 일본 헌법은 표현의 자유에 대해 우월적 지위를 부여하기보다는, 헌법 제12조와 제13조에서 '공공의 복지'를 기준으로 한 일반적 제한 가능성을 규정하고 있다. 일본 최고재판소는 개별 사건마다 비교형량 방식을 통해 표현 제한의 합헌성을 판단하며, 명백하고 현존하는 위험 원칙은 독립된 위헌심사기준으로 채택되지 않았다.

5. 국가보안법 사안에 '명백하고 현존하는 위험' 원칙을 적용할 수 있을까?

1) 이적표현물의 불법성 판단 기준

국가보안법상 이적표현물의 불법성 판단은 크게 세 가지 기준으로 생각할 수 있다.[110] 첫째, 국가보안법이 보호하고자 하는 법익인 국가의 존립·안전 및 자유민주적 기본질서를 위협할 가능성이 있는 표현물을 모두 불법으로 평가하는 기준이다. 이는 미국에서 20세기 초까지 적용되던 '해로운 경향성'(bad tendency) 기준에 해당한다. 둘째, 표현물이 초래하는 해악을 구체적으로 파악하여 해당 표현물과 해악 사이의 인과관계가 명확하고, 그 해악의 위험이 현존하는 경우에만 불법으로 간주하는 기준이다. 홈즈 대법관이 제시하였던 '명백하고 현존하는 위험'(clear and present danger) 기준이 여기에 해당한다. 셋째, 표현물이 '적극적으로 투쟁적이고, 공격적인 경향성'(aktive kämpferische, aggressive Tendenz)을 띠는 경우 이를 불법으로 판단하는 기준이다. 이는 독일 연방대법원 판례에서 제시된 기준이다.

이들 세 가지 기준을 표현의 자유 보호 강도에 따라 비교하면, '명백하고 현존하는 위험' 기준이 높은 수준의 보호를 제공하며, '적극적으로 투쟁적이고, 공격적인 경향성' 기준이 중간, '해로운 경향성' 기준이 가장 낮은 수준으로 평가된다.[111]

대법원의 이적표현물 해석 기준은 1990년 헌법재판소의 국가보안법 제7조에 대한 한정위헌결정(89헌가113)과 그에 따른 국가보안법

개정을 계기로 변화하였다. 1990년 이전까지 대법원은 이적표현물을 "객관적으로 북괴의 대남선전선동등의 활동에 동조하여 반국가단체나 그 활동을 이롭게 하거나 그에 이익이 될 수 있는 내용이 들어 있는 표현물"이라고 정의하여[112], '해로운 경향성' 기준을 적용해 왔다. 그러나 대법원은 1992. 3. 31. 선고 90도2033 대법원 전원합의체 판결에서 다수의견을 통해 표현의 자유를 고려하여, "대한민국의 안전과 자유민주주의체제를 위협하는 적극적이고 공격적인 표현"만을 이적표현물로 판단하는 기준을 제시하였다. 이 판결의 해석기준이 오늘날까지 유지되고 있다. 이러한 기준은 독일 연방대법원 판례인 '적극적으로 투쟁적이고, 공격적인 경향성'(aktive kämpferische, aggressive Tendenz) 기준의 영향을 받아 표현의 자유를 종전보다 더 강하게 보호한다. 그럼에도 불구하고 표현의 위험성을 어떻게 구체적으로 인식하고 판단할 것인지에 대한 기준이 명확하지 않다는 점에서, 국가보안법 폐지론자들로부터는 비판을 받아왔다.[113]

한편, 대법원은 2000년경부터 이적성 판단에서 '실질적 해악을 미칠 명백한 위험성'을 고려하고 있다. 이는 헌법재판소가 89헌가113 결정에서 제시한 국가보안법 제7조 해석을 수용한 것이다. 당시 헌법재판소는 "표현의 자유의 우월적 지위에 비추어 … 국가의 존립·안전이나 자유민주적 기본질서에 … 실질적 해악을 미칠 명백한 위험성이 있는 경우로 처벌을 축소제한하는 것이 헌법에 합치되는 해석"이라고 판시한 바 있다. 이후 대법원도 국가보안법 해석의 일반원칙으로서 이를 수용하였다.[114]

요컨대, 대법원의 이적표현물 판단기준은 명시적으로는 '적극적이고 공격적인 표현'이라는 기준을 제시하고 있지만, 실제 해석 과정에서는 '실질적 해악의 명백한 위험성'을 함께 고려하는 이중 구조를 보인다. 이에 대해, 국가보안법의 적용 범위를 보다 축소해야 한다는 입장에서는, '실질적 해악의 명백한 위험성' 기준도 여전히 추상적이고 주관적 요소를 포함하고 있으므로, 이를 대신하여 미국의 '명백하고 현존하는 위험' 원칙을 기준으로 삼아야 한다는 주장을 제기한다.

2) '명백하고 현존하는 위험' 원칙의 국내 수용

헌법재판소는 89헌가113 결정에서 국가보안법 제7조에 대해 "국가의 존립·안전이나 자유민주적 기본질서에 실질적 해악을 줄 명백한 위험성이 있는 경우에 적용되는 것으로 해석"하였다. 이는 소위 '명백하고 현존하는 위험' 원칙 중 '현존' 요건을 생략하고 '명백' 요건만 채택한 것으로 평가된다. 헌법재판소는 이어 "[실질적 해악을 줄 명백한 위험성]에 해당되는가의 여부는 제7조 제1항 소정의 행위와 위험과의 근접정도도 기준이 되겠지만 특히 해악이 크냐 작으냐의 정도에 따라 결정함이 합당할 것이다."라고 판시하여, 해악의 '중대성'을 판단의 중심에 두었다. 이는 1950~1953년 북한의 침공으로 시작된 한국전쟁의 경험과 북한과의 휴전상태라는 특수한 안보 상황을 고려할 때, 북한을 이롭게 하는 표현의 해악이 지나치게 크므로 시간적 근접성은 고려 대상이 되지 않는다는 판단으로 이해된다. 이러한 태도는 미국 연방대법원이 공산주의 확산과 테러 위협이라는 국가적 위기 상황 속에서 해악의 중대성을 중시한 1951년 *Dennis* 판결과 2010년 *Holder* 판결과 유사하다.

이에 반해, 같은 결정에서 변정수 재판관은 반대의견을 통해 명백하고도 현존하는 위험이 입증되어야 함을 주장하였다. 그는 "의사표현행위를 처벌하기 위해서는 그것이 장래에 있어 국가나 사회에 단지 해로운 결과를 가져올 수 있는 성향을 띠었다는 것만으로는 부족하고, 법률에 의하여 금지된 해악을 초래할 명백하고도 현실적인 위험성이 입증된 경우에 한정되어야 하는 것이다(명백하고도 현존하는 위험의 원칙)."라고 강조하였다. 헌법재판소 결정에 비판적인 견해는, 표현의 자유는 민주주의 국가에서 우월적 지위를 부여받을 정도로 중요한 헌법적 가치이며, 이를 제한하는 법률은 미국의 명백하고 현존하는 위험 원칙에 따라 엄격히 심사해야 한다고 주장한다.[115] 지금이라도 이 원칙을 도입하여, 명백하고도 현재 급박하게 존재하는 위험을 발생시키지 않는 한 사상적·정치적 표현이 자유로이 유통되도록 보장하는 것이 타당하다는 주장이다.

2023년에도 동일한 조항에 대해 유사한 주장이 제기되었다. 김기영 문형배 이미선 등 3인의 재판관은 2017헌바42 등 결정에서, 국가보안법 제7조 제1항 및 제5항이 "국가의 존립·안전이나 자유민주적 기본질서에 실질적 해악을 끼칠 명백하고 현존하는 위험이 있다고 볼 수 없는 행위까지 처벌함으로써 표현의 자유와 양심의 자유, 사상의 자유를 과도하게 제한한다."라고 보아 위헌이라는 반대의견을 제시하였다.[116] 이 반대의견은 전형적인 사상의 자유시장 이론에 입각한 주장으로 평가된다. 반대의견은 이렇게 판시하였다.

> 국가의 개입은 이러한 위험성이 구체화되고 임박하여 사상의 자유경쟁시장에서의 경쟁과 논증을 기다릴 시간적 여유가 없을 경우에 한하여 불가피하게 최후적이고 보충적으로만 이루어져야 하므로, 국가의 존립·안전이나 자유민주적 기본질서에 해악을 미칠 위험성이 있는 표현이라고 하더라도 그 위험이 구체적이고 급박한 정도가 아니라면 가급적 사상의 자유시장에서 경쟁을 통해 자연스럽게 배제될 수 있도록 하는 것이 바람직하다.

명백하고 현존하는 위험 원칙은 대법원에서도 소수의견으로 제시된 바 있다. 2008년 국가보안법 위반 전원합의체 사건에서 박시환 김지형 전수안 등 3인의 대법관은 별개의견을 통해 "국가보안법이 적용되는 경우로서 국가의 존립·안전과 자유민주적 기본질서에 실질적 해악을 끼칠 위험성이 있는 경우라 함은 국가의 존립·안전과 자유민주적 기본질서에 명백하고도 현존하는 구체적인 위험을 발생시키는 경우에 한정한다고 풀이함이 상당하다."라고 주장하였다.[117]

3) '명백하고 현존하는 위험' 원칙의 도입 타당성 검토
명백하고 현존하는 위험 원칙의 도입이 타당하려면, 우리 사회가 사상의 자유시장 속에서 진리를 발견할 수 있는 시간적 여유가 허용되는 안정된 상황이라는 전제가 뒷받침되어야 한다. 반대로 헌법재판소가 채택한 해석이 정당성을 가지기 위해서는, 사상의 자유시장이 작동하지 않는 특수한 안보 상황임이 공지의 사실이어야 하며, 따라서 위험이 현존하고 있어 표현과 해악 사이의 시간적 근접성은 문제될 필요조차 없다는 전제가 설득력을 가져야 한다.

헌법재판소와 대법원이 이러한 특수한 안보 상황에 대한 인식을 공유하고 있다는 점은 여러 판례에서 확인된다. 헌법재판소는 1990년 결정에서 "남북간에 일찍이 전쟁이 있었고 아직도 휴전상태에서 남북이 막강한 군사력으로 대치하여 긴장상태가 계속되고 있는 마당"이라고 판단하여[118], 위험이 현존하는 특수한 상황임을 분명히 하였다. 이후 결정에서도 헌법재판소는 "북한이 대남적화혁명노선을 명백히 포기했다고 볼 수 없다."라고 하여[119] 한반도에 본질적인 상황 변화가 없음을 확인하였다. 대법원도 유사하게, "북한이 막강한 군사력으로 우리와 대치하면서 우리 사회의 자유민주적 기본질서를 전복할 것을 포기하였다는 명백한 징후는 보이지 아니하고 있어 우리의 자유민주적 기본질서에 위협이 되고 있음이 분명한 상황"이라고 인식한다.[120]

이처럼 북한의 존재를 '현존하는'(present) 위험으로 평가한다면, 국가보안법 제7조와 관련하여 위험과의 연계성이 '명백한'(clear) 표현만 처벌하겠다는 입장은 오히려 표현의 자유를 보호하는 것이고, 명백하고 현존하는 위험 원칙과 실질적으로 다를 바 없다. 반대로, 북한의 위험 자체를 인정하지 않고 북한을 대화와 협력의 동반자로만 인식한다면, 국가보안법은 전제 자체가 무너져 폐지되어야 하며,[121] 판례는 사상적 허구에 기초한 것이 된다. 그러나 현실은 양극단 중 어느 하나에 고정되어 있지 않다. 북한은 "조국의 평화적 통일을 위한 대화와 협력의 동반자임과 동시에 대남적화노선을 고수하면서 우리 자유민주체제의 전복을 획책하고 있는 반국가단체"라는 이중적 성격을 지닌다.[122] 이와 같은 맥락에서 볼 때, 북한의 존재는 그 자체로 '현존하는' 위험이며, 위험의 구체적 정도는 북한의 태도 및 한반도를 둘러싼 국제정세 변화에 따라 달라지는 것으로 이해하는 것이 타당하다. 이러한 현실 인식을 전제로 한다면, 헌법재판소가 해악의 '중대성'을 기준으로 국가보안법 제7조를 해석한 것은 합리적인 판단으로 평가될 수 있다.

4) 표현의 자유 제한의 정당성 심사

우리나라에서는 사상의 자유시장이 작동 가능한지에 대한 평가 없이, 명백하고 현존하는 위험의 법리를 표현의 자유를 제한하는 일반이론으로 오해하고, 국가보안법 사건에 이 기준을 적용하지 않은 점을 비판하는 경향이 있었다.[123] 그러나 이는 잘못된 이해다. 미국에서 명백하고 현존하는 위험 원칙은 전시나 냉전 시대에는 표현을 제한하는 법리로, 평화 시기에는 표현의 자유를 보호하는 법리로 기능했다. 본질은 맥락에 따라 달라지는 상황 중심적 판단에 있으며, 홈즈 대법관이 거짓으로 화재를 외치는 표현을 예로 든 것도 맥락의 중요성을 강조한 것이다. 이 원칙의 핵심은 일관된 기준이 아니라,

사회적 상황에 따라 규제 강도를 달리해야 한다는 데 있다.

표현의 자유 제한의 정당성은 사상의 자유시장이 작동하는 '정상 시기'와 작동하지 않는 '비정상 시기'로 나누어 검토할 수 있다. 정상 시기에는 헌법 제37조 제2항에 따라 비례원칙이 적용된다. 표현의 자유도 다른 기본권과 마찬가지로 법률에 의해 제한될 수 있지만, 그 제한은 필요 최소한이어야 한다. 비례원칙은 입법목적의 정당성, 수단의 적합성, 침해의 최소성, 법익의 균형성 등을 기준으로 심사한다. 반면 명백하고 현존하는 위험 원칙은 표현의 내용과 해악 사이의 인과관계의 명백성과 위험의 현존성을 기준으로 판단한다. 두 기준은 논리 구조가 서로 달라 동시에 양립할 수 없다.

명백하고 현존하는 위험 기준은 사상의 자유시장이 작동하지 않는 '비정상 시기'에 사용될 수 있는 기준이다. 반국가단체나 테러조직 등의 위협으로 국가의 존립이나 안전이 실질적으로 위협받는 경우 해악의 위험은 이미 현존한다고 볼 수 있다. 북한은 대표적인 반국가단체이며, 그 존재 자체가 우리에게 현존하는 위험임은 부정하기 어렵다. 따라서 명백하고 현존하는 위험 원칙에서 '현존성' 요건은 충족되고, 남은 기준은 표현과 해악 사이의 '명백성'이다. 헌법재판소는 '실질적 해악을 끼칠 명백한 위험성'을, 대법원은 '적극적이고 공격적인 표현'을 이적표현물 판단 기준으로 삼고 있다. 이는 모두 명백하고 현존하는 위험 원칙의 내용에 부합한다. 해악의 위험이 현존하는 상태에서 대법원은 이를 '적극적이고 공격적인 표현'으로 자극하는 표현만 처벌하며, 헌법재판소는 '해악을 끼칠 명백한 위험성이 있는 표현'만 처벌하기 때문이다.

결국 헌법재판소와 대법원의 기준은 사상의 자유시장이 작동하지 않는 상황을 염두에 두고 있는 것으로, 명백하고 현존하는 위험 원칙을 적용하지 않았다는 비판은 타당하지 않다. 오히려 명백하고 현존하는 위험 원칙에 부합하는 해석이다. 두 사법기관은 한국이 처한 상황에서 표현의 자유의 보호와 국가 안전 보장이라는 헌법적 가치를 조화시키고자 하였으며, 비교법적으로 볼 때도 상대적으로 표현의 자유를 두텁게 보호하고 있다. 미국 연방대법원이 2010년 *Holder* 사건에서 테러리즘 방지라는 중대한 정부 이익과 잠재적 해악의 심각성을 고려하여, 간접적으로 테러 활동을 강화하거나 정당성을 부여할 수 있는 테러조직에 대한 지원을 금지하는 것을 정당하다고 본 것과 비교할 때, 우리의 기준이 오히려 더 엄격하다고 평가할 수 있다.

최근 주목할 점은 국가보안법상 이적표현물 규제의 위헌성을 주장하는 견해들이 비례원칙의 틀 속에서 명백하고 현존하는 위험 원칙을 다시 해석하고 있다는 점이다. 과거에는 이 원칙이 표현의 자유 제한에 대한 일반적 위헌심사 기준이라고 주장했으나, 오늘날 헌법재판 실무에서 비례원칙이 일반적 위헌심사 기준으로 확립되자, 이제는 "명백하고 현존하는 위험을 초래하지 않는 한 침해의 최소성 요건을 충족하지 못한다."라는 방식으로 주장이 수정·재구성된 것이다.[124]

그러나 이러한 주장은 침해의 최소성 이해에 결함이 있다. 비례원칙의 하위 기준으로서 침해의 최소성은, 입법 목적을 실현하기 위한 여러 수단 중 기본권을 가장 덜 제한하는 수단을 선택해야 한다는 요청이다.[125] 이와 관련하여 중요한 점은, 덜 침해적인 대체 수단이 비교 대상인 현행 수단과 동일할 정도로 효과적이어야 한다는 것이다.[126] 아울러 선택된 수단과 대체 수단이 입법 목적을 동일하게 달성하는지 불분명한 경우에는, 선택된 수단이 입법 목적을 실현하기 위한 '필요한 범위' 내에 있는지를 심사하게 된다.

국가보안법 제7조를 보면, 입법 목적은 '국가의 안전과 국민의 생존 및 자유 확보'이며, 수단은 '반국가단체 등에 대한 찬양·고무·선전·동조행위를 형사처벌하는 것'이다. 위헌론은, 미국 *Brandenburg* 판례처럼 명백하고 현존하는 위험을 초래하는 선동행위만을 형사처벌 대상으로 삼아야 침해의 최소성이 충족된다고 주장한다. 그러나 '선동행위만을 형사처벌로 규제하는 방법'은 표현의 자유를 덜 침해하는 수단인 것은 분명하지만, '찬양·고무·선전·동조행위를 형사처벌하는 방법'과 동등하게 입법 목적을 달성할 수 있는 것은 아니다. 선동은 구체적 행위 유발을 전제로 하지만, 찬양이나 고무는 상징적 표현에 그칠 수 있어 사회적 효과가 다르기 때문이다. 따라서 명백하고 현존하는 위험 원칙을 침해의 최소성 판단 기준으로 삼는 것은 심사 구조 자체를 오해한 것이다.

실제로 표현의 자유 제한 입법의 위헌 여부를 심사함에 있어 명백하고 현존하는 위험 원칙을 침해의 최소성 판단 기준으로 사용하는 국가는 찾기 힘들다. 만약 이를 일반화하면, 이적표현물뿐 아니라 음란물, 명예훼손, 혐오표현 등 모든 표현 규제에 동일한 기준이 적용되어야 하고, 결국 모든 표현에 대해 거의 절대적 보호를 요구하는 결과로 이어진다. 그렇게 되면 헌법 제37조 제2항이 명문으로 허용하는 기본권의 제한 가능성 자체를 부정하는 논리로 귀결된다. 우리 헌법 해석상 받아들일 수 없는 것이다.

6. 소결

이번 장에서는 대법원이 현재 취하고 있는 이적표현물 판단 기준의 타당성을 검토하였다. 검토 기준은 '명백하고 현존하는 위험' 원칙이다. 이는 표현의 자유를 중시하는 미국에서 처음 주창된 이론으로, 우리나라 일부 학자와 법조인들이 표현의 자유를 두텁게 보호하는 기준으로 중시하고 있다. 그러나 이 원칙은 재판규범으로 한계가 크다. 미국에서도 제한적인 상황에서만 사용되고 있으며, 미국 외 다른 국가에서는 거의 수용되지 않는다. 실제로 미국에서도 이 원칙은 국가안보를 위해 표현의 자유를 제한할 수 있는 논거로 활용되기도 하였다. 표현의 자유를 과도하게 제한할 수 있다는 우려로 인해, 이 원칙은 단순한 주장과 실제적 선동을 구분하여 후자만 처벌하는 *Brandenburg* 기준으로 대체되었다. 그러나 *Brandenburg* 기준은 미국에서 국가안보 사안에 적용된 사례가 없다. 그럼에도 불구하고 우리나라에서는 국가보안법상 이적표현물 위헌성 심사 또는 판단 기준으로 명백하고 현존하는 위험 원칙을 적용해야 한다는 주장이 존재한다. 이는 미국 법제의 흐름에도 어긋나며, 비교법적으로나 법리적으로도 타당하지 않다.

더욱이, 설령 명백하고 현존하는 위험 원칙을 국가보안법에 적용한다고 하더라도 이적표현물의 처벌은 합헌이라는 논증이 가능하다. 명백하고 현존하는 위험 원칙은 표현이 해악을 초래하는 경우 적용하는 것인데, 국가보안법이 적용되는 사안은 반국가단체를 전제로 하므로 해악의 위험은 현존하고, 따라서 '현존성'(present) 요건은 언제나 충족된다. 헌법재판소와 대법원이 현존성 기준을 무시한 채 이적표현물의 위헌성을 검토한 것에 대하여 비판적인 견해가 있지만, 이는 북한을 반국가단체로 보는 국가보안법 자체에 대한 반대일 뿐이다. 반국가단체의 활동, 즉 해악을 자극하는 표현물은 인과관계의 '명백성'(clear) 요건도 충족하므로 이적표현물에 대한 규제는 명백하고 현존하는 위험 원칙에도 부합한다. 대법원이 반국가단체를 자극하는 표현물 중 '적극적이고 공격적인 표현'만 가려내어 이적표현물로 처벌하는 것은 표현의 자유를 충분히 보호하기 위한 노력의 산물이라고 할 것이다.

이와 같은 논의에 대해, 북한을 반국가단체로 해석하는 것은 헌법 위반이며, 평화통일에 대한 국민의 기대를 저버리는 것이라는 반론이 가능하다. 결국 이 문제는 북한의 현재 모습을 어떻게 보느냐에 달려있다. 필자는 북한은 한반도 평화를 위해서 대화와 협력을 해야 하는 상대방이면서도, 언제 어떠한 형태로 대한민국의 존립과 안전을 훼손할지 모르는 위험단체라고 보는 대법원과 헌법재판소의 태도가 타당하다고 본다. 국가안보에 대해서는 조심스러울 수밖에 없다. 북한과의 대치상태가 존재하는 한 북한을 너무 믿는 것은 성급한 판단이며, 위험한 정치실험에 국가의 운명을 맡길 수는 없다.[127] 이적표현물의 폐해를 사상의 자유시장에서 자정되리라고 기대하는 견해는 낭만적이다. 이적표현물이 북한의 도발적 행위를 자극할 수 있고, 이러한 폐해는 대한민국 안에서 작동하는 사상의 자유시장에서 해소되지 않는다. 표현의 자유를 세계 최고 수준으로 보장하는 미국조차 자국을 위협하는 테러 집단을 지원하는 표현행위에 대해서는 관용하지 않는다. 그것은 정치공동체의 존속과 안전을 지키기 위해 부득이하기 때문이다.

5장 혐오표현는 예외인가?

1. 이상하지 아니한가?

2. 혐오표현의 해악은 무엇인가?

3. 혐오표현의 해악은 개별적인가?

4. 혐오표현의 해악은 즉각적인가?

5. 소결

5장 혐오표현는 예외인가?

1. 이상하지 아니한가?

"혐오표현을 규제해서는 안 된다."라고 주장하시는 분들이 말씀
하시는 게 '표현의 자유'에요. "어떤 표현이든지 사상의 자유시
장에서 경쟁하게 하면 좋은 표현이 살아남을 것이다" 이런 뜻인
것 같은데요. 그냥 "혐오표현을 계속하겠다."라는 뜻이죠. 혐오
표현과 관련해서 사상의 자유시장이 작동하려면 그것을 할 자유
보다 "그건 아니야"라고 말할 자유, 즉 '혐오표현을 거절할 자유'
가 좀 더 필요하지 않을까요.

이정희 전 통합진보당 대표가 자신의 저서 『혐오표현을 거절할 자
유』 북토크에서 이렇게 말했다.[1] 혐오표현에 관한 한 사상의 자유시
장이 작동하지 않는다고 보는 것이다. 이 분야 전문가로 알려진 법
학자는 이렇게 설명한다. "혐오표현의 문제가 사회의 자정능력을 통

해 자연스럽게 해결될 것이라는 생각은 망상에 가깝다. 혐오표현이 소수자 집단을 '침묵시키는 효과'를 가지고 있고 다른 사람들을 혐오와 차별에 동참시키는 힘을 가지고 있다는 점을 간과해서는 안 된다. 어떤 인위적인 개입 없이 혐오표현이 자정된다는 것은 나이브한 희망사항에 불과하다."[2]

이상하지 않은가? 평소 표현의 자유를 최고의 가치로 주장하던 사람들이 혐오표현 얘기만 나오면 표현의 자유보다 정부 규제가 더 중요하다고 말한다. 우리나라에서 '여혐'(여성혐오의 줄임말)과 '일베'(일간베스트 저장소의 줄임말)[3] 논쟁을 거치면서 표현의 자유를 옹호하는 '진보'와 표현의 자유 규제를 주장하는 '보수'라는 이분법이 무너졌다고 한다.[4] 명백하고 현존하는 위험 원칙, 사상의 자유시장 이론, 내용 규제 금지 등을 내세우며 표현의 자유를 적극적으로 옹호한 쪽은 대체로 '진보' 또는 '좌파'로 분류되었다. 이들은 설사 해악이 따르더라도 자율적 해결을 선호하였다. 그러나 이제는 이들이 '일베'나 '여혐'과 같은 혐오표현을 적극 규제하자고 주장하고 있는 것이다.

혐오표현은 왜 규제해야 하는가? 혐오표현의 경우에는 왜 사상의 자유시장이 작동하지 않는가? 이러한 질문에 답하려면, 먼저 혐오표현이 무엇인지, 그리고 그것이 어떤 해악을 초래하는지, 그리고 그 해악은 얼마나 심각한지를 살펴보아야 한다. 그런 다음 또 물어야 한다. 혐오표현만 예외인가? 이처럼 복잡하고 난해한 쟁점들로 인해 혐오표현은 오늘날 표현의 자유 논쟁 중에서도 가장 어려운 영역으로 간주된다.[5]

혐오표현에 관한 논의를 위해 개념부터 명확하게 정의하자. 그런데, 이 작업은 생각보다 간단하지 않다. 예컨대, '종북'이라는 표현은 혐오표현에 해당하는가? 이정희 전 대표는 '종북'은 한국 사회에서 가장 심각한 혐오표현이라고 주장한다.[6] 이러한 평가는 그녀의 저서에 대한 서평에서도 반복된다. "혐오표현의 피해자가 쓴 혐오표현에 대한 기록"이라거나,[7] "종북 혐오 표현에 대한 피해 당사자의 종합보고서"라는 식이다.[8] 이러한 평가는 타당한가? 이정희 본인이 책에서 지적하듯이, 혐오표현의 문제를 제기하는 이들조차 대부분 '종북'을 혐오표현의 사례로 언급하지 않으며, '종북'은 혐오표현 논의에서 배제되어 있다.[9] 이처럼 우리는 '혐오표현'이라는 용어를 빈번히 사용하면서도, 실제로 그 개념에 대해 서로 다른 의미를 부여하는 경우가 많다.

국가인권위원회가 국제기준과 해외 입법례를 종합해 제시한 자료를 보면, 혐오표현의 개념은 일반적으로 다음 세가지 요소를 포함한다. 첫째, 성별, 장애, 종교, 나이, 출신지역, 인종, 성적지향 등 특정한 속성을 가진 집단을 대상으로 한다. 둘째, 그러한 집단에 대한 부정적인 편견과 고정관념을 바탕으로, 해당 집단이나 그 구성원을 모욕·비하·멸시·위협하거나 그에 대한 차별·폭력을 선전·선동하는 내용을 담고 있다. 셋째, 물리적 공격이 아닌, 언어 등을 통해 이루어지는 표현이다.[10] 결국 혐오표현은 특정한 속성을 가진 집단을 대상으로 하여, 그 집단 또는 그 구성원을 모욕·비하·멸시·위협하거나, 해당 집단에 대한 차별이나 폭력을 선전·선동하는 내용을 담은 언어

적 표현 등을 의미한다. 그러나 이러한 정의를 제시하더라드, 구체
적으로 어떤 표현이 혐오표현에 해당하는지는 각국의 사회적 경험
과 역사적 배경에 따라 달라질 수밖에 없다. 혐오표현의 판단은 표
현을 사용하는 사회의 문화적 맥락, 정치적 환경, 역사적 경험에 깊
이 의존하기 때문이다.

　이러한 기준에서 보면, '종북'이라는 표현은 혐오표현의 개념 정
의에 부합하지 않는다. 한국 사회에서 '종북'이라는 표현이 "지목된
사람을 단죄하여 정치사회공동체로부터 몰아내고 그를 둘러싼 사람
들 사이를 극명하게 분열시키는 선명한 정치적 효과를 발휘해왔다."
라고 하더라도,[11] '종북'은 특정한 속성을 지닌 사회적 집단을 대상
으로 하는 것이 아니기 때문이다. 이정희 전 대표를 '종북'이라고 지
칭한 것은 그녀가 속한 특정한 집단에 대한 편견이나 혐오가 아니라,
그녀의 행위나 정치적 입장에 대한 의견 표명으로 이해될 수 있다.
대법원은 이정희 전 대표에 대해 '종북', '주사파' 등 표현한 것은 사
실 적시가 아닌 의견 표명에 해당하며, 따라서 명예훼손이 성립하지
않는다고 판시한 바 있다.[12]

2. 혐오표현의 해악은 무엇인가?

1) 사상의 자유시장 이론과 해악의 원리

　혐오표현 규제론의 첫 번째 과제는 혐오표현이 초래하는 해악

(harm)을 규명하는 일이다. 흥미롭게도, 혐오표현 규제에 적극적인 이들 중에는 다른 유형의 표현에 대해서는 정부 규제를 반대하고, 그 논거로 사상의 자유시장 이론을 제시하는 자유주의적 입장을 취하는 경우가 적지 않다. 이러한 입장에서 보면, 혐오표현 규제가 사상의 자유시장 이론에 반하지 않는다는 논리적 설명이 필요하다. 이들은 혐오표현 규제가 표현의 자유 일반에 대한 규제론으로 확장되는 것을 경계하기 때문이다. 이들은 혐오표현 규제의 정당성을 해악 개념에서 찾는다. 사상의 자유시장 이론의 철학적 기반을 제공한 밀(J.S. Mill)은 동시에 해악의 원리(harm principle)를 제시하였다. 이 원리에 따르면, 타인에게 해악을 끼치는 행위에 대해서는 국가의 개입이 정당화될 수 있다.[13]

이에 반해 혐오표현 규제론의 대표적인 학자 월드론(Jeremy Waldron)은 사상의 자유시장 이론 자체를 '미신'으로 폄하하고, 그 이론의 틀 안에서는 혐오표현 규제의 정당성을 설명할 유용한 논거를 찾을 수 없다고 단정한다.[14] 그는 혐오표현의 규제를 특정한 해악에 대응하는데 필요한 합리적 법적 수단으로 이해하며, 굳이 사상의 자유시장 이론의 예외로서 혐오표현 규제를 설명할 필요가 없다고 주장한다.

어떤 표현이 타인에게 해악을 가하거나 권리를 침해하는 경우, 이를 규제하는 것은 공동체의 질서를 유지하고, 구성원의 자유를 보호하기 위한 정당한 국가 개입이라 할 수 있다. 우리 헌법 제21조 제4항도 "언론·출판은 타인의 권리를 침해하여서는 아니된다."라고 명시함으로써 표현의 자유의 내재적 한계를 확인하고 있다. 혐오표현

규제에 반대하는 법률가이자 시민운동가인 스트로슨(Nadine Strossen) 역시, 특정 표현이 심각하고 해악적이며 혐오적인 내용을 담고 있고, 그것이 누군가에게 직접적이고 즉각적인 해악을 끼친다면 처벌할 수 있다고 인정한다.[15]

이처럼 규제의 정당성 여부는 결국 혐오표현의 해악이 무엇이며, 그 해악이 어느 정도 심각한가에 달려 있다. 그러나 실증적인 자료 확보가 쉽지 않다는 점에서 이 논쟁은 쉽게 결론 나기 어렵다. 혐오표현 규제에 반대하는 입장에서는, 혐오표현을 단지 "우리가 싫어하는 생각"으로 간주하고, 그것이 심각한 해악으로 이어진다고는 보지 않는다. 이들은 혐오표현이 설령 불쾌감을 유발하더라도 이를 감내하는 것이 국가권력에 의한 표현 억압이라는 더 큰 위험에 노출되는 상황보다 낫다고 주장한다.[16] 반면, 혐오표현 규제를 옹호하는 입장에서는, 혐오표현은 단지 우리가 싫어하는 생각 정도가 아니라, 개인과 공동체에 실질적이고 심각한 해악을 미치는 행위라고 본다.[17]

2) 개인적 해악과 사회적 해악

혐오표현이 해악을 초래한다는 전제 아래 그 해악을 개인적 측면과 사회적 측면으로 나누어 살펴본다. 월드론은 혐오표현이 개인의 존엄성을 훼손할 뿐만 아니라, 공동체의 공공선(public good)을 파괴한다고 주장한다.[18] 먼저, 개인적 측면의 해악은 명예 등 인격권을 훼손하고, 궁극적으로는 인간의 존엄성을 침해한다. 개인에 대한 모욕적이거나 명예훼손적 표현이 인격권 침해로 간주되어 모욕죄나 명예훼손죄의 보호 대상이 되는 것처럼, 집단에 대한 혐오표현도 해당 집단 구성원의 인격권을 침해한다고 볼 수 있다. 국가인권위원회 발간 『혐오표현 리포트』는 다음과 같이 기술한다. "혐오표현은 특정집단의 속성을 이유로 대상자를 열등하다거나 불결한, 또는 위험한 존재로 규정하고 차별함으로써, 일상생활에서 이들을 배제하려 한다. 그러다보니 대상자는 위축감이나 공포감, 정서적 스트레스를 느낄 뿐만 아니라, 나아가 자기를 비하하거나 부정하는 심리에까지 이를 수 있다."[19] 혐오표현이 특정집단의 속성을 이유로 개인에게 주는 모욕, 슬픔, 공포, 자신감 상실 등 정신적 고통을 유발하며 호흡 곤란, 악몽, 외상 후 스트레스 장애, 고혈압 등 신체적 피해로 이어질 수 있다는 연구도 있다.[20]

다음으로, 사회적 측면의 해악은 혐오표현이 대상집단 구성원을 침묵시켜 사회 참여에서 배제함으로써, 민주주의의 기초를 위협하고 사회통합을 저해한다는 것이다. 『혐오표현 리포트』는 다음과 같이 분석한다. "혐오표현은 그 대상자를 침묵시켜 공적 토론에 참여할 실질적 기회를 박탈함으로써, 그들을 과소 대표 상태에 빠지게 만들며, 다른 한편으로는 여타의 사회구성원들이 몸담고 있는 공론장 전체에 적대적인 인식이나 편견을 만연시켜 공적 토론을 왜곡한다. … 그 결과 가치상대주의에 바탕을 두어 다양성과 다원성을 본질로 삼아야 할 민주주의의 토대는 훼손되고 만다."[21] 월드론 역시 혐오표현이 공동체의 다양한 구성원 공존할 수 있는 조건, 곧 공공선(public good)을 붕괴시킨다고 보았다.[22] 이정희 전 대표도 유사한 주장을 한다. 민주주의 사회는 서로 다른 사람들이 공존할 수 있어야 하는데, 혐오표현은 '공존할 권리'를 침해한다는 것이다.[23]

3. 혐오표현의 해악은 개별적인가?

1) 집단에 대한 모욕, 명예훼손

혐오표현이 초래하는 개인적 해악에 대해서는 이런 의문이 생긴다. 혐오표현은 일반적으로 특정집단에 대한 비하적 표현이라고 할 수 있는데, 그러한 표현이 해당 집단에 속한 구성원 개개인에게 모멸감이나 수치심 등 인격권 침해를 유발한다고 볼 수 있는가? 구성원 개인이 주관적으로 인격권 침해를 주장할 수는 있지만, 그것을 객관적으로 인정할 수 있을까? 이러한 해악 인정을 쉽게 허용할 경우, 개인은 자신이 속한 집단에 대한 어떤 표현에도 피해를 주장할 수 있게 되고, 그 결과 표현의 자유는 중대한 위협에 처할 수 있다. 현실에서 인간은 원하든 원하지 않든 다양한 사회 집단에 속하게 되고, 때로는 특정 집단에 대해 비판하거나 불만을 표출하게 된다. 만약 집단을 대상으로 한 비판이나 경멸적 표현이 곧바로 구성원 개개인의 인격권 침해로 이어진다고 본다면, 이는 인간의 의사소통을 지나치게 위축시킬 위험이 있다.

하나의 사례를 보자. 2010년 당시 국회의원이던 강용석은 국회의장배 전국대학생 토론대회에 참여한 대학생들과 뒤풀이 회식 자리에서, 아나운서를 지망하는 여학생 2명에게 아나운서로 성공하려면 "다 줄 생각을 해야 하는데, 그래도 아나운서할 수 있겠느냐." 등의 발언을 하였다. 그 자리에는 여성 아나운서가 없었지만, 강용석의 발언 내용을 전해 들은 여성 아나운서 154명이 모욕죄로 강용석을 고소하였다. 만약 여성 아나운서가 그 자리에서 강용석이 하는 얘기를 직접 들었다면 개인적으로 모멸감을 느낄 수 있다. 여성 아나운서 전체에 대한 말을 빙자해서 앞에 앉는 자신에게 한 말이라고 받아들일 수 있기 때문이다. 그 결과 말싸움이 벌어질 수도 있고, 몸싸움이 벌어질 수도 있다. 이러한 평화 파괴행위를 막기 위해 형사벌이 동원될 수도 있다. 하지만 강용석 의원이 떠들던 그 자리에 여성 아나운서는 한 명도 없었다. 그럼에도 불구하고 제1심 법원은 고소인들에 대한 형법상 모욕죄를 인정하여 징역 6월에 집행유예 1년을 선고하였고, 제2심 법원 역시 피고인의 항소를 기각하였다.

그러나 대법원은 원심을 파기하였다. 대법원은 "모욕죄는 특정한 사람 또는 인격을 보유하는 단체에 대하여 사회적 평가를 저하시킬 만한 경멸적 감정을 표현함으로써 성립하는 것이므로 그 피해자는 특정되어야 한다."라며 "피고인의 이 사건 발언은 여성 아나운서 일반을 대상으로 한 것으로서 그 개별구성원인 피해자들에 이르러서는 비난의 정도가 희석되어 피해자 개개인의 사회적 평가에 영향을 미칠 정도에까지는 이르지 아니하므로 형법상 모욕죄에 해당한다고 보기는 어렵다고 볼 여지가 충분하다."고 판시하였다.[24]

이 판결처럼 우리나라에서 집단표시 모욕죄는 인정되지 않는다.

명예훼손죄도 모욕죄와 마찬가지로 보호법익이 개인의 외적 명예라는 점에서 같은 법리가 적용돼 집단표시 명예훼손죄도 인정되지 않는다. 명예훼손은 구체적 사실의 적시를, 모욕은 추상적 판단이나 경멸적 감정의 표현을 수단으로 삼는다는 점만이 다를 뿐이다. 집단을 대상으로 한 모욕이나 명예훼손은 일반적으로 그 구성원 개인에 대한 인격권 침해로 보지 않으며, 표현이 개별 구성원에게 전달될 수 있는 상황적 맥락이 입증되어야 예외적으로 인정된다. 이를 뒷받침하는 판례가 있다.

1991년 대전 법조 비리 사건과 관련해서 한 언론사가 '대전 지역 검사들'이라는 집단을 비판하는 보도를 하자, 당시 대전지방검찰청 소속 검사들이 명예훼손 손해배상청구소송을 제기하였다. 대법원은 집단표시에 의한 명예훼손죄의 법리를 이렇게 판시하였다. "이른바 이른바 집단표시에 의한 명예훼손은 그러한 방송 등이 그 집단에 속한 특정인에 대한 것이라고는 해석되기 힘들고 집단표시에 의한 비난이 개별구성원에 이르러서는 비난의 정도가 희석되어 구성원의 사회적 평가에 영향을 미칠 정도에 이르지 않으므로 구성원 개개인에 대한 명예훼손은 성립되지 않는다고 봄이 원칙이지만, 다만 예외적으로 구성원 개개인에 대하여 방송하는 것으로 여겨질 정도로 구성원 수가 적거나 방송 등 당시의 주위 정황 등으로 보아 집단 내 개별구성원을 지칭하는 것으로 여겨질 수 있는 때에는 집단 내 개별구성원이 피해자로서 특정된다고 보아야 하고, 그 구체적 기준으로는 집단의 크기, 집단의 성격과 집단 내에서의 피해자의 지위 등을 들

수 있다."[25] 이 사건에서는 검사의 수가 적고, 집중적인 보도가 한 달여간 이어지는 등 개별 검사들을 지칭하는 것처럼 인식될 수 있는 정황이 있었기 때문에 명예훼손이 인정되었다.

이처럼 집단표시 명예훼손죄의 법리는 구체적 상황에서 표현의 자유와 인격권 보호라는 두 헌법적 가치를 조화시키려는 노력의 산물이다. 그러나 혐오표현 규제론자에게 이 법리는 장애물로 작용한다. 그들은 기존의 모욕죄나 명예훼손죄 법리만으로는 혐오표현의 해악을 온전히 치유할 수 없으며, 따라서 혐오표현금지법이 필요하다고 주장한다.[26] 결국 혐오표현금지법의 제정은 집단 명예훼손죄 또는 집단 모욕죄를 신설하는 것과 사실상 같은 효과를 가진다.

2) 비교법적 검토

비교법적으로 볼 때, 혐오표현에 대한 개념이 본격적으로 형성되기 이전부터, 집단 모욕 또는 집단 명예훼손을 형사처벌의 대상으로 삼아온 국가들은 적지 않다. 대표적으로, 독일 형법 제130조(국민선동죄, Volksverhetzung)는 국민, 인종, 종교, 민족적 기원에 의해 정의되는 집단에 대한 증오 선동, 폭력 선동, 또는 자의적인 조치를 유발하는 행위를 금지한다. 또한, 이러한 집단에 대한 모욕, 악의적 비방, 명예훼손을 통해 인간 존엄성을 침해하는 행위도 범죄로 규정하며, 이는 공공 평화를 교란할 가능성이 있는 경우에 한정된다. 이 조항은 1871년 독일 제국 형법전에서 공공질서 유지를 목적으로 제정되었으며, 현대적 혐오표현 규제론이 발전하기 이전부터 존재했다.

특히, 나치 과거에 대한 반성을 계기로 1985년과 1994년에 개정되며, 제3항에서 홀로코스트 부정을 명시적으로 금지하는 등 집단 명예훼손 규제로 발전했다.

프랑스의 경우, 1881년 「언론자유법」(Loi sur la liberté de la presse)은 본래 언론의 자유를 보장하기 위한 법률이었으나, 이후 혐오표현 규제로 점차 진화하였다. 이 법은 민족, 국가, 인종, 종교, 성별, 성적 지향, 장애를 이유로 개인이나 집단에 대한 차별, 증오, 또는 허를 공개적으로 선동하는 행위를 금지하며(제24조), 동일한 보호 대상 특성을 이유로 한 개인이나 집단에 대한 명예훼손과 모욕을 형사처벌 대상으로 규정한다(제32조 및 제33조). 특히 이 법은 2004년과 2016년 개정을 통해 성별, 성적 지향, 장애와 같은 보호 대상 특성이 추가되면서 현대적 혐오표현금지법으로 기능하게 되었다.

유럽 전반에 걸쳐 혐오표현금지법이 발전하면서, 집단 모욕죄는 혐오표현금지법의 일부로 기능하거나 혐오표현의 특정 형태를 규율하는 세부 조항으로 통합되는 경향이 있다. 특히 유럽연합(EU)은 2008년 「인종차별 및 외국인혐오 대응 프레임워크 결정」(Framework Decision on Combating Racism and Xenophobia 2008/913/JHA)을 통해 회원국들이 인종, 피부색, 종교, 출신 국가 또는 민족적 기원에 기초한 증오 선동 표현을 형사처벌하도록 요구하였다. 이 결정은 혐오표현 전반에 대한 형사적 대응을 제도화함으로써 집단 모욕죄와 혐오표현 규제 간의 통합적 적용을 촉진하였다.

한편, 미국에서도 과거에는 집단 명예훼손죄가 인정된 사례가 있었다. 연방대법원은 1952년 *Beauharnais v. Illinois* 사건에서 대법관 5대 4의 결정으로 일리노이주의 집단 명예훼손죄 규정을 합헌이라고 판단하였다.[27] 당시 프랑크푸르터(Felix Frankfurter) 대법관은 다수의견에서, 명예훼손이 개인뿐 아니라 집단에 대해서도 적용될 수 있다고 보았다. 그러나 이 판결은 1964년 *New York Times v. Sullivan* 판결, 1969년 *Brandenburg v. Ohio* 판결로 인해 사실상 폐기되어 실질적 영향력이 거의 사라졌다. 특히 *Brandenburg* 판결 이후 혐오표현 규제의 핵심 쟁점은 즉각적인 해악을 유발하는지 여부가 되었다.

4. 혐오표현의 해악은 즉각적인가?

1) 해악의 중대성과 즉각성

혐오표현이 일정한 해악을 발생시킨다고 하여 곧바로 그 규제가 정당화되는 것은 아니다. 혐오표현 규제의 정당성을 논의하기 위해서는 두 가지 요소를 추가로 고려해야 한다. 하나는 해악의 중대성이고, 다른 하나는 해악 발생의 즉각성이다. 우선, 해악의 중대성을 보자. 표현이 유발하는 해악이 경미함에도 불구하고 이를 금지한다면, 이는 비례원칙에 반하게 된다. 일반적으로 혐오표현금지법을 제정한 국가는 혐오표현이 초래하는 해악이 사회적으로 중대한 수준이라고 평가한다. 물론 개별 규제 사안의 구체적 사정에 따라 비례원칙을 충족하지 못하는 경우도 있을 수 있으나, 해악의 중대성을 인정한다면 혐오표현 금지 자체를 비례원칙에 반한다고 보기는 어렵다.

다음으로, 해악 발생의 시점, 즉 해악이 언제 현실화되는지를 둘러싼 문제는 주로 미국에서 중요한 쟁점으로 다루어진다. 대부분 국가에서는 해악이 중대하다고 판단될 경우, 그 해악이 점진적으로 또는 장기적으로 발생하더라도 표현 규제를 정당화할 수 있다고 보고 이 문제를 심각하게 고민하지 않는다. 반면, 미국에서는 이와 달리 해악의 즉각성을 규제의 전제 조건으로 생각하는 경향이 강하게 나타난다. 이와 같은 입장을 뒷받침하는 법리가 바로 '명백하고 현존하는 위험' 원칙이다. 이 원칙은 홈즈 대법관이 제시한 것으로, '사상의 자유시장' 법리와 동전의 양면을 이룬다. 홈즈에 따르면 미국 수정헌법 제1조는 자유로운 의견 표명을 광범위하게 보장하며, 설령 해로운 의견이라 하더라도 그것이 사상의 자유시장에서 다른 의견들과 경쟁을 통해 반박될 수 있다. 따라서 국가는 원칙적으로 표현의 자유에 개입해서는 안 되며, 국가의 개입이 허용되는 경우는 그 표현이 명백하고 현존하는 위험을 초래하는 때로 한정된다고 본다.

명백하고 현존하는 위험 원칙은 1919년 *Shenck* 사건에서 처음 등장한 이후 시대에 따라 그 내용이 바뀌다가 1969년 *Brandenburg* 사건에서 현재와 같은 기준이 정립되었다. 이 기준에 따르면, 연방대법원은 단순한 주창(advocacy)과 불법행위에 대한 선동(incitement)을 구분하고, 후자의 경우에만 표현을 제한할 수 있다고 판시하였다. 이에 따르면, 즉각적인 불법행위를 초래할 가능성이 있는 표현만 규제 대상이 되며, 단순히 해악을 야기하거나 혐오를 유발하는 표현이라

하더라도, 그러한 해악이 즉시 현실화되지 않는 한 표현의 자유로 보호된다. 이러한 법리는 혐오표현에도 그대로 적용된다. 혐오표현이 개인적으로 인간의 존엄성을 훼손하고 사회적으로 시민의 민주적 참여를 배제하는 해악을 초래한다고 하더라도, 그러한 해악이 즉각 나타나지 않으면 규제할 수 없다는 결론에 이른다.

2) 미국 판례

유럽 등에서는 규제 대상이 되는 혐오표현이, 미국에서는 표현의 자유로 보호된 사례가 빈번히 발생한다. 대표적인 사례가 1977년 *National Socialist Party of America v. Village of Skokie* 사건이다.[28] 미국 나치당(National Socialist Party of America)이 유대인 인구가 다수이고, 그 중 상당수는 홀로코스트를 경험한 일리노이주 스코키(Skokie)시에서 나치 제복과 하켄크로이츠 문양(卍)을 사용한 행진을 예고하였고, 스코키시 당국은 공공질서 유지를 이유로 이를 금지하였다. 나치당은 이에 불복하여 소송을 제기하였고, 일리노이주 대법원은 혐오적 표현이라 하더라도 수정헌법 제1조에 의해 보호된다는 이유로 금지 조치가 위헌이라고 판단하였다.[29]

연방대법원은 실체적 판단 없이 스코키시의 금지명령을 즉시 중지하라는 명령을 내렸다. 연방대법원은 *Brandenburg* 판결을 직접 인용하지는 않았지만, 학계에서는 이 사건에서 *Brandenburg* 기준이 암묵적으로 반영되었다고 평가한다. *Skokie* 판결은 혐오표현도 헌법의 보호를 받는다는 미국 표현의 자유 원칙을 확인한 것으로, 유럽 국가들과 확연히 다른 태도를 보였다. 대표적으로 독일에서는 형법 제86a조가 헌법에 반하는 조직의 상징 사용을 금지하고 있어져, 하켄크로이츠의 부착은 명백히 불법이다.

이처럼 미국은 혐오표현 일반에 대해 보호적인 태도를 견지하고 있으며, 이는 이후 판례에서도 일관되게 확인되었다. 1989년 *Texas v. Johnson* 판결에서 연방대법원은 성조기 소각 행위가 정치적 메시지를 담은 상징적 표현(symbolic speech)에 해당하므로, 이를 처벌한 텍사스주의 국기 모독법(Flag Desecration Law)이 수정헌법 제1조에 위반된다고 판시하였다.[30] 이 사건에서 연방대법원은 *Brandenburg* 판결을 명시적으로 인용하지는 않았지만, '즉각적인 불법행위'(imminent lawless action)에 이르지 않는 한 표현을 처벌할 수 없다는 점에서 그 기준을 사실상 수용하였다.[31]

연방대법원은 이어 1992년 *R.A.V. v. City of St. Paul* 사건에서 인종, 피부색, 종교 등에 대한 혐오적 표현을 규제하는 시 조례가 내용 기반 규제(content-based regulation)로서 수정헌법 제1조에 위반된다고 판단하였다.[32] 이 판결에서 연방대법원은 혐오표현 규제조차 내용 중립성을 해치는 한 위헌이라는 입장을 확립하였다.

결국 미국에서는 단순한 혐오 표현은 원칙적으로 허용되며, 오직 불법행위를 선동하는 혐오선동만 규제 대상이다. 실제로 *Brandenburg* 사건의 피고인은 백인우월단체 KKK 소속으로 인종차별적 증오 발언을 하였지만, 연방대법원은 해당 표현이 즉각적인 폭력으로 이어질 가능성이 없다고 보고 표현의 자유로 보호받을 수 있다고 판시하였다. 이후에도 미국 법원은 네오나치(Neo Nazi)의 인종주의적 구호, 극단주의자의 폭력 미화, 성소수자에 대한 혐오 표현 등 사회적 소수자에게 상처를 주는 내용의 표현이라 하더라도 혐오적이라는 이유만으로 금지할 수 없다는 입장을 유지하고 있다. 우리가 증오하는 생각을 표현할 자유도 보호되어야 한다는 원칙이 미국 표현의 자유 법리로 확립된 것이다.[33]

3) 해악의 즉각성 논쟁

미국 판례에 대해 반론을 제기하는 대표적인 학자가 월드론이다. 그는 혐오 표현 규제의 정당성을 강력히 옹호하며, 그 근거를 인간의 존엄성 보장에서 찾는다.[34] 월드론에 따르면, 존엄성이란 동등한 사회적 구성원으로서의 인정(recognition)을 의미하는 사회적 지위이며,[35] 혐오표현은 이러한 지위에 대한 확신(assurance), 즉 자신이 사회에서 동등하게 대우받고 있다는 암묵적 신뢰를 훼손하는 결과를 낳는다고 본다. 월드론은 롤즈(John Rawls)의 질서정연한 사회(well-ordered society) 개념을 바탕으로, 혐오표현이 특정 집단에 대한 차별과 폭력을 암시하고, 그로 인해 사회적 소수자가 공동체의 일원으로서 받아들여지고 있다는 사회적 확신을 붕괴시킨다고 주장한다.[36]

월드론은 혐오표현을 서서히 작용하는 독극물과 같아서 즉각적인 해악보다는 장기적이고 구조적인 해악을 발생한다고 주장한다. 그는 혐오표현 규제를 자동차 배기가스 규제에 비유한다. 즉 납 중독을 방지하기 위해 개별 인과관계의 입증 없이도 모든 차량에 배출가스

저감장치를 의무화하듯, 혐오표현도 사회 전체의 피해를 줄이기 위해 일반적으로 규제할 수 있다는 것이다.[37] 따라서 그는 *Brandenburg* 판결이 요구하는 즉각성 요건은 지나치게 엄격하며, 혐오표현은 누적적 해악을 고려한 장기적 관점에서 규제되어야 한다고 본다.

이러한 주장에 대한 반론도 강력하다. 대표적으로 자유주의 법학자 스트로슨은 월드론의 주장이 과거 표현의 자유를 억압했던 해로운 경향(bad tendency) 이론으로 회귀하는 것이라고 비판한다. 스토로슨에 따르면, 혐오표현을 단지 해로운 경향이 있다는 이유만으로 규제하려는 것은, 표현의 자유를 억눌렀던 과거의 법리로 시간을 되돌리는 발상이다.[38] 스토로슨은 미국 표현의 자유를 지키는 두 개의 핵심 원칙, 즉 관점 중립성(view point neutrality) 원칙과 급박성(imminency) 원칙이 모두 훼손될 것을 우려한다. 혐오표현 규제는 본질적으로 특정한 관점이나 사상을 규제하는 것이며, 동시에 즉각적인 해악이 발생하지 않았음에도 불구하고 선제적으로 규제하기 때문이다.

스토로슨의 견해는 미국 연방대법원의 다수 판례와 학계의 주류 흐름을 반영하는 것으로, 미국 내 표현의 자유에 대한 전통적 입장과 궤를 같이 한다. 반면 월드론의 입장은 유럽적 맥락에서는 설득력을 가질 수 있으나, 미국의 수정헌법 제1조 해석의 틀 내에서는 이질적이고 예외적인 견해로 간주된다.

5. 소결

자유민주주의 국가들 가운데 혐오표현을 일반적으로 규제하지 않는 국가는 많지 않다. 우리나라는 그 소수에 속한다. 국내에서도 혐오표현규제법을 제정하자는 주장이 지속적으로 제기되어 왔다. 특히 국가인권위원회는 차별금지법을 제정하여 혐오표현까지 포괄적으로 규제하려는 입장이다. 그러나 이에 반대하는 견해도 적지 않다. 이러한 논란을 해결하기 위해서는 외국의 경험으로부터 배울 점이 무엇인지 성찰할 필요가 있다.

먼저, 혐오표현을 규제하지 않는 대표적인 국가인 미국을 보자. 미국의 논쟁 과정을 살펴보면, 최소한 다음과 같은 통찰에는 동의할 수 있다. 모든 사상은 누군가에게 해롭다. 표현의 자유를 보장한다는 것은 곧 의사표현의 자유를 보장하는 것이며, 사람은 자신의 의사를 다른 사람에게 전달하여 그 사람의 생각이나 행동에 영향을 미치기 위해 표현한다. 그 영향은 사회적 기준에서 유익할 수도 있고, 해로울 수도 있다. 해로운 영향을 미친다는 이유로 표현을 금지한다면, 표현의 자유는 설 자리를 잃게 된다. 표현의 자유는 표현의 결과가 긍정적인지, 부정적인지를 따지지 않고 보호되기 때문에, 민주주의 국가에서 중요한 것이다. 공론장에서 다양한 사상이 경쟁하고, 그 중 일부가 다수의 지지를 얻게 되면 이는 민주적 정당성을 획득한 공동체의 사상으로 승인된다.

이러한 맥락에서 혐오표현의 해악이 개인적 차원에 그친다면, 그

것이 구체적으로 입증되지 않는 한 금지하는 것은 타당하지 않다. 해악이 구체적으로 입증될 수 있는 경우라면, 모욕죄나 명예훼손죄 등 현행 형사법체계를 통해 대응할 수 있다. 실제로 우리 법제는 의견과 사실의 구분, 현실적 악의, 공인 이론 등 표현의 자유와 인격권 보호 간 조화를 위한 법리를 지속적으로 발전시켜왔다.

한편, 혐오표현 규제론자 중 일부는 혐오표현을 포르노와 유사한 성격을 가진 것으로 본다. 예컨대 반(反)포르노 페미니스트인 매키논(Catherine MacKinnon)은 포르노를 여성을 대상화하고 차별하는 행위로 이해하고, 이러한 해악 개념이 혐오표현 논의로 확장된다. 그러나 미국에서 음란물 규제가 발전해 온 과정을 보면, 성표현물을 표현의 자유의 보호 범위에서 제외시키기 위해서 상당한 논리적 정당화가 요구되어 왔다. 초기에는 성표현물이 가장 취약한 대상에게 미치는 영향을 기준으로 판단했으나, 이후 동시대 동지역의 평균인에게 미치는 영향으로 하는 보다 객관적인 기준이 채택되었다. 이에 비해 혐오표현은 특정 표현으로 인해 상처받기 쉬운 집단의 구성원에게 정신적 상처를 줄 수 있다는 점을 들어 규제하자는 것으로, 표현의 자유를 침해할 위험은 더 크다.

혐오표현금지법이 정당화되기 위해서는 단지 해악이 존재한다는 점만으로는 부족하다. 그 해악이 중대하다거나, 즉시 발생한다는 등의 보충 요건이 필요하다. 유럽 국가들은 주로 해악의 중대성을 기준으로 규제를 정당화하며, 미국은 해악의 즉각성을 중시한다. 특정 표현이 사회적으로 중대한 해악을 일으키는 것으로 입증된 경우도 있다. 나치의 반인류적 범죄를 직접 경험한 독일, 프랑스 등 유럽 국가들은, 나치를 옹호하거나 나치의 상징물을 착용하는 행위만 해도 공동체의 평화를 깨뜨리는 범죄로 간주하고 이를 처벌한다. 이런 국가들은 나치 표현에 대한 규제를 넘어, 인종, 피부색, 종교, 출신, 민족적 기원 등에 기반한 혐오표현을 광범위하게 규제하는 방향으로 발전하고 있다.

어떤 집단의 속성에 관한 표현을 혐오표현으로 규제할 것인지는, 각국의 역사적 경험과 사회적 맥락에 따라 결정되어야 한다. 또 혐오표현이 특정 집단을 정치적·사회적으로 배제하여 민주주의의 기반을 허물고 공동체를 해체시키는 해악을 발생한다고 하더라도, 그 대상은 명확히 한정되어야 한다. 이와 관련하여 국가인권위원회『혐오표현 리포트』는 성별, 장애, 종교, 나이, 출신지역, 인종, 성적지향 등 광범위한 속성을 규제 대상으로 포함시키고 있는데, 이러한 접근은 타당하지 않다. 인구의 절반을 차지하는 남녀의 문제, 연령과 같이 시간 경과에 따라 누구나 경험하는 속성에 관한 표현까지 모두 혐오표현으로 규제하는 것은 그 개념을 과도하게 확장하는 것이다. 혐오표현 규제 입법은 사회적 해악의 중대성이 객관적으로 입증된 대상을 중심으로 점진적으로 이루어져야 한다. 외국의 법제나 판례를 우리 사회에 그대로 적용하려는 시도는 적절하지 않다.

미국에서 발전한 즉각성 기준은 이러한 규범 정립 과정에서 일정 부분 고려할 가치가 있다. *Brandenburg* 판결에서 보듯이, 특정 표현이 즉각적으로 불법행위를 초래하는 경우에는 규제가 정당화될 수 있다. 그런 의미에서 혐오선동과 혐오표현을 구분하여, 전자에 대한 엄격한 법적 제재를 주장하는 견해에는 찬성한다. 이와 함께 미국에서 발전한 '진정한 위협'(true threat) 법리도 주목할 필요가 있다. 발언 자체가 직접적인 상해의 위협으로 받아들여지는 경우, 그 해악이 실현되지 않더라도 규제할 수 있다는 이 법리는 혐오표현 규제의 정당화 근거로 수용 가능하다. '도발적 표현'(fighting words) 법리 또한 혐오표현 규제에 충분히 적용될 수 있다. 구체적 상황에서 특정 혐오표현이 직접적인 폭력을 유발할 정도라면 이는 표현의 자유로 보호받을 수 없는 것이다.

그럼에도 불구하고 혐오표현 규제의 정당성을 즉각성 하나만으로 판단하는 것은 타당하지 않다. Brandenburg 기준, 더 크게 브아 명백하고 현존하는 위험 원칙은 미국 헌법의 구조와 특수한 역사적 배경에 기초한 법리이기 때문이다. 수정헌법 제1조는 의회가 표현의 자유를 제한하는 입법을 할 수 없다고 명시하고 있으며, 사상의 자유시장 이론은 이러한 헌법 규정을 뒷받침하기 위한 이론적 틀로 발전해 왔다. 그러나 해악이 중대하다면, 그 해악이 직접 발생할 때까지 기다릴 수 없다는 점은 역사적 경험이 말해준다. 미국에서도 Dennis 판결에서 보듯이, 전시에는 명백하고 현존하는 위험 원칙이 오히려 표현의 자유 제한을 정당화하는 논거로 작용하였다. 또한 Brandenburg 판결은 국가안보와 관련된 사안에 적용된 적이 없다는 점도 주목할 필요가 있다.

혐오표현이 초래할 수 있는 해악이 중대하다는 점이 명백하다면,

그 해악이 발생할 때까지 기다려서는 안 된다. 다만, 혐오표현을 규제하려면 해당 표현이 특정 집단에게 중대한 해악을 초래한다는 점이 사회과학적으로 입증되어야 한다. 이러한 입증이 곤란하다면 최소한 사회적 합의라도 이루어져야 한다. 이와 같은 입증이나 합의 없이 이루어지는 혐오표현 규제는, 단순히 개인의 신념을 법으로 강요하는 전체주의적 행위에 다름 아니다.

최근 국가인권위원회는 혐오표현금지법 제정 대신 차별금지법 제정을 추진하고 있다. 차별금지법 제정의 타당성 여부에 대한 평가는 별도로 하더라도, 그 법안에 혐오표현 금지를 포함시키는 시도는 비판적 검토가 필요하다. 혐오표현을 차별의 한 형태로 간주하고 이를 법으로 규제하려는 시도는 특정 표현이 특정한 행동, 즉 차별을 유발한다는 인과관계를 전제로 한다. 그러나 이는 표현의 자유를 전면 부정하는 사고방식이다. 과거 음란물 규제 논의에서 성적 자극이 성범죄로 이어진다는 근거 없는 가정에 따라 표현물을 억압한 것과 유사하다.

폭력물을 보면 폭력을 일으키니까 폭력물이 금지되고, 정치인을 비하하는 영화를 보면 정치인에 대한 부정적 사고를 하게 되어 민주주의의 기틀이 무너지니까 정치풍자 영화를 금지하고, 세상을 한탄하는 노래를 들으면 염세주의적 사고를 하게 되니 불건전가요를 금지하고, 기타 등등. 결국 표현의 자유는 거의 모든 경우에 금지될 수밖에 없다.

혐오표현 규제를 정당화하기 위해서는, 해당 표현이 초래하는 해악에 대한 충분한 논거가 제시되어야 하며, 규제는 합의 가능한 범위에서 출발해야 한다. 어울러 혐오표현 사용을 자제하는 사회 분위기를 조성하려는 노력이 선행되어야 한다. 이러한 노력은 반드시 법적 강제를 전제로 하지 않아도 된다. 오히려 법을 통해 자신의 신념—혐오표현 규제의 필요성—을 타인에게 강요하는 행위야말로 표현의 자유의 진정한 적이다.

6장 신문의 자유, 방송의 자유, 인터넷의 자유

1. 이상하지 아니한가?

2. 매체의 특성과 사상의 자유시장

3. 인터넷 규제와 인터넷 중개자 규제

4. 소결

6장 신문의 자유, 방송의 자유, 인터넷의 자유

1. 이상하지 아니한가?

인터넷은 공중파 방송과 달리 "가장 참여적인 시장", "표현촉진
적인 매체"이다. 공중파 방송은 전파자원의 희소성, 방송의 침
투성, 정보 수용자 측의 통제 능력의 결여와 같은 특성을 가지고
있어서 그 공적 책임과 공익성이 강조되어, 인쇄매체에서는 볼
수 없는 강한 규제조치가 정당화되기도 한다. 그러나 인터넷은
위와 같은 방송의 특성이 없으며, 오히려 진입장벽이 낮고, 표현
의 쌍방향성이 보장되며, 그 이용에 적극적이고 계획적인 행동
이 필요하다는 특성을 지닌다. 오늘날 가장 거대하고, 주요한 표
현 매체의 하나로 자리를 굳힌 인터넷상의 표현에 대하여 질서
위주의 사고만으로 규제하려고 할 경우 표현의 자유의 발전에 큰
장애를 초래할 수 있다.

헌법재판소가 2002년 불온통신 사건에서 판시한 내용이다.[1] 이 사건에서 문제가 된 법률조항은 "공공의 안녕질서 또는 미풍양속을 해하는 내용의 통신"을 금지하고, 이를 위반할 때 2년 이하의 징역 또는 2천만 원 이하의 벌금에 처하는 「전기통신사업법」 관련 조항이다. 위헌의 근거는 해당 조항이 명확성 원칙과 과잉금지 원칙을 위반하여 표현의 자유를 침해한다는 점이다. 일부 반대의견이 제시되기는 했지만, 헌법재판소의 결정은 상식적이고 특이한 점이 없다. 이 결정이 유명해진 것은 "인터넷상의 표현에 대해서 질서위주의 사고만으로 규제하려고 할 경우 표현의 자유의 발전에 큰 장애를 초래할 수 있다."라는 문구 때문이다. 헌법재판소가 인터넷 규제론에 맞설 수 있는 강력한 논거를 제시한 것이다.

인터넷은 1990년대 중반 상용화되기 시작해 우리 생활의 필수 인프라로 자리 잡았지만, 인터넷을 둘러싼 규제 논란은 정리되지 않았다. 인터넷을 이용한 새로운 정보통신 서비스가 등장할 때마다 시장은 재편되었고, 도태된 종전 사업자들은 새로운 서비스에 대한 규제를 요구해 왔다. 미디어 시장도 예외가 아니었다. 정보 전달의 주된 매체는 신문에서 지상파 방송으로, 다시 인터넷 기반 매체로 이동했고, 이 변화 속에서 인터넷 포털이나 플랫폼 사업자가 핵심적인 역할을 담당하게 되었다. 미디어 사업자 간 경쟁은 더욱 치열해졌다. 전통적인 매스 미디어는 강한 규제 아래 있었던 반면, 새롭게 등장한 소셜 미디어는 규제 공백을 활용해 성장했기 때문에 갈등은 심화되었다. 규제 필요성이 제기될 때마다 새로운 미디어 사업자들이 방어 논거로 사용하는 것이 위 헌법재판소 판시 내용이다.

헌법재판소의 2002년 결정은 1997년 미국 연방대법원 판단과도 궤를 같이 한다. 연방대법원은 1997년 *Reno v. American Civil Liberties Union* 사건에서 처음으로 인터넷의 성격을 "전통적인 방송 매체와 달리, 표현의 자유에 대한 광범위한 보호를 받을 자격이 있는 독특한 매체"라고 규정하였다.[2] 매체 유형에 따라 표현의 자유의 보호 수준이 다르다는 것은 이미 확립된 법리다. 신문은 누구나 자유롭게 발행할 수 있으므로 강한 표현의 자유가 인정되었지만, 방송은 전파라는 물리적 한계로 인해 정부의 허가 및 규제가 정당화되었다. 신문과 달리 방송은 구조적으로 사상의 자유시장이 작동할 수 없는 시장임은 공지의 사실이었다. 인터넷이라는 새로운 정보통신 기술이 등장하면서, 동영상 등 시청각 콘텐츠를 전파가 아닌 인터넷을 통해 유통할 수 있게 되었고, 이 새로운 매체의 성격을 방송으로 볼 것인지, 인쇄물로 볼 것인지에 대해 논란이 있었다. 이에 대해 미국 연방대법원이 먼저 인터넷은 인쇄물에 가까운 매체이며, 표현의 자유가 광범위하게 보장되어야 한다는 해석을 제시한 것이다.

전통적인 매스 미디어는 점차 쇠퇴하고, 소셜 미디어의 영향력이 급격히 커지면서 인터넷은 사상의 자유시장을 완벽하게 구현하는 것처럼 보인다. 하지만 과연 그러한가? 오히려 인터넷의 기술적 속성과 작동 방식으로 인해 사상의 자유시장은 제대로 작동하지 않는 것은 아닌가? 올바른 정보뿐 아니라 잘못된 정보가 인터넷 공간을 지배하고, 정보의 편향과 쏠림 현상이 더 심화되는 것은 아닌가? 과연 인터넷 세상에서 사람들은 다양한 정보에 접하고, 자유롭게 말하고 있을까? 플랫폼 사업자가 정해놓은 규칙과 알고리즘에 따라 표현이 통제되는 구조 속에 놓여 있는 것은 아닌가? 정부의 표현 규제가 위험한 것처럼 플랫폼 사업자의 표현 통제도 위험하다. 그렇다면, 플랫폼 사업자가 설정한 운영규칙이 표현의 자유를 침해하는지 여부는 누가 판단할 것인가? 근본적으로 인터넷상 표현의 자유를 함부로 규제하면 안 된다는 말과 인터넷 플랫폼 사업자를 함부로 규제하면 안 된다는 말은 동일한 것인가?

실제 인터넷 공간은 헌법재판소가 2002년 판시한 것처럼 간단하지 않다. 앞에 제기한 문제들을 해결하기 위해서는 표현의 자유 법리가 매체의 특성에 따라 어떻게 달라지는지 살펴보고, 인터넷이라는 매체가 지닌 기술적·사회적 특성과 그것이 표현의 자유에 미치는 영향을 정확하게 이해하는 것이 필요하다.

2. 매체의 특성과 사상의 자유시장

1) 표현의 자유와 언론의 자유

매체의 특성에 따라 표현의 자유 법리가 달라진다는 논의를 본격적으로 하기 전에 '표현의 자유'와 '언론의 자유' 개념부터 명확하게 정리할 필요가 있다. 우리 헌법에는 '표현의 자유'라는 단어는 등장하지 않는다. 헌법 제21조 제1항은 "모든 국민은 언론·출판의 자유와 집회·결사의 자유를 가진다."라고 규정하고 있다. '언론·출판'이라는 용어는 제헌헌법에 등장해서 현행 헌법으로 이어져 오고 있다. 제헌헌법이 '언론'과 '출판'이라는 용어를 사용한 것은 '언론 또는 출판의 자유'(freedom of speech, or of the press)라고 규정한 미국 수정헌법 제1조의 영향을 받은 것으로 보인다. 전통적으로 '언론'은 구두에 의한 표현을, '출판'은 문자 및 상형에 의한 표현을 의미한다고 보았다. 새로운 매체가 많이 등장하면서 헌법에 명시된 '언론'과 '출판'은 표현수단의 예시에 불과하다고 본다. 따라서 '언론·출판의 자유'라 하면 모든 수단을 통한 의사표현의 자유를 의미하며, 헌법에서 '언론·출판의 자유'라고 함은 '표현의 자유'를 의미하는 것으로 이해하는 것이 타당하다. 이는 헌법재판소 판례에서도 확인된다.[3]

헌법상 '언론·출판의 자유'를 줄여서 '언론의 자유'라고 부르는 경우가 많으며, 헌법재판소도 '표현의 자유'와 '언론의 자유'를 혼용해서 사용한다. 이는 미국 수정헌법 제1조가 언론(speech)의 자유와 출판(the press)의 자유를 구분하여 규정하고 있음에도 불구하고, 연방대법원이 출판이라는 단어에 특별한 의미를 두지 않고 '언론의 자유' 또는 '표현의 자유'를 보장하는 것으로 해석하는 것과 마찬가지다. 1970년대 말까지 우리나라에서 언론·출판의 자유 해석에 있어 미국의 영향이 지배적이었다. 대부분의 헌법 교과서는 미국 연방대법원의 판례를 중심으로, 언론·출판의 자유에 우월적 지위를 부여하는 이론과 함께, '명백하고 현존하는 위험' 원칙을 제한 기준으로 비중있게 소개하고 있었다.

하지만 1970년대부터 독일의 헌법 이론이 점차 소개되면서 '언론·출판의 자유' 해석에도 독일의 영향을 받기 시작하였다. 제5공화국 출범 직후인 1980년, 단일 체계의 언론법인 「언론기본법」이 제정되었는데, 그 대부분 내용은 독일 여러 주의 출판법을 계수한 것이다. 「언론기본법」은 쿠데타로 집권한 신군부가 비정상적인 입법기관을 통해 제정한 법으로, "언론통제를 위한 악법 중의 악법"이라는 평가를 받기도 한다.[4] 이 법은 전두환 정부의 종식과 함께 폐지되었지만, 그 주요 내용은 후속 입법을 통해 여전히 존속하고 있다. 예컨대 「언론기본법」이 신설한 언론중재위원회는 지금도 활발히 활동하고 있으며, '언론의 공적 과업'이라는 개념은 현재도 방송법을 통해 실현되고 있다. 이는 「언론기본법」이 긍정적인 평가를 받을 수 있는 내용도 많이 담고 있었음을 의미한다.[5]

「언론기본법」의 큰 특징은 언론을 정부와 대립적 관계로 이해하고 언론의 자유를 개인의 주관적 권리를 이해하는 미국식 언론관을 버리고, 언론을 자유에 기초한 국가의 통합적 요소 중 하나로 이해하는 독일식 언론관을 수용하였다는 점이다.[6] 독일 기본법은 일반인이 누리는 '표현의 자유' 및 '알 권리' 외에 언론매체로서 '출판의 자유'와 '방송의 자유'를 별도로 규정하고 있다(제5조 제1항).[7] 독일 연방헌법재판소는 자유민주주의 국가에서 언론이 여론 형성에 참여하는 기능, 즉 공적 과업(öffentliche Aufgabe)을 중시하여 언론매체의 자유는 개인적 표현의 자유와 본질을 달리한다고 판시하였다.[8]

20세기 중반까지 언론매체의 대표는 출판이었기 때문에 당시 언론매체의 자유는 '출판의 자유' 또는 '신문의 자유'라고 소개되었다.

여기서 출판은 신문으로 대표되는 정기간행물을 의미하고, 출판의 자유는 이러한 정기간행물이 민주적 여론 형성에 기여하는 헌법상 기능을 보장하는 자유로 이해되었다. 오늘날에도 '언론의 자유'라는 표현은 '언론·출판의 자유'를 줄여 표현의 자유와 동일하게 사용하는 견해와 '언론매체의 자유'를 약칭한 개념으로 표현의 자유와 구분하여 사용하는 견해가 병존한다. 「언론기본법」의 헌법상 의의는 언론·출판의 자유를 보다 구체화하여, 개인의 표현의 자유 이외에 국민의 알 권리와 언론매체의 언론의 자유를 별도로 규정함으로써 언론매체의 자유를 제도적으로 보장하였다는 점에서 찾을 수 있다.[9]

2) 언론의 자유의 이중적 성격

개인의 '표현의 자유' 외에 언론매체의 '언론의 자유'를 별도로 인정하는 견해는 대체로 기본권의 이중적 성격을 받아들인다. 기본권의 성격을 개인의 주관적 권리라고 이해하는 미국과 달리, 독일에서는 기본권은 '주관적 권리'(subjektive Rechte)인 동시에 '객관적 질서'(objektive Ordnung)의 구성요소이자 제도적 보장의 성격을 가진다고 본다. 이러한 이중적 성격 이론은 1950년대 연방헌법재판소 판례에 의해 확립된 이래 독일 헌법학계의 지배적인 견해로 자리 잡았다. 이 이론에 따르면, 언론의 자유는 개인의 주관적 권리를 보장하는 동시에, 민주주의 법질서의 구성요소로서 자유로운 여론 형성과 여론 존중이라는 제도를 보장하는 성격을 지닌다.[10] 이중적 성격은 매체마다 그 비중을 달리하여 나타난다. 인쇄매체를 통한 표현의 자유는 주관적 권리의 요소가 강하게 나타나고, 방송의 자유어 있어서는 객관적 질서형성의 요소가 지배적이다. 이러한 이론은 오늘날 우리 헌법학계에서도 통설로 받아들여지고 있으며, 헌법재판소 역시 같은 입장을 택하고 있다.[11]

「언론기본법」은 기본권의 이중적 성격에 기초해서 언론의 자유를 이해하고, 이를 입법화한 국내 최초의 법률이다. 이 법은 언론의 자유를 실질적으로 보장하기 위해서는 단순히 국가가 간섭하지 않는 소극적 자유로는 충분하지 않으며, 자유롭게 공정한 여론 형성을 위하여 국가가 적극적으로 법질서를 형성해야 한다는 입장을 취하였다. 이는 사상의 자유시장을 믿고, 국가의 간섭을 원칙적으로 배제하는 미국과는 전혀 다른 접근이다.

3) 신문의 기능 보장

「언론기본법」이 채택한 언론의 자유 이론이 오늘날에도 여전히 유효하다고 보기는 어렵다. 이 법의 사상은 2005년 노무현 정부 시절 제정된 「신문등의자유와기능보장에관한법률」(이하 '신문법')로 계승되었고, 이 과정에서 적지 않은 논란이 발생하였다. 신문법은 "신문의 기능을 보장하기 위하여" 일정한 영향력을 가진 신문사업자에 공적 의무를 부과하는 것을 주요 특징으로 한다. 이는 「언론기본법」이 지향했던 언론의 공적 과업 이론과 궤를 같이 하는 것이다.

헌법 제21조 제3항은 "신문의 기능을 보장하기 위하여 필요한 사항은 법률로 정한다."라고 규정하고 있지만, 여기서 '신문의 기능'이 구체적으로 무엇을 의미하는지에 대한 학술적 연구나 논의는 매우 부족하였다. 문제는 이러한 기능 보장이 신문의 자유를 제한하는 방식으로 작동할 경우, 헌법적으로 정당화될 수 있느냐는 점이다. 정부가 신문의 기능을 보장하기 위한 명목으로 신문사업자에게 일정한 의무를 부과할 경우, 이는 곧 신문의 자유를 침해할 우려를 낳는다.

헌법재판소는 신문법 결정에서, "신문의 기능을 보장하기 위하여"라는 표현을 "신문의 다양성을 유지하기 위하여"로 해석하였다.[12] 만약 신문시장에 독과점이 발생한다면 신문의 다양성은 유지될 수 없고, 여론 형성을 왜곡하게 되므로 국가 개입은 정당화될 수 있다. 헌법재판소는 "다수 신문의 존재와 경쟁은 신문의 다양성을 유지하기 위한 중요한 요소이므로, 신문시장의 독과점과 집중을 방지함으로써 신문의 다양성을 확보하고자 신문기업 활동의 외적 조건을 규율하는 것은 정당하고 또 필요하다."라고 판시하였다.[13] 하지만 신문의 다양성이 이미 확보된 상황이라면 신문사업자에게 공적 의무를 부과하는 것은 헌법 위반이다.

노무현 정부는 조선·동아·중앙 등 3대 일간지가 여론을 과도하게 지배하고 있다는 문제의식에서 출발하여 이들의 영향력을 억제하기 위해 신문법 제정에 나섰다. 신문법은 1개 일간신문사의 시장점유율 30%, 3개 일간신문사의 시장점유율 60% 이상인 자를 시장지배적사업자로 추정하고(제17조), 이들을 신문발전기금 지원 대상에서 배제하며(제34조 제2항 제2호), 공정거래법상 각종 규제에 포함시켰다. 이러한 시장지배적 사업자 추정 기준은 공정거래법보다 강화된 것이어서, 신문사업자는 다른 일반사업자에 비해 더 불리한 차별을 받게 된다.

신문법은 위헌론에 직면하게 되었다. 신문의 영향력이 쇠퇴하고 신문사업자 간 경쟁이 치열한 상황에서 조선·동아·중앙 등 3대 일간지가 여전히 여론을 지배한다고 보는 것은 무리이며, 시장지배적 사업자를 추정하는 방법이 적절하지 않으며, 신문 사업자를 일반 사업자와 달리 취급하는 것이 평등권 침해라는 것이다. 결국 뒤의 두 가지 논거에서 신문법 일부 조항은 위헌 및 헌법불합치 결정이 내려졌고, 이후 2009년 7월 31일 법명도 「신문 등의 진흥에 관한 법률」로 전부 개정되었다(법률 제9785호). 정보통신기술의 비약적 발전으로 미디어 환경이 급변한 상황에서, 1980년대 「언론기본법」 사상을 그대로 계승한 신문법은 시대착오적 입법이었다. 오늘날 신문의 기능 보장은 자유로운 발행과 다양한 매체의 등장에 의해 정부의 간섭 없이도 시장에서 실현되고 있는 것이다.

미디어 환경이 변화하면 언론사에 요구되는 민주적 여론 형성의 기능 역시 달라져야 하고, 언론사에 부과되는 공적 의무 역시 바뀌어야 한다. 과거 신문으로 대표되는 출판 매체가 여론 형성의 주도권을 쥐고 있던 시절에 만들어진 「언론기본법」의 기본원리가, 개인이 주도하는 소셜 미디어의 영향력이 절대적으로 커진 오늘날에도 여전히 유효하다고 보기는 어렵다. 누구나 자기 생각을 손쉽게 전파할 수 있는 현재의 미디어 환경에서는, 개인의 표현의 자유와 언론(매체)의 언론의 자유에 본질적인 차이를 두기 어렵다.

4) 방송의 자유

(1) 제한법률과 형성법률

「언론기본법」의 공적 과업론은 여전히 방송법에 그 흔적을 남기고 있다. 방송법은 공적 책임, 공정성, 공익성 등을 최고의 가치로 설정하고 있는데, 이러한 공적 의무가 공적 과업론에 기반한 것이다. 방송 분야에서는 이러한 접근을 '방송의 자유'라는 독자적인 개념으로 정립해왔다. 이를 잘 보여주는 대표적인 사례가 2003년 방송법 제74조(협찬고지) 사건이다.[14] 협찬고지란, 방송 프로그램 제작에 있어 협찬을 받은 경우 그 협찬주의 명칭을 문자 자막으로 알리는 것을 의미한다. 방송법은 이러한 협찬고지를 할 수 있는 경우를 엄격히 제한하고 있다.

문제가 된 사건은, 한 방송사가 '문화유산을 지키자'는 공익 프로그램을 제작·방송하면서 한국담배인삼공사(현 KT&G)로부터 협찬을 받았고, 이에 대해 방송법 위반으로 과태료를 부과받은 것이었다. 방송법상 담배는 방송광고가 금지되어 있으며, 협찬고지 역시 대통령이 정하는 범위 내에서만 가능하므로, 담배 제조사로부터 협찬을 받고 이를 고지한 것은 방송법 위반으로 본 것이다. 헌법재판소는 방송법 제74조를 합헌으로 결정하면서 그 논리를 다음과 같이 구성하였다.

⑴ 해당 조항은 방송사업 운영과 관련된 광고방송의 한 형태인 협찬 및 협찬고지의 허용범위를 규율하고 있다.

⑵ 이는 여타 법익을 위한 방송의 자유에 대한 '제한'이 아니라, 방송사업의 운영을 규율하는 '형성법률'이다.

(3) 협찬고지를 규율하는 것은 헌법상 방송의 자유를 실질적으로 보장하기 위해 필요한 것으로서, 입법자의 형성 권한 범위 내에서 이루어진 것이다.

(4) 방송사업자는 형성법률이 정한 범위 내에서 주관적인 권리를 갖게 되며, 이 조항은 헌법에 합치되므로 별도의 헌법적 정당화는 필요하지 않다.

이 결정은 기존의 표현의 자유 제한에 대한 위헌심사 방식과는 전혀 다른 접근을 보여준다. 일반적으로 기본권 제한에 대한 위헌심사는 비례원칙 또는 과잉금지원칙에 따라 이루어지는데, 이 사건에서는 그러한 심사를 하지 않은 것이다. 그 이유는 방송법상 협찬고지 규정이 방송의 자유를 '제한'하는 것이 아니라, 방송의 자유를 '형성' 하는 것으로 이해되었기 때문이다. 즉, 방송사업자는 입법자가 만들어 주는 범위 안에서만 방송사업을 할 수 있으므로, 협찬고지의 허용 범위를 넘는 행위를 두고 방송의 자유 침해를 주장할 수 없다는 논리이다. 헌법재판소는 이 점을 다음과 같이 판시하였다.

입법자는 자유민주주의를 기본원리로 하는 헌법의 요청에 따라 국민의 다양한 의견을 반영하고 국가권력이나 사회세력으로부터 독립된 방송을 실현할 수 있도록 광범위한 입법형성재량을 갖고 방송체제의 선택을 비롯하여, 방송의 설립 및 운영에 관한 조직적, 절차적 규율과 방송운영주체의 지위에 관하여 실체적인 규율을 행할 수 있다. 입법자가 방송법제의 형성을 통하여 민영

방송을 허용하는 경우 민영방송사업자는 그 방송법제에서 기대
되는 방송의 기능을 보장받으며 형성된 법률에 의해 주어진 범위
내에서 주관적 권리를 가지고 헌법적 보호를 받는다.

이 결정은 방송의 자유에 관한 독일 헌법학계의 논의와 연방헌법
재판소의 법리를 사실상 그대로 수용한 것이다. 독일은 기본법 제5
조 제1항에서 '방송의 자유'를 명시적으로 규정하고 있으며, 1980
년대 들어 방송의 영향력이 커짐에 따라 연방헌법재판소는 방송의
자유에 관한 새로운 법리를 정립하였다.[15] 1981년 제3차 방송판결
에서 연방헌법재판소는 방송의 자유의 성격을 시청자의 공적 의사
형성에 '봉사하는 자유'(dienende Freiheit)로 규정하였다.[16] 일반적인 언
론의 자유는 화자(話者)의 권리인 데 반해, 방송의 자유는 청자(聽者)를
위한 자유이며, 방송사업자는 이를 실현하기 위한 책무를 지닌다고
본 것이다. 지상파 방송만 존재하던 시절, 국가로부터 방송사업을 허
가받은 자는 특혜를 받은 것이므로 방송사업자는 일반인처럼 표현
의 자유를 주장할 수 없고, 시청자를 위해 방송의 자유를 행사해야
한다는 논지는 설득력을 가졌다.

이러한 해석론에 따르면, 방송의 자유를 구체화하는 입법은 곧 민
주적 여론형성 제도를 입법이며, 이는 단순한 주관적 권리 보장에 그
치지 않고 실체적·조직적·절차적 차원에서 규율되어야 한다. 연방
헌법재판소는 방송의 자유가 일차적으로 국가로부터 자유로운 주관
적 권리이지만, 그것만으로는 부족하며 기본법 제5조 제1항이 보장

하고자 하는 바를 실현하기에 적합하도록 실체적·조직적·절차적 측면에서 규율하는 적극적 질서가 필요하다고 강조하였다.[17] 다시 말해, 방송의 자유는 규범을 통해 형성되고, 법을 통해 창조되는 것이며, 그 실현을 위해서 실체적, 조직적, 절차법적 규정들에 의존하지 않을 수 없다.[18] 방송사업자는 입법자가 형성한 질서, 즉 방송법 안에서만 자유를 누릴 수 있다.

이처럼 방송의 자유의 이중적 성격, 특히 제도적 보장의 측면은 독일 헌법 특유의 해석이다. 방송이 다른 매체와 구별되는 특성을 지니는 것은 사실이다. 방송의 자유 개념이 형성되던 당시어는 공중파 방송만 존재하였고, 주파수라는 전파자원은 희소하기 때문에 원하는 사람 모두가 사용할 수 없으며, 허가를 받은 사람만이 이용할 수 있었다. 이러한 주파수의 희소성이라는 구조적 한계로 인해, 방송의 자유는 신문의 자유와 달리 국가의 간섭을 배제한 채 마음대로 할 수 있는 자유로 인식되기 어려웠다. 이에 대해 미국은 방송을 '공익적 규제'라는 실무적 관점에서 접근하여 해결하려 하였고, 독일은 방송의 자유를 '제도적 보장'이라는 이론적 틀을 통해 체계적으로 정립하려고 하였다.

(2) 미국과 독일의 서로 다른 접근

미국의 경우, 제1차 세계대전 이후 라디오 방송국이 급속히 증가하면서 "모두가 방송 중인데, 아무것도 들을 수 없는 상황"에 이르게 되었고,[19] 이에 따라 방송 규제가 시작되었다. 1927년 제정된「라디오법」은 방송 면허를 받은 자만이 지정된 주파수에서, 지정된 시간에 방송하도록 규정하였다. 이 때 허가 기준으로 '공공의 이익, 편의 및 필요'(public interest, convenience, and necessity)가 제시되었다.[20] 이 기준은 1934년 제정된「연방통신법」에서도 그대로 계승되어 지금도 사용된다. 연방라디오위원회(FRC)는 1928년 공익성 기준에 관한 종합적인 해석을 제시하면서 방송사업자를 '공공수탁자'(public trustee)로 규정하였다. 방송사업자는 사익을 위해 방송을 해서는 안 되며, 방송을 청취하는 공중을 위하여 사상의 자유 시장을 형성할 의무가 있다고 강조하였다.[21] 이에 따라 공익성 요건은 찬반 의견이 자유롭고 공정하게 경쟁할 수 있는 장을 마련할 것을 요구하게 되었다.

이후 FRC는 1934년 FCC로 개편되었고, FCC는 1949년 '공정성 원칙'(fairness doctrine)을 도입하였다. 이 원칙은 방송사업자에게 지역 사회의 공적 과제에 상당한 방송 시간을 할애할 것, 해당 사안에 대한 대립적인 견해가 방송되도록 할 것, 그리고 공격받은 자에게 반론권을 부여할 것을 요구하였다. 그러나 1980년대 규제 완화 기조 속에서 공정성 원칙은 점차 폐기되었다. 1985년 FCC는 공정성 원칙이 더 이상 공익 증진에 도움이 되지 않는다는 보고서를 발표하였고, 2년 뒤 공식적으로 이를 폐기하였다.

미국 연방대법원은 1943년 *National Broadcasting Co. v. United States* 사건,[22] 1969년 *Red Lion Broadcasting v. FCC* 사건[23] 등에서 주파수의 희소성에 근거로 방송규제의 정당성을 인정하였다. 특히 *Red Lion* 사건은 이후 *Miami Herald Publishing Co. v. Tornillo* 사건과[24] 비

236   사상의 자유시장이라는 오해

교되면서, 방송과 신문의 차이가 극명히 드러냈다. 연방대법원은 *Red Lion* 사건에서 FCC가 제정한 반론권 규칙과 공정성 원칙이 합헌이라고 판단한 반면, *Miami Herald* 사건에서는 신문에 탄론권 보장을 의무화한 플로리다주 법률이 언론의 자유를 침해하는 것으로서 위헌이라고 판시하였다.

이처럼 미국은 애초부터 민영방송을 중심으로 방송체제를 형성하였기 때문에, 주파수의 희소성을 근거로 방송사업자에게 공익성 또는 공정성을 요구하였다. 그러나 정보통신 기술이 발전하면서 공정성 원칙과 같은 방송 특유의 규제는 폐지되었고, 방송사업자에 대해서는 공익성이라는 일반적 규제만이 남게 되었다. 인터넷을 통해 동영상 콘텐츠를 제공하는 서비스인 OTT(Over-The-Top)는 방송법의 적용을 받지 않으며, 사실상 규제가 없는 상태다. 넷플릭스, 유튜브 등 미국의 OTT 사업자들은 이러한 규제 공백 속에서 미국을 넘어 세계 시장을 지배하게 되었다.

반면, 유럽 국가들은 과거 동일하게 주파수의 희소성을 이유로 국가가 직접 방송을 설립·운영하는 공영체계를 채택하였고, 이후 기술 발전에 발맞추어 방송에 대한 규제 체계도 점진적으로 개편해 왔다. 유럽연합(EU)은 방송의 발전에 따라 '텔레비전 방송과 유사한 것'(TV-like)까지 방송과 동일한 규제 체계에 포함시켰으나, 새로운 유형의 동영상 서비스가 지속적으로 등장하자 현재는 방송 개념 자체를 포기하고 규제 범위를 크게 넓혔다. 그 결과 OTT 서비스 또한 일정한 국가 규제 체제 안에 포함되어, 유럽 콘텐츠 할당량, 미성년자 보호, 상업적 커뮤니케이션 규칙 등 다양한 규제를 받고 있다.

독일의 경우 제2차 세계대전 패전 이후 연합군 점령하에서 공영방송의 기틀이 마련되었다.[25] 1948년 연합군으로부터 방송시설이 반환된 이후 각 주는 주 법률에 따라 고유한 공법상의 방송기관을 설립하였다. 독일에서는 공영방송이 1980년대 중반 민영방송이 등장하기 전까지 독점적 지위를 누렸으며, 이후 현재까지 공영과 민영이 공존하는 이원적 방송체제가 유지되고 있다. 독일 연방헌법재판소에 따르면, 방송은 신문과 달리 이용가능한 주파수 대역이 한정되어 있고 방송사의 설립에 막대한 비용이 소요되기 때문에, 소수의 사업자가 여론을 독점하지 못하도록 국가가 일정한 외부적 조건을 법적으로 형성해야 한다.[26]

(3) 방송은 아직도 특수한가?

방송의 특수성은 이외에도 침투성, 영향력 등의 속성으로 설명된다. 침투성 개념은 1978년 미국 연방대법원의 *Pacifica* 판결에서[27] 방송규제의 논거로 등장하였다. 이 사건은 한 아버지가 15세 아들과 함께 차를 타고 가던 중 라디오에서 코미디언의 저속한 발언을 청취하게 되어 이를 FCC에 신고하면서 발생하였다. 사건의 쟁점은 FCC가 음란하지는 않지만 저속한 방송 내용을 규제할 수 있는지 여부였다. 연방대법원은 5대 4로 FCC의 권한을 인정하였다. 다수의견은 정부가 잠재적으로 불쾌한 내용으로부터 미성년자를 보호하고, 원치 않는 표현이 집 안에 침투하는 것을 막을 정당한 이익이 있다고 보았다.

　방송의 영향력도 방송규제의 근거로 자주 거론된다. 독일 연방헌
법재판소는 방송의 특성을 '광범위한 영향'(Breitenwirkung), '잠재적 효
과'(Suggestivkraft), '최신성'(Aktualität)으로 규정하고, 이와 같은 특성에
근거하여 방송에 대한 특별한 법적 조치가 정당하다고 보았다.[28] 여
기서 '광범위한 영향'이란 방송이 동시에 다수의 사람에게 영향을 미
칠 수 있는 가능성을 의미하며, '잠재적 효과'는 방송이 영상·음성·
문자를 종합적으로 사용하여 시청자에게 고도의 신빙성을 제공한다
는 점, '최신성'은 방송이 신속하게 정보를 시청자에게 제공한다는
점을 가리킨다.[29]

　문제는 이러한 방송의 특수성이 정보통신 기술의 발전으로 더 이상
유지되기 어려워졌지만, 방송은 여전히 공중파 방송 시절 만들어
진 법리와 법률에 구속되는 데 있다. 특히 방송규제의 강력한 논거
였던 주파수의 희소성은 기술 발전으로 완전히 해소되었다. 기술의
발전은 매체의 다양성과 채널 수의 증가를 불러왔고, 이로 인해 방
송사업자는 더 이상 '공공의 수탁자'가 아니라 일반적인 '시장 참여
자'로 이해되어야 한다는 주장이 미국에서는 1980년대부터 제기되
어 왔다.[30] 현재 방송규제를 정당화하는 가장 강력한 논거로는 '영
향력'이다. 이는 종종 '침투성' 논거와 결합하여 주장된다. 특히 방
송이 미성년자에게 미치는 영향은 디지털 방송시대에도 여전히 강
력하다.

　그러나 영향력은 방송에만 국한되지 않는다. 오늘날 모든 매체는

일정한 사회적 영향을 미치며, 그 영향력의 크기는 기술적·경제적 환경에 따라 달라진다. 즉 방송만이 특별한 영향력을 갖고 있고, 새롭게 등장한 디지털 매체는 영향력이 없다고 할 수는 없다. 방송의 특수성을 강조하며 방송의 민주적 의사형성 기능을 중시하는 견해가 존재한다. 방송은 민주주의 국가에서 다양한 의견을 제공함으로써 공공의 자유로운 의사형성을 지원하는 고유한 헌법적 가치를 가진다고 본다.[31] 그러나 이와 같은 민주적 의사형성 논거에도 한계가 있다. 민주적 의사형성 기능은 방송만이 아니라 다른 매체도 수행할 수 있다. 방송이 그 영향력이 크다는 이유로 더 많은 공적 과제를 부과하는 것은 가능하지만, 방송에만 타 매체와 구별되는 법적 의무를 부담하는 것은 타당성을 잃는다.

변화된 환경에 부합하는 이론과 법제의 정립이 필요하다. 앞서 살펴본 협찬고지 사건 판례처럼, 방송의 자유를 극단적으로 이해하는 견해는 수정될 필요가 있다. 자유로운 의견 형성과 여론 형성을 위한 제도적 장치를 형성한다는 명분 아래, 국가가 방송에 과도한 공적 과업을 부과하여 방송의 자유를 침해하는 것은 바람직하지 않다. 헌법재판소는 2024년 수신료 사건에서 방송의 자유에 대해 다음과 같이 설명하였다.[32]

> 입법자는 자유민주주의를 기본원리로 하는 헌법의 요청에 따라 국민의 다양한 의견을 반영하고 국가권력이나 사회세력으로부터 독립된 방송을 실현할 수 있도록 광범위한 입법형성재량을

갖고 방송체제의 선택을 비롯하여, 방송의 설립 및 운영에 관한 조직적, 절차적 규율과 방송운영주체의 지위에 관하여 실체적인 규율을 행할 수 있다(헌재 2003. 12. 18. 2002헌바49 참조). 현행법상 이러한 내용은 '방송의 자유와 독립을 보장하고 방송의 공적 책임을 높임으로써 시청자의 권익보호와 민주적 여론형성 및 국민문화의 향상을 도모하고 방송의 발전과 공공복리의 증진에 이바지함을 목적'으로 하는 방송법에 반영되어 있다(방송법 제1조).

이 내용은 2003년 협찬고지 사건의 결정문과 판박이다. 지난 20년 동안 정보통신기술이 비약적으로 발전하고 미디어 시장이 급변했음에도 그러한 변화가 전혀 반영되어 있지 않다. 과거에는 방송의 구조적 특수성으로 인해 자유로운 경쟁이 불가능하다는 점이 전제되었고, 이에 따라 국가는 민주주의 실현을 위하여 방송시장에 개입할 필요가 있었다. 방송사업자가 사익을 위해 방송하지 못하도록 공익성, 공공성, 공정성 등 공적 의무를 부과한 것은 정당한 규제로 평가될 수 있었다. 방송법이 규제 중심의 법으로 기능한 것도 이러한 전제에 기반한 것이다.

그러나 이제 그 전제는 사라졌다. 방송의 특수성으로 간주되던 요소들은 다른 매체에서도 공통적으로 나타나며, 기술 발전으로 매체 간 경계는 더욱 흐려졌다. 모든 매체에 특성에 따른 합리적 규제 강도를 설정하는 것은 기본권 제한의 일반 원칙이다. 그럼에도 유독 방송에 대해서만 과거와 동일한 수준의 국가 형성력을 전제로 한 독자적 이론을 지속적으로 적용하는 것은 타당하지 않다.

(4) 방송과 OTT 간 규제 불균형 해소

20세기 최강 매체였던 텔레비전의 시대가 저물고 있다. 이제 사람들은 시간과 장소에 구애받지 않고 온라인으로 동영상 콘텐츠를 소비한다. 방송통신위원회에 따르면, 대표적인 글로벌 OTT인 넷플릭스(Netflix)가 국내 진출한 2016년 당시 OTT 이용률은 35%였으나, 2024년에는 79.2%로 급증하였다.[33] 주 5일 이상 이용한 매체를 보면, 스마트폰은 2016년 텔레비전을 앞지른 이후 지속적으로 격차를 벌여 2024년에는 스마트폰 92.2%, 텔레비전 69.1%로 나타났다. 글로벌 OTT는 국내 미디어 시장과 콘텐츠 시장에서 최강자가 되었다. 동시에 전통적인 방송의 영향력은 급속히 축소되고 있다.

여기서 발생하는 문제가 기존 방송과 새로운 OTT 간의 규제 불균형이다. 현행 방송법은 지상파 중심으로 설계되어 새로운 전송 수단이 등장할 때마다 이를 포섭하여 규제하고 있다. 이에 반해 OTT는 외형상 방송과 유사하게 동영상 콘텐츠를 제공하지만, 별도의 전송망 없이 개방용 인터넷을 통해 서비스를 제공하기 때문에 방송법의 적용을 받지 않는다. OTT는 「전기통신사업법」상 부가통신사업자로 분류된다.[34] 그 결과 전통적인 방송은 콘텐츠의 제작·편성·운영 전반에 걸쳐 각종 규제로 발목이 잡혀 있는 반면, 새롭게 등장한 OTT는 사실상 규제 없이 자유롭게 사업하는 불균형이 발생하고 있다.

전통적인 방송과 OTT 간 규제 차이는 다음과 같다. 첫째, 진입규제의 차이다. 방송사업자는 공공성 확보를 목적으로 하는 엄격한 기준에 따라 허가 또는 승인을 받아야 한다. 예를 들어, 지상파방송은 방송통신위원회의 허가를 받아야 하며, 위성방송, 종합유선방송, IPTV는 과학기술정보통신부장관의 허가를 받아야 한다. 종합편성 및 보도전문편성 PP, 홈쇼핑 채널은 각각 방송통신위원회 또는 과기정통부의 승인을 받아야 한다. 반면 OTT는 부가통신사업자로서 일정한 요건과 절차에 따라 과기정통부에 신고만 하면 사업이 가능하다.

둘째, 소유규제에서도 차이가 존재한다. 방송법은 시장의 독과점 방지를 위해 소유제한 규제를 두고 있다. 지상파 및 종편 PP의 경우 최다출자자 지분은 원칙적으로 40%를 초과할 수 없으며, 대기업·일간신문·외국인에 대해서는 추가 제한이 있다. 그러나 OTT에는 이러한 소유제한이 없다.

셋째, 편성규제 측면에서 방송사업자는 공정성·공공성·다양성·균형성·사실성 등을 기준으로 편성해야 하며, 오락 프로그램 비율 제한, 공익채널 운영의무, 국산 및 특정국가 수입물 비율 등 다양한 편성규제를 적용받는다. OTT는 이와 같은 규제를 받지 않는다.

넷째, 광고규제에서도 방송은 광고와 프로그램의 명확한 구분, 광고의 종류·시간·방법·횟수 등에 대한 세부규제를 받는다. 협찬고지도 법령이 정한 범위 내에서만 가능하다. 그러나 OTT는 이러한 광고규제를 적용받지 않는다.

다섯째, 방송내용 규제에서도 큰 차이가 있다. 방송사업자는 프로그램 등급을 분류·표시해야 하고, 방송통신심의위원회의 사후심의와 방송통신위원회의 제재를 받는다. 위반 시 형사처벌도 가능하다. IPTV도 동일하게 적용된다. 반면, OTT는 콘텐츠에 대한 심의를 자율적으로 한다.

여섯째, 방송사업자는 방송통신발전기금을 납부해야 하나, OTT는 그 대상이 아니다.

이처럼 진입부터 과세에 이르기까지 규제 격차는, 현행 규제체계가 새로운 미디어 환경에 부합하지 않음을 시사한다. OTT와 방송 간 규제 불균형을 해소하려면, OTT를 규제하거나 방송 규제를 완화해야 할 것이다. 그러나 OTT는 인터넷 기반 서비스로, 규제 자체가 쉽지 않다. 글로벌 OTT 사업자는 개별 국가의 규제에 순응하지 않으려 하며, 대부분 미국 기업이어서 규제가 통상마찰로 이어질 수 있다. 국내 소비자 역시 자유로운 OTT 서비스에 익숙해져 있어 규제에 반발할 가능성이 크다.

반면 유럽연합은 방송과 통신의 융합에 대응하여 수평적 규제체계를 도입하고 OTT를 포괄하는 방식으로 규율하고 있다. 기존의 방송통신법제가 네트워크 기반의 수직적 규제체계에 기초한 데 비해, 수평적 규제체계는 동일한 서비스에 동일한 규제를 부과하는 방식이다. 아날로그 시대에는 방송과 통신이 각각 고유의 전송수단을 통해 콘텐츠를 전송하기 때문에 수직 규제가 가능했지만, 방송통신 융합 이후 경계가 모호해지면서 유사 서비스 간 규제 불균형이 발생하였다.

유럽연합은 2002년 제정한「전자커뮤니케이션 프레임워드 지침」(Framework Directive)에서[35] 전송 계층에는 일반 경쟁원칙을, 콘텐츠 계층에는 「국경 없는 텔레비전 지침」을 계속 적용하였다. 전송 계층과 콘텐츠 계층을 구분하는 기준은 편집 책임의 유무다. 수평적 규제체계는 전송 계층의 경쟁 활성화, 콘텐츠 계층은 문화적 다양성 확보에 초점을 두며, 콘텐츠 제공 방식에 따라 차등적 규제가 허용된다.[36]

2007년 유럽연합은 「국경 없는 텔레비전 지침」을 「시청각미디어서비스 지침」(AVMS 지침)으로 대체하고,[37] 실시간(linear) 방송뿐 아니라 비실시간(non-linear) 주문형 동영상(VOD) 서비스도 규제 대상으로 포함하였다. 시청각미디어서비스(AVMS)는 미디어 서비스 제공자의 편집책임 아래 전자커뮤니케이션망을 통해 공중에게 프로그램을 제공하는 것을 의미하며(제1조 제a호), VOD의 규제 수준은 텔레비전 방송보다 낮게 설정되었다.

2018년 개정된 AVMS 지침은 '텔레비전 방송과 유사한 것'을 포섭하려는 접근을 포기하고, 유튜브와 같은 동영상 공유 플랫폼(Video-Sharing Platform, VSP)도 규제 대상에 포함하였다. 서비스 성격에 따라 라이브 스트리밍은 텔레비전 방송, 넷플릭스 같은 경우에는 주문형 동영상 서비스, 유튜브 같은 경우에는 동영상 공유 플랫폼(VSP)으로 구분된다.

유럽연합은 이러한 규제체계를 통해 방송과 OTT 간 비대칭을 해소하고, 공정경쟁과 문화다양성을 동시에 추구하려고 한다.[38] 예컨대 VOD 사업자에게 유럽 제작물 비율 30% 이상 확보와 우선 노출

의무를 부과하고(제13조), 유럽 콘텐츠 제작에 대한 재정 기여도 요구할 수 있도록 하였다(제14조).

국내에서도 수평적 규제체계로의 전환 필요성이 지속적으로 제기되어 왔다. 정부 역시 이를 추진해 왔지만, 실질적 성과는 거두지 못했다. 수평적 규제체계로의 전환은 규제 형평성 차원에서 바람직하지만, 유럽연합처럼 제도화하고 입법을 완성하는 일은 쉽지 않다. 수평적 규제체계는 원칙에 해당하며, 이를 어떻게 구체화할지는 각국의 몫이다. 완전한 수평적 규제체계를 구현한 국가는 없다.[39]

OTT를 포함한 미디어 전반에 수평적 규제체계를 도입하기 위해 검토해야 할 과제는 다음과 같다.

첫째, 방송법은 국내에서 정치적 영향을 지나치게 많이 받는다. 개정 논의는 논리와 이성보다는 정치적 유불리에 따라 좌우되어 왔고, 여야를 막론하고 정치권은 방송법 개정을 당파적 이해관계로 판단하는 경향이 강하다. 이런 구조에서는 방송법을 전면 개정해 수평적 규제를 도입하는 방안은 현실적 가능성이 크지 않다.

둘째, 방송법은 강한 공적 이념을 전제로 설계된 법이다. 지상파 중심의 방송 환경에서 형성된 법리는, 방송사업자에게 허가라는 특혜에 상응하는 공적 책임과 공정성, 공익성 등을 부과해 왔다. 이러한 공공성 중심의 구조는 현행 방송법의 핵심 가치로 자리잡고 있어, 방송사업자가 자율과 창의를 주장하기 어렵게 만든다.

반면, 다수의 선진국은 방송을 하나의 산업으로 인정하고, 경쟁체제 속에서 이를 규율한다.[40] 방송산업 역시 다른 산업과 마찬가지로 경쟁을 기반으로 하되, 공공의 이익을 위해 필요한 경우에만 제한하는 방식으로 규제 패러다임의 전환이 필요하다. 다만, 이러한 이념에 대한 인식 전환에는 상당한 시간이 소요될 것으로 보인다.

셋째, 수평적 규제체계로 전환은 규제 완화를 전제한다. 유럽연합에서 이를 도입한 배경에는 전송 계층에서 경쟁 촉진, 콘텐츠 계층에서 문화적 다양성 실현이라는 이중 목표가 있었다. 국내어서도 매체 간 규제 형평성 확보를 위해 방송 규제를 완화해야 한다는 전제가 깔려 있다. 그러나 현실적으로 현행 방송법의 규제 수준은 주요 선진국들과 비교할 수 없을 정도로 높으며, 이러한 규제가 수평적 규제체계로 전환된다고 해서 곧바로 폐지될 것이라고 기대하기는 어렵다. 공적 이념에 기반한 강한 규제와 이에 익숙해진 행정문화가 여전히 견고히 작동하고 있기 때문이다.

이러한 상황에서 단일법을 통해 완전한 수평적 규제체계를 실현하겠다는 것은 이상론에 가깝다. 미디어 콘텐츠 생태계가 급변하고 있는 만큼, 규제체계 개편은 우선순위를 정해 단계적으로 추진하는 것이 중요하다. 그 중에서 가장 시급한 과제는 기존 방송에 과도하게 부과된 규제를 과감히 철폐하여, 방송과 OTT 간 공정한 경쟁이 가능하도록 만드는 일이다. 단기적으로는 방송 규제 완화를 중심으로 규제의 형평성을 확보하고, 중장기적으로는 매체 기능과 사회적 역할을 기준으로 규제체계를 재구성할 필요가 있다.

3. 인터넷 규제와 인터넷 중개자 규제

1990년대 중반 인터넷이 상용화된 이후 미디어의 지형은 완전히 바뀌었다. 인터넷은 언론의 자유와 관련하여 전통적인 이론이 다루지 못했던 새로운 문제들을 제기한다. 그동안 언론의 자유 이론은 국가와 사인 간의 대립을 전제로 해 왔다. 언론의 자유와 관련된 쟁점들은 언제나 권력을 가진 국가가 사인의 자유를 제한하는 것이 정당한지를 검토하는 데 집중되어 있었다.

그러나 인터넷 시대가 도래하면서 이러한 구도는 근본적으로 변화하였다. 누구나 발행인이 될 수 있는 환경이 조성되면서, 국가가 주도하는 허가제와 사전검열의 위험성은 사실상 사라졌다. 그 대신 인터넷 중개자, 특히 온라인 플랫폼의 역할이 커지면서, 강력한 소수의 사인과 이를 이용하는 다수의 사인 간의 새로운 대립이 나타나고 있다. 인터넷 공간에서는 사기업이 정보의 내용을 사적으로 심사한 후, 원하지 않는 정보의 유통을 억제하는 일이 빈번히 발생하고 있으며, 이른바 사적 검열(private censorship)이 광범위하게 이루어지고 있다.[41] 오늘날 언론의 자유가 실질적으로 보장되는가는, 사람들이 소통하는 인터넷 공간을 지배하는 사적 인프라 소유자의 결정에 달려 있다.[42]

1) 미디어로서 인터넷: 이론과 실제

(1) 흔들리는 이상론

인터넷이 상용화되던 초기부터 미디어로서 인터넷의 성격을 어떻게 이해할 것인지에 대한 논란이 있었다. 신문과 같은 인쇄 매체에 가까운 것으로 보아 자유의 시각에서 접근해야 할 것인지, 아니면 방송과 유사한 속성을 지닌 것으로 보아 규제의 시각에서 접근해야 하는지에 대한 견해가 엇갈렸다. 이 논란에 대해 미국 연방대법원은 1997년 *Reno* 판결에서 인터넷은 방송보다 신문에 가까운 매체라고 판단하면서 일정한 방향을 제시하였다. 이 사건은 인터넷상 유해정보로부터 청소년을 보호하기 위해 제정된 「통신품위법」(Communication Decency Act)의 위헌 여부를 다투는 것이었는데, 연방대법원은 하급심 판결을 인용하며 "인터넷상 콘텐츠는 인간의 사고만큼이나 다양하다."라고 언급하였다. 연방대법원은 인터넷을 방송처럼 취급하여 규제할 수 없다고 판시하면서, 인터넷에 대한 과도한 규제가 표현의 자유를 침해할 수 있음을 경고하였다. 우리나라 헌법재판소도 2002년 불온통신 사건에서 인터넷을 공중파와 달리 '가장 참여적인 시장', '표현촉진적인 매체'라고 판시하였다.[43] 헌법재판소는 이어 "인터넷상의 표현에 대하여 질서위주의 사고만으로 규제하려고 할 경우 표현의 자유의 발전에 큰 장애를 초래할 수 있다."라고 경고하였다.

그러나 이 같은 초기의 긍정적 기대와 달리, 실제 인터넷은 사상의 자유시장을 온전히 실현하지 못하고 있다. 인터넷이라는 공론장에서 의견 다양성이 제대로 보장되지 않는다. 오히려 동질적인 이용자들끼리의 집단화와 편향성이 강화되는 현상이 나타난다. 이러한 현상은 인터넷이 과연 민주적 여론 형성의 장으로 기능하고 있는지에 대한 근본적인 의문을 불러일으킨다. 미국 헌법학자 볼킨(Jack M. Balkin)은 오늘날 소셜 미디어가 공론장의 건강을 결정하는 가장 중요한 제도가 되었지만, 그 기능을 제대로 수행하지 못하고 있다고 평가한다.[44] 또 인터넷이 표현할 수 있는 능력은 확장시켰지만 표현할 수 있는 자유는 오히려 축소되었으며, 인터넷이 표현의 자유를 촉진시키는 궁극적인 매체라는 믿음은 지나치게 단순하다는 평가도 있다.[45] 이처럼 인터넷의 폐해가 빈번히 드러나면서 국가의 인터넷 규제를 정당화하려는 입장도 증가하고 있다. 볼킨은 현재 미국법처럼 인터넷 중개자에게 광범위한 면책을 부여하는 것보다는 책임 부여와 면제 간의 신중한 조화가 필요하다고 주장한다. 인터넷을 간섭 없는 시장으로 보는 것은 그저 '신화'일 뿐이다.[46] 실제로 오늘날 인터넷은 구글, 페이스북 등 소수의 사기업에 의해 구조적으로 통제되고 있다.[47]

(2) 인터넷 특성과 공론장 붕괴

인터넷 공론장을 위협하는 요인은 다음과 같다. 첫째, 뉴스 소비의 편향성이다. 20세기 매스 미디어 시대에는 소수의 미디어가 다수의 청중에게 정보를 제공하는 형태가 일반적이었다. 이 모델에서 가장 큰 문제는 공정성이다. 매스 미디어는 어젠더(agenda) 설정과 정보 전달력에서 막강한 영향력을 행사하지만, 청중은 이러한 미디어에 직접 접근하기 어렵다. 공정하지 못한 언론보도에 대하여 청중이 문제를 제기하거나 반론을 제기할 방법이 거의 없다. 이러한 점을 지적하며 1967년 미국 헌법학자 배론(Jerome A. Barron)은 언론의 자유를 보장하는 헌법상 권리로 액세스(access)권을 주장하였다.[48] 그는 소수의 매스 미디어가 사상의 자유시장을 독과점하고 있기 때문에 언론이 공론장 역할을 제대로 수행하지 못한다고 보았다.

인터넷은 이러한 매스 미디어 구조의 문제를 일정 부분 해결하였다. 누구나 인터넷에 접근해 정보를 습득하고 자신의 의견을 발표할 수 있게 되었다. 하지만 동시에 새로운 문제가 나타났다. 매스 미디어가 갖고 있던 장점이 사라진 것이다. 신문과 방송은 종합적 뉴스를 제공하는 매체였고, 청중은 뉴스 선택권이 없어 평소 관심 없는 분야의 정보도 우연히 접할 수 있었다. 이로 인해 청중은 다양한 정보와 관점을 경험하고, 다른 사람들과 지식과 경험을 공유할 수 있었다.

하지만 21세기 인터넷 시대에는 '청중'은 사라지고 '정보 이용자'만 존재한다. 사람들은 관심 있는 정보만을 선별해 취득하고, 정보 제공자는 이용자의 선호에 따라 맞춤형 뉴스를 제공한다. 이로 인해 뉴스는 점차 파편화되었고, 뉴스 소비자가 다양한 관점의 뉴스에 우연히 접할 기회가 크게 줄었다. 정보 이용자 간에 공유되는 지식과 경험이 줄어들면서 민주주의의 기반이 되는 숙의(deliberation)의 조건이 약화되고 있다.[49] 숙의를 위해서는 이성에 기초한 의견의 교환, 즉 공적인 토론이 가능해야 한다. 이를 위해서는 다양한 견해를 가진 사람들이 서로 자유롭게 참여할 수 있는 공론장이 필요하다. 그러나 인터넷 공간에서는 사람들이 비슷한 생각을 가진 집단 내에서만 상호작용하면서, 자신의 입장을 더욱 강화하는 확증편향(confirmation bias)을 보이게 되고, 인터넷 구조는 이를 더욱 강화한다.[50]

둘째, 불법정보의 확산이다. 인격권 침해 정보, 음란물, 지적재산권 침해 정보 등 불법정보의 유통은 인터넷 이전에도 존재하는 문제였다. 하지만 인터넷은 그 신속성, 확장성, 복제성 측면에서 이전 매체들과 비교할 수 없는 파급력을 갖는다. 헌법재판소도 2012년 통신심의 판결에서 이와 같은 인터넷의 속성을 적절히 지적하였다.[51] 불법정보 중 특히 명예훼손이나 프라이버시권 침해 등 인격권 침해 정보는 사회적 논쟁에 참여하는 사람들을 위축시켜 사회 참여를 주저하게 만들고, 궁극적으로 민주주의를 저해할 수 있다.[52] 인터넷 시대에 새롭게 대두된 가짜뉴스와 혐오표현 또한 민주주의를 위협한다. 가짜뉴스는 의도된 허위정보, 즉 허위조작정보(disinformation)을 의미하며, 이는 정보에 기초한 합리적 의사결정을 왜곡시킨다. 가짜뉴스는 동질한 사고를 공유하는 집단의 확증편향과 결합해 집단극단화를 유발하며, 이는 인터넷 공간에서 더욱 가속화된다.[53] 혐오표현은 표적 집단 구성원들을 침묵하게 만들어 공적 토론에 참여할 실질적 기회를 박탈하며, 공론장 전체에 적대적 인식을 확산시켜 공론장을 왜곡한다.[54]

셋째, 공론장 집중화 현상이다. 인터넷에서 대부분 정보는 인터넷 중개자 또는 온라인 플랫폼을 통해 유통된다. 이들은 공론장의 중심에 있으며, 실질적으로 공론장을 지배하고 있다. 누구나 신문을 발생할 수 있는 시대가 되었지만, 실제 신문시장이 소수의 언론사에 의해 지배되었던 과거와 유사한 현상이 인터넷에서도 나타나고 있다. 누구나 인터넷을 통해 정보에 접하고 정보를 전달할 수 있는 시대가 되었지만, 소수의 플랫폼을 통하지 않으면 정보 유통은 불가능에 가깝다. 세계적으로는 구글과 페이스북이 공론장을 지배하고 있고, 국내에서는 네이버와 카카오(다음)와 같은 토종 포털이 영향력을 행사하고 있다.

결국 앞선 두 가지 요인, 즉 뉴스 소비의 편향성과 불법정보의 확산 역시 온라인 플랫폼에서 발생하고 있으므로 공론장 붕괴의 핵심 원인으로는 공론장의 플랫폼 집중화가 가장 중요하다. 공론장을 활성화하기 위한 해결 방법 역시 이들 플랫폼을 중심으로 모색되어야 할 것이다.

2) 인터넷 중개자의 공론장 지배

(1) 인터넷 중개자의 인터넷 지배

인터넷은 그 속성상 정보 생산자와 정보 이용자를 연결해 주는 중개자를 필요로 한다. 이용자가 필요한 정보를 얻기 위해서는 먼저 인터넷에 접속하고, 그 다음 정보를 검색하거나, 정보를 쉽게 찾을 수 있는 공간에 접근해야 한다. 이러한 과정에서 중개자의 역할이 필수적이며, 시간이 흐르면서 일부 중개자들이 시장을 지배하게 되었다. 여기에 규모의 경제가 작용하면서, 현재 인터넷 시장은 극소수의 중개자들이 지배하는 구조로 고착되었다. 특히 이용자 정보를 활용한 개인 맞춤형 서비스가 인터넷 서비스의 핵심인 상황에서는 더 많은 정보를 보유한 중개자의 시장 지배력이 더욱 강화되기 쉽다.

이러한 정보 중개자의 지배는 인터넷 규제에 새로운 접근이 필요함을 시사한다. 과거 신문시장이 소수 언론에 의해 과점화되어 청중이 다양한 의견에 접근하기 어렵게 되었을 때, 외적 다양성 확보를 위해 국가 개입이 정당화된다는 주장이 많았다. 마찬가지로 지상파 방송이 기술적 한계로 인해 허가제를 통해 운영되면서 권력의 개입이 우려되었을 때에도, 내적 다양성 확보라는 명분 아래 국가의 개입이 정당화되었다. 이와 같은 맥락에서 보면, 인터넷 시장에서도 중개자의 지배력이 강화되어 공론장으로서의 기능을 제대로 수행하지 못할 경우, 국가의 규제는 정당한 개입이 될 수 있다.

물론 인터넷의 특수성으로 인해, 이러한 국가의 간섭 - 즉 중개자 입장에 대한 규제 - 이 자칫 인터넷 이용자의 표현의 자유를 침해하는 결과를 낳을 수 있다는 우려가 있다. 인터넷에서는 국가, 인터넷 사업자, 그리고 인터넷 이용자로 구성된 삼각구도가 형성되어 있는데, 국가가 인터넷 사업자를 규제하면 그 부담은 결국 이용자에게 전가될 수 있다는 것이다.[55] 그러나 인터넷 사업자가 독과점적 지위를 형성하고 있는 상황이라면, 이들에 규제가 반드시 이용자에 대한 표현의 자유 제한으로 이어지는 것은 아니다.

2014년 유럽사법재판소(CJEU)의 구글 스페인 판결은 이와 같은 새로운 접근 방식을 잘 보여준다.[56] 이 사건은 스페인 변호사 곤잘레스가 구글 검색창에 자신의 이름을 입력하면, 과거 자신이 소유했던 부동산의 경매 공고가 실린 신문 기사가 여전히 검색되는 상황을 문제 삼아, 스페인 정보보호원(AEPD)에 해당 정보 삭제를 청구하면서 시작되었다. 이른바 '잊혀질 권리'(right to be forgotten)에 관한 이 사건에서, CJEU는 청구인의 요청을 받아들여 구글에 해당 정보의 검색 결과를 삭제하라고 명령하였다. 주목할 점은, 이 판결이 검색엔진 사업자인 구글에만 잊혀질 권리를 적용하고, 해당 기사를 최초 게재한 신문사에 대해서는 적용하지 않았다는 것이다. 그 결과 해당 기사는 인터넷상에 여전히 존재하지만, 구글 검색 결과에서는 노출되지 않게 되었고, 이를 통해 청구인의 인격권은 실질적으로 보호되었다. 이처럼 정보 삭제가 완전히 이루어지지는 않았으나, 검색 엔진이라는 중개자의 지배적 위치를 고려한 조치를 통해 사실상 잊혀질 권리가 실현된 것이다. 이는 인터넷의 특성을 잘 반영하여 인격권과 표현의 자유 간의 균형을 모색한 사례로 평가된다.

(2) 인터넷 포털 뉴스 서비스의 특수성

인터넷 포털은 온라인 플랫폼 중 하나이지만, 다른 나라에서 찾아보기 힘든 독특한 지위를 가진다. 글로벌 온라인 플랫폼과 달리, 국내 인터넷 포털은 정보, 문화, 오락의 콘텐츠를 직접 제공하여 매체적 성격을 띤다. 특히 뉴스는 이용자를 포털 생태계 안에 더무르게 하는 주요 동인이다. 양대 인터넷 포털인 네이버와 카카오(다음)는 국내 주요 언론사들과 뉴스 콘텐츠 제휴 계약을 맺고 뉴스를 제공하며, 뉴스 검색 대상 역시 제휴 언론사에 한정된다. 반면, 구글은 일부 언론사와 계약을 맺고 뉴스를 노출하기는 하지만, 기본적으로 검색 중심 서비스회사다.

네이버는 2000년 15개 신문사 및 통신사 뉴스에 대한 통합검색 서비스를 시작했고, 다음은 2003년 본격적으로 뉴스 서비스를 제공하기 시작하였다. 그로부터 20년이 더 지난 지금, 네이버와 카카오(다음)는 뉴스 소비의 핵심 경로로 자리매김하였다. 2024년 조사에 따르면, 뉴스 이용자가 가장 빈번하게 사용하는 미디어로 텔레비전과 인터넷으로 각각 72.2%를 기록해 공동 1위였으며, 인터넷 포털은 67.7%로 나타났다.[57] 인터넷 뉴스 이용률과 인터넷 포털 뉴스 이용률 간 차이는 4.5% 포인트에 불과해, 인터넷 뉴스 이용자의 대부분이 인터넷 포털을 통해 뉴스를 보고 있음을 보여준다. 다만 메신저 서비스, SNS, 온라인 동영상 플랫폼 등의 사용이 증가함에 따라 양자 간 격차는 확대되는 추세다. 매체별 영향력과 신뢰도 조사에서는 인터넷 포털이 텔레비전보다는 낮지만, 종이신문보다는 높은 평가를 받았다.[58]

뉴스를 전문적으로 생산하는 미디어보다 이를 집적해서 유통하는 사업자가 미디어로서 영향력과 신뢰도를 더 높게 평가받는 현상은 모순을 낳고 있다. 여기서 사회적 영향력을 여전히 행사하는 전통 미디어, 그리고 뉴스 유통에서 절대적 영향력을 가진 인터넷 포털 간의 알력이 나타난다. 양자의 비즈니스 모델은 상이하며, 경제적 이해 또한 충돌하기 때문에 갈등은 구조적으로 반복된다.

전통 미디어가 사회적·정치적 압력을 가할 때마다, 네이버와 카카오(다음)는 뉴스 서비스 방식을 개편하는 방식으로 대응해 왔다. 특히 인터넷 포털이 노출되는 기사의 우선순위를 정하는 것을 둘러싸고 포털과 제휴 언론사 간 갈등이 지속되어 왔다. 이에 포털은 사람의 판단을 줄이고, 알고리즘에 기반하는 뉴스 노출 방식을 강화하고 있다. 또 인공지능(AI) 알고리즘을 활용한 개인 맞춤형 기사 추천 서비스도 확대되고 있다. 그러나 알고리즘 중심 시스템의 확대에 따라 알고리즘의 편향성과 불투명성에 대한 우려도 함께 제기되고 있다.

3) 온라인 플랫폼의 공론장 지배의 위험성

온라인 플랫폼의 공론장 지배는 종전 매스 미디어가 공론장을 주도하던 시기 못지않게 위험하다. 첫째, 집중도의 강화이다. 한 조사에 따르면, 20세기 시청각 미디어보다 인터넷 미디어의 집중도가 더 높다.[59] 네트워크에 연결된 웹사이트나 이용자 수가 많아질수록 중심 역할을 하는 노드(node) 또는 사이트의 집중도가 증가한다.[60] 더욱 심각한 문제는 이러한 높은 집중도가 시장 내 경쟁으로 스스로 해소되기 어렵다는 점이다. 온라인 플랫폼에서는 강한 네트워크 효과가 작용한다. 네트워크에 접속할 가치 자체가 이미 접속한 사람의 숫자에 달려 있으며, 다른 플랫폼으로 전환에는 높은 비용이 수반된다.[61]

둘째, 온라인 플랫폼은 감시 자본주의(surveillance capitalism)를 형성하였고, 이를 지속적으로 강화하고 있다. 감시 자본주의는 인간의 경험을 무상 제공되는 원재료로 삼아 이를 행동 데이터로 전환하고, 장차 할 행동을 예측한 상품을 만들어 수익을 창출하는 경지체제를 말한다.[62] 온라인 플랫폼은 이용자의 개인정보를 수집하고, 이를 기반으로 맞춤형 서비스를 제공하며 광고 수익을 내는 비즈니스 모델이다. 이 과정에서 플랫폼은 특정인의 개인정보를 상시 수집·이용하고 있다.

셋째, 온라인 플랫폼은 구조적으로 이용자의 확증편향을 강화한다. 온라인 플랫폼이 알고리즘 기반의 개인형 맞춤 서비스를 제공하면서 필터 버블(filter bubble) 현상이 발생한다. 이는 이용자가 자주 이용하는 정보 위주로 추천이 이루어지는 현상이다. 특히 소셜 미디어의 알고리즘은 지인과의 관계를 중시하기 때문에, 이용자는 유사한 성향의 사람들로 구성된 공간에서 그들의 소리만 듣는 에코 챔버(echo chamber)에 갇히기 쉽다. 이와 같은 필터 버블과 에코 챔버는 인터넷 공론장을 양극화시키고, 다양한 관점의 교류를 저해하여 공론장을 약화시킨다.[63)]

넷째, 온라인 플랫폼은 이용자가 게재한 콘텐츠를 상시 검열(monitoring)한다. 이는 일반적으로 콘텐츠 모더레이션(content moderation)이라 불리며, 본질적으로는 사적 검열(private censorship)이다. 콘텐츠 모더레이션은 온라인 플랫폼이 자체적으로 설정한 기준에 따라 불법 또는 유해하다고 판단되는 콘텐츠를 삭제하거나 차단하고, 나아가 해당 콘텐츠를 게시한 이용자의 계정을 정지 또는 폐쇄하는 방식으로 진행된다. 이 과정은 사람에 의해 수행되기도 하고, 인공지능(AI)을 활용하기도 한다. 물론 콘텐츠 모더레이션은 온라인 플랫폼이 건전하고 활기찬 공론장으로 기능할 수 있도록 돕는 측면에서 긍정적인 기능을 한다. 그러나 모더레이션 기준이 불명확하고, 외부에서는 그 기준과 실행 과정이 불투명하다는 점에서 문제점도 크다. 더욱 큰 문제는, 콘텐츠 모더레이션의 법적 근거가 '약관'이라는 점이다. 이용자가 플랫폼에 가입하면서 동의한 약관이 검열을 정당화하는 근거가 된다. 이 경우 이용자의 항의는 헌법상 표현의 자유 침해가 아니라, 계약법상 약관 위반 여부로 판단되며, 콘텐츠 삭제나 계정 정지가 계약위반에 해당함을 이용자가 스스로 입증해야 하는 구조다.[64]

결과적으로 온라인 플랫폼이 허용하는 표현의 자유의 범위는 헌법이 보장하는 범위보다 훨씬 좁다. 이에 대해 이용자가 특정 플랫폼의 정책이 마음에 들지 않으면 언제든지 해당 플랫폼을 탈퇴할 수 있는 자유가 보장되어 있다는 반론이 있을 수 있다. 그러나 이는 현실과 괴리가 있다. 온라인 플랫폼 시장은 소수 기업에 의해 독과점화되어 있으며, 이용자 수가 압도적으로 많은 플랫폼을 탈퇴하는 것은 곧 공론장에서 퇴출되는 것과 마찬가지이다. 탈퇴의 자유는 형식적으로 존재할 뿐 사실상 존재하지 않는다.

4) 인터넷 공론장 회복의 방향

(1) 사회적 책임 강화

정보의 중개자 역할을 하는 온라인 플랫폼, 특히 미디어 플랫폼의 사회적 책임은 강화되어야 한다. 시장 지배력이 큰 인터넷 포털, 검색엔진, 소셜 미디어 등은 더 이상 단순한 기술 서비스 제공자가 아니라, 여론 형성과 공론장 형성에 결정적인 미치는 행위자들이다. 이들이 건강하고 활기찬 공론장의 운영 주체로 기능하지 않는다면,

오늘날 언론의 자유는 실질적으로 훼손되고, 민주주의는 무너질 수밖에 없다.

더구나 미디어 플랫폼은 공론장 형성에 대한 책임 의식도 없다. 이들은 정보통신기술을 바탕으로 경제적 이익만을 추구해 왔을 뿐이며, 그 과정에서 결과적으로 21세기 가장 중요한 공론장이 되어버린 것이다. 이들의 비즈니스 모델은 정보의 파편화, 필터 버블, 에코 챔버 현상을 통해 공론장을 오히려 붕괴시키는 구조이다. 미디어 플랫폼이 공론장에 기여해야 할 규범을 정립하고 이를 실행하도록 사회적 압력이 작동해야 한다. 인터넷에 대한 규제가 곧바로 표현의 자유를 침해하는 것이 아니다.

(2) 자율규제 유도

미디어 플랫폼이 신뢰받는 공론장을 운영하려면 그에 상응하는 인센티브가 제공되어야 한다.[65] 자율규제를 유도하고 이에 대한 제도적 혜택을 부여하는 것이 바람직한 정책 방향이다. 우리나라의 인터넷 기업들은 자율규제에 비교적 적극적인 편이다. 인터넷 포털이 급속히 성장하면서 규제 강화가 예상되자, 포털 사업자들은 다양한 방식의 자율규제를 통해 선제적으로 공적 책무를 수행하려는 의지를 보여 왔다.[66] 2008년 12월 네이버, 다음, 야후코리아 등 주요 인터넷 포털이 자율규제협의회 발족에 합의하면서 '한국인터넷자율정책기구'(KISO)가 출범하였다. 자율규제의 법적 근거도 비교적 일찍 마련되었다. 「정보통신망 이용촉진 및 정보보호 등에 관한 법률」(이하 '정보통신망법')은 2007년 1월 26일 개정을 통해 자율규제 관련 조항(제44조의4)을 도입하였고, 이후 2018년 12월 24일 전면개정에서는 자율규제에 대한 정부 지원의 근거조항(동조 제3항)도 마련되었다.

하지만 중요한 점은, 오늘날 미디어 플랫폼이 야기하는 문제의 성격상 자율규제만으로는 충분하지 않다는 데 있다. 자율규지와 동시에 법적 규제도 강화되어야 한다. 특히 정부 지원을 통한 보상보다 자율규제 이행 정도에 따라 법적 규제의 강도를 차등화하는 방식이 더 현실적이고 효과적인 인센티브로 기능할 수 있다.

(3) 법적 규제의 종합화

미디어 플랫폼에 대한 법적 규제는 종합적으로 검토되어야 한다. 플랫폼이 제기하는 다면적이고 복합적이다. 이에 대한 대응도 단편적인 접근이 아니라 복합적 조치를 필요로 한다. 미디어 플랫폼에 적용되는 법률을 보면, 소수 기업의 지배력 남용에 대해서는「독점규제 및 공정거래에 관한 법률」, 개인정보 침해에 대해서는「개인정보보호법」및「정보통신망법」, 콘텐츠 큐레이션 및 노출순위 조작 등에 대해서는「정보통신망법」및「방송통신위원회의 설치 및 운영에 관한 법률」, 약관을 통한 표현의 자유 제한에 대해서는「약관의 규제에 관한 법률」, 언론보도로 인한 피해구제에 대해서는「언론중재 및 피해구제 등에 관한 법률」등 다양하다. 기존 법률로 해결 가능한지를 먼저 검토하고, 미흡한 부분은 입법 보완 또는 새로운 법률 제정이 필요하다.

그동안 법안은 정부 부처별로 추진하고, 국회 상임위원회별로 심사한 후 본회의를 통과하는 방식으로 입법되었다. 업무영역을 놓고 부처 간, 상임위원회 간 갈등이 자주 발생하고, 종합적인 검토가 부족하다. 미디어 플랫폼 규제는 개별 부서, 개별 상임위원회에서 결정할 문제가 아니다. 독점 규제, 약관 규제, 개인정보 보호, 불법정보 피해구제, 의견 다양성 유지 등 다양한 문제들을 종합적으로 해결하기 위해서는 범정부적 접근이 필요하다.

(4) 유해정보 대책 마련

피해자가 특정되지 않은 유해정보에 대한 대책 마련이 필요하다. 강력한 법적 규제인 내용규제는 신중해야 한다. 내용규제의 핵심은 어떠한 정보의 유통을 법으로 금지할 수 있는지 여부에 있다. 유해정보를 피해자 특정 여부에 따라 나누어 보면, 피해자가 특정되는 유해정보는 대체로 현행법상 불법정보로 분류되어 금지된다. 이를 위해 방송통신심의위원회의 통신심의 및 시정요구 제도, 정보통신서비스 제공자의 임시조치 제도 등 여러 장치가 운영되고 있으며, 현행 제도의 운영 실적을 바탕으로 효율적으로 정비하면 이와 같은 유해정보에 대해서는 충분히 대처할 수 있다.[67]

반면, 피해자가 특정되지 않는 유해정보에 대해서는 이를 법으로 금지할 것인지에 대해 보다 심도 있는 논의가 필요하다. 새로운 내용규제는 언론의 자유를 침해할 소지가 크다. 하지만 유해정보가 건강하고 신뢰받는 공론장을 위협할 정도에 이르렀다면, 이를 규제하는 것이 오히려 언론의 자유를 수호하는 길이 될 수 있다.

　최근 논란이 되는 사례가 가짜뉴스와 혐오표현이다. 가짜뉴스의 경우 과거 미네르바 사건에서 "공익을 해할 목적으로 전기통신설비에 의하여 공연히 허위의 통신을 한 자"를 처벌하도록 한 조항이 위헌이라는 결정이 내려진 바 있어,[68] 처벌법 제정에 부정적인 견해가 많다. 그러나 가짜뉴스를 '허위성'과 '고의성'을 모두 요구하는 허위조작정보(disinformation)로 명확하게 규정하고, 적용 대상을 미디어 플랫폼에 한정하여 규율한다면 헌법적으로 허용되는 입법이라고 본다. 혐오표현의 경우 개념을 명확하게 규정하기 어렵고, 규제를 통해 공적 토론 자체가 위축될 수 있다는 점에서 규제 도입이 더욱 신중해야 한다. 혐오표현이 사회적 약자가 공적 토론장에 접근하지 못하도록 하는 것이 명백한 경우 민주주의의 기본 전제를 침해하므로 규제할 수 있다. 이 경우에도 규제로 인한 언론의 자유 위축 가능성에 대한 엄격한 심사가 전제되어야 한다.

(5) 공익과 일치하는 모데레이션 유도

　미디어 플랫폼에서 유통되는 정보가 건강하고 신뢰받는 공론장을 유지하는 데 도움이 되도록 제도를 만드는 것이 중요하다. 건강하고 신뢰받는 공론장을 유지하려면 다양한 종류의 미디어 플랫폼이 존재하여 사람들이 민주적 의사형성에 참여할 수 있는 통로가 다양하게 확보되어야 한다.[69] 그러나 현실적으로는 소수 기업이 미디어 플랫폼을 지배하고 있다. 이들에 대한 강제적 분리는 거의 불가능하다.

보다 실질적인 방법은, 소수 기업의 지배력 남용에 대해서 감시하고, 동시에 미디어 플랫폼에서 이루어지는 콘텐츠 모더레이션이 공익과 일치하도록 제도를 설계하는 것이다.

첫째, 사기업이 정하는 콘텐츠 모더레이션의 기준은 원칙적으로 국가가 정한 불법정보의 기준과 일치해야 한다. 그렇지 않으면 소수 미디어 플랫폼이 지배하고 있는 인터넷 환경에서 헌법이 보장하는 언론의 자유는 사기업의 사적 기준에 의해 잠식될 수 있다. 또한 미디어 플랫폼이 사회적 논쟁이 필요한 사안을 의도적으로 회피한다면, 인터넷 공론장은 붕괴된다.

둘째, 콘텐츠 모더레이션에 있어 미디어 플랫폼의 재량권은 인정되어야 한다. 국가의 목표는 미디어 플랫폼이 공적 토론의 장에서 모더레이터로서 적극적인 역할을 하도록 유도하는 데 있다. 만약 모더레이션에 대한 법적 책임을 과도하게 부과하면, 미디어 플랫폼은 수세적 대응에 머물게 되어 오히려 공익에 부합하는 결과를 얻지 못한다. 따라서 불법정보의 유통과 관련하여 미디어 플랫폼의 법적 책임은, 고의 또는 중대한 과실이 있는 경우, 다시 말해 불법성이 명백한 게시물의 존재를 외관상 명백히 알 수 있었던 경우에 한해 인정해야 한다.[70]

또한 미디어 플랫폼에 재량권을 부여하지 않으면, 아무도 책임지지 않는 알고리즘에 의존하는 결과가 발생한다. 이는 투명성 부족 문제로 이어지며 더 큰 위험을 초래한다. 따라서 알고리즘에 의한 모더레이션은 보조적으로 활용하되, 중요한 사안에 대한 최종 판단은 사람이 내리도록 제도적으로 유도해야 한다.

셋째, 콘텐츠 모더레이션의 결과에 대해서는 적법절차 원칙이 준수되어야 한다. 이용자가 게재한 정보가 삭제되거나 계정이 정지되는 등 불이익을 받을 경우, 해당 이용자에게 그 사유를 명확히 고지하고 이의신청하는 기회를 보장해야 한다.

넷째, 잘못된 모더레이션에 대한 구제 역시 신속히 이루어져야 한다. 결국 콘텐츠 모더레이션의 결과를 실체적으로 규제하는 방식보다는, 절차적 통제와 효과적인 피해구제를 통해 모더레이션이 공익과 일치되도록 유도하는 것이 올바른 방향이라고 본다.

(6) 바른 정보 확산 지원

인터넷 공론장의 붕괴를 막기 위해 공론장에 객관적이고 공정한 정보가 제공되도록 유도하는 정책이 필요하다. 이를 위해서는 다음과 같은 방향의 노력이 필요하다.

첫째, 미디어 플랫폼이 이용자에게 뉴스를 추천할 때, 이용자의 개인정보에 기반한 뉴스 외에 사회적 중요성에 기초한 뉴스가 함께 제공되도록 알고리즘을 설계하도록 유도해야 한다. 인공지능(AI)이 개인 성향에 맞춰 편향된 정보를 제공할 경우 이용자는 다양한 관점을 접할 기회를 잃게 되고, 결과적으로 공론장의 왜곡이 심화된다. 특히 인터넷 포털의 경우, 이용자가 균형 잡힌 정보를 접할 수 있도록 메인 페이지의 구성 기준에 공적 기준을 반영하도록 요구할 필요가 있다.

둘째, 국가기간방송의 역할이 그 어느 때보다 중요하다. 미디어 플랫폼에서 영상 뉴스가 차지하는 비중과 영향력은 여전히 크다. 국가기간방송인 KBS는 공론장의 논의 토대가 되는 뉴스와 정보를 객관적이고 공정하게 제공함으로써 공론장의 질을 높이는 데 기여해야 한다. 특히 논쟁적인 사안에 대해서는 반드시 다양한 입장을 균형 있게 보도하여, 이용자들이 독립적인 판단을 내릴 수 있도록 도와야 한다.

셋째, 미디어 플랫폼으로부터 '공론장발전기금'을 조성하는 방법도 검토할 가치가 있다. 미디어 플랫폼은 기본적으로 공론장 파괴형 비즈니스 모델이므로 미디어 플랫폼을 통해 공론장을 회복하려는 시도는 근본적인 한계가 있다. 따라서 공론장에서 숙의할 정보를 전문적으로 제공하는 저널리즘 매체의 지속가능성을 확보하기 위해, 미디어 플랫폼이 일정한 공론장 발전기금을 분담하도록 하는 것은 언론의 자유를 실현하는 데 도움이 될 것이다.

4. 소결

표현의 자유는 일반적으로 자기 의견을 다른 사람들에게 표현할 수 있는 자유이고, 의견을 전달하는 수단은 제한이 없다. 입으로 떠들 수도 있고, 글로 발표할 수도 있고, 영화를 만들어 상영할 수도 있다. 몸짓으로 의사를 전달할 수도 있고, 옷을 입거나 벗어서 의사를 전달할 수도 있고, 침묵으로 의사를 전달할 수도 있다. 혼자 떠들 수도 있고, 여러 명이 모여서 떠들 수도 있다. 부정기적으로 책을 발간할 수도 있고, 정기적으로 신문을 발간할 수도 있다. 뉴스와 해설을 문자로 전달할 수도 있고, 영상으로 전달할 수도 있다.

정보통신기술이 발전하면서, 사람들이 살아가면서 필요한 정보와 그 정보에 대한 해석을 전문적으로 전달하는 매체가 성장하였다. 인쇄 기술이 발전하면서 출판이 성장하였고, 사진 기술이 발전하면서 신문이 성장하였으며, 전파 기술이 발전하면서 방송이 성장하였다. 그리고 인터넷 기술이 발전하면서 인터넷 매체가 성장하였다. 이러한 매체를 흔히 언론이라고 부르고, 이들 언론매체의 자유를 흔히 언론의 자유라고 부른다.

그런데 언론의 자유가 표현의 자유와 본질적으로 다른 것인지에 대해 두 가지 태도가 있다. 하나는 언론의 자유도 표현의 자유와 동일하며, 다만 매체의 특성에 따라 국가 개입의 정도가 달라질 수 있다는 생각이다. 이는 미국식 사고라고 할 수 있다. 미국은 사상의 자유시장을 믿고 국가 개입을 적대시한다. 신문의 경우 언론사 간 자유 경쟁이 이루어지고 있어 국가 개입의 여지가 없으며, 인터넷상 표현의 자유 역시 사상의 자유시장이 실현되고 있다고 보아 국가는 원칙적으로 규제하지 않는다. 방송의 경우 과거 기술적인 문제로 인해 구조적 독과점이 형성되었기 때문에 국가 개입을 정당화하는 법리가 등장했으나, 기술적 문제가 해결되면서 규제가 점차 완화되었다. 미국에서는 국가는 개인의 자유를 제한할 수 있는 주체라고 보며, 국가의 개입이 적을수록 좋다고 여긴다.

이에 반해 언론매체의 자유를 일반 시민의 표현의 자유와 근본적으로 다르다고 보는 태도도 있다. 이는 매스 미디어 시대에 발전한 이론으로, 민주주의 국가에서 언론매체가 여론을 형성하는 중요한 기능을 한다는 점에 착안해 언론매체에 공적 과업을 부여하는 것이다. 언론매체나 기자에게 일반 시민보다 더 많은 정보에 접근할 수 있는 권리, 취재원을 밝히지 않을 권리 등 특혜를 부여하고, 이에 상응하는 공정성, 공익성 등 공적 책무도 부과하는 방식이다.

이는 독일에서 주로 발전한 이론이다. 여기서는 사상의 자유시장이 전제되지 않는다. 민주주의 관점에서 표현의 자유에 접근하고, 언론매체의 자유를 별도로 구분하는 것이다. 신문의 자유와 방송의 자유는 표현의 자유와 구분되는 기본권으로 이해된다. 국가는 단순히 자유를 제한하는 주체가 아니라, 국민의 자유를 실현하는 주체이기도 하다. 따라서 언론의 자유에 관한 법률은 이를 제한하는 법률일 수도 있지만, 오히려 형성하는 법률일 수도 있다. 헌법이론적으로는 기본권의 이중적 성격, 즉 주관적 공권이자 객관적 가치질서로서의 성격을 인정한다. 특히 방송의 자유와 관련해서는 방송사업자가 시청자를 위해 봉사하는 자유라는 독특한 법리도 등장하였다. 이 이론에서는 정보통신기술이 발전하더라도 국가는 여전히 해야 할 역할이 있다. 국가는 민주주의가 제대로 실현되기 위해 필요한 공론장을 형성해야 하는 것이다.

우리나라는 미국과 독일의 영향을 모두 받았다. 표현의 자유에 관해서는 미국식 사상의 자유시장 이론이 지배적인데, 언론의 자유에 관해서는 독일식 공적 과업론이 여전히 영향력이 크다. 1980년 「언론기본법」에서 시작된 전통이다. 매스 미디어 시대에는 타당한 법제였지만, 소셜 미디어 시대가 되면서 큰 진통을 겪고 있다. 방송법 개정을 둘러싸고 공공성을 여전히 중시하는 견해와 규제완화를 통해 사업자 간 경쟁을 강조하는 견해가 매번 대립한다. 인터넷 기술의 발전으로 방송의 영향력은 급격히 감소하고, 소셜 미디어가 이를 대체하는 현상이 두드러지면서 방송통신법제의 개편이 시급하지만, 미국식 사고와 독일식 법제 사이에 끼여 입법은 지지부진하다.

인터넷이 일상화되면서, 개인은 과거 어느 때보다 더 많이 표현의 자유를 누릴 수 있게 되었다. 이러한 상황에서 인터넷을 과거 방송처럼 국가가 개입해야 할 매체로 접근하는 질서 위주의 사고는 부적절하며, 규제 불가의 주장이 강력하게 제기된다. 생각건대 매스 미디어 시대에 정립된 공적 과업론이나 표현의 자유와 구분되는 언론의 자유 개념을 인터넷 시대에도 그대로 주장하는 것은 타당하지 않다. 소셜 미디어 시대에는 개인의 표현의 자유가 언론매체의 표현의 자유와 사실상 동일하다고 보는 것이 타당하다. 사상의 자유시장이 상당 부분 작동하는 영역이므로, 국가의 개입은 원칙적으로 바람직하지 않다.

그러나 인터넷 시대에 새롭게 발생한 문제들도 간과할 수 없다. 과거처럼 정보를 생산해 대량으로 배포하는 소수의 매스 미디어가 아니라, 다양한 정보를 집대성하고 분류하며 손쉽게 이용할 수 있도록 기능하는 플랫폼이 중요한 역할을 맡게 되었다. 전 세계적으로 이러한 플랫폼은 소수의 사업자에 의해 운영되고 있으며, 사상의 자유시장이 제대로 작동하지 못하는 새로운 문제가 발생하고 있다. 플랫폼을 통해 가짜뉴스, 혐오표현 등 유해정보가 신속하게 확산되고, 플랫폼 사업자가 이용자에게 맞춤형 정보를 제공하면서 확증편향이 강화되고 민주주의가 흔들리고 있음에도 불구하고, 플랫폼 사업자는 공론장 운영에 관심이 없다. 이런 상황에서 인터넷에 대한 국가 개입을 일률적으로 배제하는 것은 타당하지 않다.

인터넷에 대한 일반적인 규제와 소수의 인터넷 플랫폼 사업자에 대한 규제를 구분하는 사고가 문제 해결의 출발점이다. 소수의 인터넷 사업자에 대한 규제는 공론장 활성화를 위해 필요하다. 그동안 인터넷에 대해서는 타율규제가 위험하고 자율규제가 바람직하다는 주장이 많았다. 그러나 현실적으로 소수 기업이 미디어 플랫폼을 지배하고 있으며, 이들은 정보 파편화, 필터 버블, 에코 챔버를 통해 공론장을 붕괴시키는 비즈니스 모델을 채택하고 있다는 점을 고려하면, 법적 규제 없는 자율규제만으로는 큰 성과를 기대하기 어렵다.

민주주의 국가에서 언론의 자유를 헌법적으로 보장한다는 것은, 공적 관심사에 대해 다양한 의견을 들을 수 있는 기회를 보장하는 것을 의미한다. 따라서 인터넷을 지배하고 있는 소수의 미디어 플랫폼에서 유통되는 정보가 건강하고 신뢰받는 공론장을 유지하는 데 도움이 되도록 제도를 설계할 필요가 있다. 특히 미디어 플랫폼에서 이루어지는 콘텐츠 모더레이션이 공익과 일치되도록 제도를 마련해야 한다.

이와 관련하여 유럽연합이 2022년 제정해 시행 중인 「디지털서비스법」(DSA)을 참고할 필요가 있다. 주요 내용을 보면, DSA는 온라인 플랫폼에 다양한 실사 의무를 부과하여 콘텐츠 모더레이션의 투명성과 책임성을 높이고, 사용자 권리를 보호한다. 온라인 플랫폼은 사용자가 불법 콘텐츠를 쉽게 신고할 수 있는 메커니즘을 구축해야 하며, 이러한 통지를 받은 플랫폼은 "부당한 지연 없이" 그리고 "성실하고 객관적이며 비례적인" 방식으로 조치해야 한다(제16조). 또한, 플랫폼은 사용자가 최소 6개월 동안 콘텐츠 모더레이션 결정에 이의를 제기할 수 있는 내부 불만 처리 시스템을 제공해야 하며(제20조), 플랫폼은 콘텐츠 모더레이션 활동에 대한 명확하고 이해하기 쉬우며 기계 판독 가능한 투명성 보고서를 발행해야 한다(제15조).

새로운 내용규제는 언론의 자유를 침해할 위험이 있으므로 신중하게 접근해야 한다. 피해자가 특정되는 유해정보는 현행법상 대부분 불법정보로 이미 규제되고 있으므로 별도의 입법이 필요하지 않다. 반면, 가짜뉴스와 혐오표현처럼 피해자가 특정되지 않는 유해정보는, 그것이 건강하고 신뢰받는 공론장을 위협하는 정도에 이르는 경우에만 규제하는 것이 바람직하다.

7장 맺는말

1. 아웃라이어, 미국

2. 사상의 자유시장을 정리하면

3. 내가 생각하는 대안

7장 맺는말

1. 아웃라이어, 미국

미국 사회는 지구상에서 가장 거침없이 말하는 곳이다. 미국인
들은 원하는 대로 생각하고 생각하는 대로 말하는 데 다른 어느
국민보다도 자유로우며, 과거보다 오늘날 더 자유롭다. 미국인
들은 정부와 침실의 비밀을 발가벗길 수 있다. 또한 어떤 결과가
뒤따를지를 전혀 두려워하지 않으면서 국가의 통치자들을, 그
리고 다른 국민들을 비난할 수 있다. 자신의 바람을 인쇄물이나
방송, 또는 웹으로 발표하려는데 이를 법원이 저지할 가능성은
거의 없다. 혐오스럽고 충격적인 표현—정치적 표현이든 예술
적 표현이든—도 거의 모두 사상의 시장에 자유로이 진입한다.

풀리처상을 두 차례 수상하며 법률 저널리즘 분야를 개척한 언론
인 앤서니 루이스(Joseph Anthony Lewis)가 2007년 출간한 『우리가 싫어

하는 생각을 위한 자유: 미국 수정헌법 1조의 역사』 머리말에 나오는 문구다. 미국인다운 발상이다. 자신이 바라는 대로 말하고 쓸 수 있는 자유는 민주주의의 필수불가결한 요소이며, 우리가 싫어하는 생각을 위한 자유가 없이는 민주주의 사회도 존재할 수 없다는 사고방식. 우리가 꿈꾸는 나라도 이런 나라일까? 원하는 대로 생각하고, 생각하는 대로 말하는 나라.

생각은 자유일 수 있지만, 생각하는 대로 말하다가 탈이 나는 것은 인류가 오랜 경험을 통해 습득한 진리다. 생각과 달리 말은 상대가 있기 때문이다. 생각은 나 혼자 하는 개인적 행위이지만, 말은 공동체 안에서 이루어지는 사회적 행위다. 말은 때때로 큰 해악을 불러올 수 있으며, 그 해악은 자신에게만 미치지 않고 다른 사람에게까지 영향을 줄 수 있다. 사회공동체의 근간이 흔들릴 수도 있고, 정치공동체의 존립과 안전이 위협받을 수도 있다.

해악이 크면 이를 방지하기 위해 국가가 개입하는 것이 타당하다. 해악이 심각한 표현에 대해서 형사처벌도 가능하다. 그러나 표현이 초래하는 해악은 대부분 간접적이어서 이를 규제하는 일은 논쟁적이다. 국가가 어느 시점에, 어느 정도의 수준으로 공권력을 행사해야 하는지를 두고 합의에 이르기 쉽지 않다. 표현의 자유를 중시하는 사람도 있고, 인격권을 중시하는 사람도 있으며, 국가라는 공동체의 존속과 안전을 중시하는 사람도 있다.

표현의 자유라는 헌법적 가치와 상충하는 다른 헌법적 가치를 모두 충족시킬 수 있는 완벽한 해법은 존재하지 않는다. 결국 적정한 선에서 타협할 수밖에 없다. 헌법학에서는 이를 '규범조화적 해석'이라고 부른다. 표현의 자유도 다른 가치들과의 비교형량을 통해 절충점을 찾아야 한다. 구체적 사건마다 표현이 행해진 맥락이 다르므로 절충점은 사건마다 달라질 것이다. 표현의 자유에 대한 제한이 허용되더라도, 필요 이상으로 과도하게 제한되지 않도록 하는 장치가 필요하다. 바로 비례원칙이다. 자유민주주의 국가 대부분은 이러한 방식으로 표현의 자유와 그 한계를 설정한다.

미국은 이러한 사고를 하지 않는 거의 유일한 국가다. 미국은 표현의 자유에 우월적 지위를 인정하고, 사상의 자유시장을 신뢰하여 국가의 개입을 원칙적으로 배제한다. 표현의 자유는 명백하고 현존하는 위험이 있는 경우에만 제한될 수 있다고 본다. 물론 실제 사례에서는 이러한 믿음과 달리 명백하고 현존하는 위험이 없더라도 표현의 자유가 제한되는 경우가 꽤 있다.

미국 연방대법원은 수정헌법 제1조에 따라 보호받는 표현과 보호받지 못하는 표현을 유형별로 구분한다.[1] 보호받지 못하는 표현 유형으로는 음란물, 명예훼손, 사기, 선동, 도발적 언어, 진정한 위협, 범죄구성 표현, 아동 성학대물이 있다.[2] 이 가운데 선동, 도발적 언어, 진정한 위협은 명백하고 현존하는 위험 원칙과 밀접한 관련이 있지만, 음란물, 명예훼손, 사기, 범죄구성 표현, 아동 성학대물은 역사적 전통 또는 사회적 해악 기준에 따라 보호받지 못하는 유형으로 분류되었다.

비교법적으로, 미국의 표현의 자유 법리는 일반적인 경향에서 벗어난 특이사례, 즉 아웃라이어(outlier)라고 할 수 있다. 이를 미국 예외주의(American exceptionalism)라고 부르기도 한다.[3] 미국이 이러한 예외 국가가 된 원인은 크게 세 가지로 설명될 수 있다.

첫째, 헌법 규정과 헌법이 추구하는 가치의 차이다. 미국 수정헌법 제1조는 표현의 자유를 제한하는 입법을 금지하는 방식으로 규정되어 있는 반면, 대부분 국가의 헌법은 표현의 자유를 보장하면서 동시에 그 제한 가능성을 명시하고 있다. 이러한 차이로 인해, 다른 국가들에서는 표현의 자유에 대해 미국처럼 우월적 지위를 인정하기 어렵다. 또한 18세기 말 제정된 미국 헌법은 개인의 자유 보장에 최고의 가치를 두는 반면, 제2차 세계대전 이후 제정된 많은 국가의 헌법은 인간의 존엄성 보장을 최고의 가치로 삼고 있다.

둘째, 자유에 대한 인식과 정부 역할에 대한 이해의 차이다. 미국은 자유를 '국가 간섭으로부터의 자유'(freedom from government), 즉 소극적 자유로 이해한다. 표현의 자유 영역에서도 정부 개입을 최소화하는 것이 이상적이라고 본다. 반면 유럽은 소극적 자유 외에 개인이 자신의 삶을 통제하고 실현하는 가능성으로서의 '적극적 자유'(positive liberty)를 중시한다.[4] 적극적 자유는 자신의 의지대로 '할 수 있는 자유'(freedom to)를 의미하며, 정치적 맥락에서는 종종 집단을 통한 실현을 전제로 한다. 민주사회는 구성원들이 스스로 결정하는 사회이기 때문에 자유로운 사회이며, 그 자유는 민주적 절차에의 참여를 전제로 한다. 국가는 적극적 자유를 실현하기 위한 조건을 마련하고, 공적 영역에서의 다양성과 민주주의 실현을 위해 적극적인

역할을 수행할 수 있다.[5]

셋째, 역사적·사회적 배경의 차이다. 미국은 영국 식민지로부터 독립하면서 정부 권력에 대한 강한 불신을 바탕으로 새로운 국가 체제를 수립하였고, 그 결과 정부 권력을 최소화하려는 법적 전통이 확립되었다. 반면 유럽은 제2차 세계대전 후 재건하면서 전체주의의 폐해를 반성하며 반(反)민주적 표현을 규제할 필요성을 절감하였다. 전투적 민주주의 이론은 독일에서 발전하였지만, 유럽 전반에서 광범위한 지지를 받는다. 혐오표현 규제가 한 예다. 유럽은 피해자의 관점에서 인간의 존엄성을 중시하여 혐오처벌을 형사처벌 대상으로 입법하였으나, 미국은 표현의 자유를 우선시하여 이를 규제하지 않는다. 이러한 차이는 홀로코스트(holocaust) 경험의 유무에도 기인한다.[6]

그렇다면 우리나라는 어느 국가에 더 가까운가? 우리 헌법은 유럽 국가들과 마찬가지로 인간의 존엄성 보장을 최고의 가치로 삼고 있다. 기본권 조항의 서두인 제10조 제1문은 "모든 국민은 인간으로서의 존엄과 가치를 가지며"라고 규정하고 있으며, 헌법재판소는 이를 "모든 기본권 보장의 종국적 목적이자 기본이념"으로 해석한다.[7] 이에 반해 표현의 자유는 헌법 제21조 제1항에서 보장되지만, 다른 기본권들과 마찬가지로 제37조 제2항에 따라 제한될 수 있다. 더욱이 제21조 제4항은 "언론·출판은 타인의 명예나 권리 또는 공중도덕이나 사회윤리를 침해하여서는 아니된다."라고 명시함으로써, 미국처럼 표현의 자유에 절대적 보호나 우월적 지위를 부여하지 않는다. 표현의 자유를 포함한 모든 기본권은 헌법 제37조 제2항에 따라 "필요한 경우에 한하여" 제한할 수 있으므로, 기본권을 제한하는 입법은 비례의 원칙을 준수해야 한다.

또한 우리 헌법은 전문과 제4조를 통해 자유민주주의를 헌법의 기본이념으로 천명하고 있으며, 헌법재판소도 자유민주주의 실현을 헌법의 지향이념이라고 해석한다.[8] 이는 유럽의 전투적 민주주의 이론과 마찬가지로, 자유민주주의를 방어하기 위해 표현의 자유를 포함한 기본권에 대한 제한을 허용하는 구조이다.

나아가 우리 헌법은 기본권을 단순히 소극적 방어권으로 보지 않고, 입법자에게 일정한 실현의무를 부과하는 객관적 규범이자 가치질서로 이해한다는 점에서 유럽의 헌법관과 유사하다. 이러한 이해에 따르면, 국가권력은 단지 간섭하지 않는 것을 넘어서 기본권 보장을 위한 적극적 조치를 취할 의무를 지니며,[9] 표현의 자유 영역에서도 민주적 의사 형성을 위한 입법적 조치가 요구된다. 결국 우리 헌법의 구조와 그 해석은 미국과 본질적으로 다르며, 유럽 국가들에 가깝다.

대한민국은 미국처럼 국가의 간섭을 최소화하기 위해 건국된 국가가 아니다. 대한민국의 발전과 국민의 기본권 보호는 국가의 간섭 배제를 통해서가 아니라, 국가의 적극적 개입을 통해 실현되어 왔다. 모든 제도적, 역사적, 이념적 여건이 미국과 다른 상황에서, 표현의 자유만 미국처럼 행사할 수 있을까?

2. 사상의 자유시장을 정리하면

사상의 자유시장 이론은 사상의 시장이 자연적으로 형성되어 기능하므로, 국가는 개입하지 말아야 한다는 내용이다. 표현의 자유를 옹호하는 이론 중에서 사상의 자유시장처럼 간결하고 함축적인 용어는 없다.[10] 하지만 사상의 자유시장이 실제로 작동한다는 것은 이론적 신념일 뿐, 실증적으로 관찰된 바가 없다.[11] 현실에서 사상의 시장은 경제력과 기득권에 의해 소수의 목소리가 과점하고 있으며, 가짜뉴스처럼 허위임을 알면서 고의로 유포되는 표현, 음란물처럼 사상이 아닌 표현, 혐오표현이나 안보위해표현처럼 거대한 해악을 초래하는 표현은 사상의 시장에서 정화되지 않는다. 사상의 시장의 참여자가 모두 진리를 추구하지 않으며, 개인적 편견 또는 집단적 편견으로 인해 합리적으로 행동하지도 않는다. 사상의 자유시장이 작동하지 않는 사례들이 이처럼 보편적이라면, 사상의 자유시장 이론이 실제로 표현의 자유를 두텁게 보호한다고 평가할 수도 없다.

사상의 자유시장은 표현의 자유 이론으로서 완결성이 많이 떨어진다. 이 이론은 표현의 자유로 보호받아야 할 표현의 종류를 알려주지 않고, 표현의 자유가 어느 정도까지 보호되어야 하는지도 알려주지 않는다. 달리 말해, 사상의 자유시장은 어떤 종류의 표현이 어떠한 방식으로 규제되어야 하는지에 대해서 아무런 기준을 제시하지 않는다.[12]

사상의 자유시장 이론을 엄격히 적용하면, 표현이 해악을 초래하더라도 국가는 사상의 시장만을 믿고 아무런 조치를 해서는 안 된다. 이 때는 표현의 종류도 불문하고, 표현이 초래하는 해악의 중대성도 고려하지 않는다. 이 이론에서 국가가 개입할 수 있는 유일한 상황은 표현이 명백하고 현존하는 위험을 초래하는 경우뿐이다. 사상의 자유시장 이론은 모든 종류의 표현이 다른 어떤 헌법적 가치보다 항상 우월하다는 것을 전제로 한다. 그러나 국가는 국가의 존립과 안전, 그리고 국민의 모든 기본권을 지켜야 할 의무가 있다. 표현의 자유만 우월하다는 전제는 미국 특유의 헌법 해석이며, 비교헌법적으로 이러한 방식으로 해석하는 국가는 미국뿐이다.

　사상의 자유시장은 사상도 재화처럼 시장에서 스스로의 힘으로 바람직한 선이 달성되도록 두자는 것인데, 재화의 시장에 대한 규제는 당연하게 받아들이면서 사상의 시장에 대한 규제는 허용할 수 없다는 논리는 설득력이 없다. 헌법 제37조 제2항이 명시하고 있듯이, 국민의 모든 자유와 권리는 필요한 경우에 법률로써 제한할 수 있다. 표현의 자유에 대한 제한 역시 다른 모든 기본권과 마찬가지로 가능하다. 이러한 제한의 정당성 역시 다른 모든 기본권과 마찬가지로 필요한 범위 내에서 이루어졌는지, 즉 비례원칙을 충족하는지로 판단하는 것이 타당하다. 이는 표현이 담고 있는 헌법적 중요성과 표현으로 인해 발생할 수 있는 위험성의 정도를 함께 고려하는 방식이다. 그러나 사상의 자유시장 이론은 표현 내용의 위험성과 그 정도에 대해 무관심하므로 비례성 심사에서 아무런 도움을 주지 못한다.

　표현의 자유는 민주주의와의 관계에서 살펴볼 때 그 헌법적 의의가 제대로 드러난다. 표현의 자유는 국민이 민주적 의사 형성에 참여하는 데 필요한 수단적 가치를 가진다. 이렇게 이해하면 표현 내용을 민주주의 실현에 기여하는 정도에 따라 분류하여 보호의 정도를 달리하고, 표현 내용 규제에 대한 위헌심사 기준 역시 달리 적용하는 것이 가능하다. 또한 표현의 자유를 수단적 가치로 이해할 경우, 국가는 민주적 여론이 형성되도록 공론장을 설치하고 유지할 의무를 지니게 된다. 민주적 공론장은 사상의 자유시장처럼 국가의 개입 없이 작동할 수 있는 것이 아니다. 국가는 다양한 의견이 공정한 경쟁을 통해 사회적 합의에 도달할 수 있도록 사상의 시장을 형성하고, 그 시장이 제대로 기능하지 못할 때는 적극적으로 개입해야 한다. 이때 사상의 자유시장 이론은 정부가 표현 내용의 옳고 그름을 스스로 판단해 자의적으로 표현을 규제해서는 안 된다는 경고로서 작용할 뿐이다. 사상의 자유시장은 그 정도 의미가 있다.

3. 내가 생각하는 대안

내가 생각하는 표현의 자유는 '하고 싶은 말'을 마음대로 하는 자유가 아니다. '민주적 의사형성에 기여하는 말'을 자유롭게 하는 자유가 표현의 자유다. 이는 표현의 자유의 목적과 기능을 생각하면 쉽게 이해할 수 있다. 우리가 표현의 자유를 중요한 헌법상 권리로 받아들이는 이유는 그것이 민주주의의 필수적 구성요건이기 때문이다.

　이러한 관점은 표현의 자유 이론의 역사 속에서 일관되게 확인된다. 그 시작에는 미이클존(Alexander Meiklejohn)이 있다. 그는 표현의 자유의 핵심 목적을 민주적 자기지배(self-government)에 두었으며, 정치적 의사결정에 필요한 표현만이 보호 대상이라고 보았다. 그는 이렇게 말한다. "표현의 자유의 원칙은 추상적인 자연법이나 이성의 법칙이 아니다. 공공의 문제는 보통선거에 의해 결정되어야 한다는 미국인의 기본적 약속에서 연유한 것이다."[13] 미이클존에게 표현의 자유는 단지 개인의 자아실현이나 진리 탐구를 위한 권리가 아니라, 국민이 통치의 주체가 되기 위한 헌법적 전제조건이었다.

　그의 사상은 이후 많은 이론가들에게 계승되었다. 보수적 법률가 로버트 보크(Robert Bork)는 헌법의 보호를 받는 표현을 정치적 표현에 한정해야 한다고 보았고,[14] 진보 성향의 캐스 선스타인(Cass R. Sunstein)은 '높은 가치의 표현'과 '낮은 가치의 표현'을 구분하여 헌법적 보호 수준을 달리해야 한다고 주장하였다.[15] 민주적 숙의에 기여하는 표현은 두텁게 보호하지만, 상업적 표현이나 음란물든 제한적으로 보호된다는 것이다. 제임스 와인스타인(James Weinstein) 역시 표현의 자유 보호의 강도는 시민이 공적 담론에 참여하는 데 기여하는 정도에 따라 결정되어야 한다고 강조한다.[16] 미이클존의 이론은 이처럼 정치적 의사결정에 필요한 표현을 두텁게 보호하는 원칙으로 발전하였다.

　특히 미이클존은 표현의 자유를 듣는 사람 중심으로 이해하였다.

그는 "중요한 것은 모든 사람이 말하는 것이 아니라, 말할 가치 있는 모든 것이 말해져야 한다."라고 강조하였다.[17] 이는 표현의 자유가 화자(話者)의 권리로만 볼 수 없고, 청자(聽者)를 위한 권리임을 보여준다. 그의 표현을 빌리자면, 수정헌법 제1조의 궁극적 이익은 화자의 말이 아니라, 청자의 마음에 있다.[18] 따라서 표현의 자유는 민주주의 국가에서 공적 논의에 적합한 표현에 한정되어야 하며, 그 이상의 보호를 요구하는 것은 자기지배 이론과 무관하다.

우리 헌법재판소 역시 표현의 자유의 민주적 의의를 강조한다. 헌법재판소는 "민주정치에 있어서 정치활동은 사상, 의견의 자유로운 표현과 교환을 통하여 이루어지는 것이므로 언론·출판의 자유가 보장되지 않는 상황에서 민주주의는 시행될 수 없다."라고 판시하였다.[19] 그러나 헌법재판소는 표현의 자유를 민주주의의 수단으로만 이해하지 않는다. 표현의 자유는 "자기의 인격을 형성하는 자기실현의 수단"이면서 동시에 "정치적 의사결정에 참여하는 자기통치의 수단"이라고 판시한 바도 있다.[20] 그러나 이처럼 개인적 가치와 사회적 가치를 뒤섞어 버리면, 표현의 자유의 보호범위와 위헌심사 기준을 명확히 제시하기 어렵다.

표현의 자유를 단지 자기실현의 개인적 가치로 이해한다면, 그것은 헌법 제10조에서 인정되는 '일반적 행동자유권'과 다를 바 없다. 일반적 행동자유권은 '하고 싶은 대로 할 수 있는 자유'를 뜻한다. 앤서니 루이스가 미국의 자랑이라고 떠드는, '원하는 대로 말하는 자유'도 여기에 속한다. 헌법재판소도 일반적 행동자유권은 가치 있는 행동에 한정되지 않고, 생활방식이나 취미와 같은 사소한 행위까지 포함한다고 본다.[21] 결국 '말하고 싶은 대로 말하는 자유'는 자기 인격 실현으로서 '일반적 행동자유권'으로 보호될 수 있지만, 헌법 제21조 표현의 자유에 포함되는 것은 아니라고 생각한다.

그러나 이러한 사고는 우리 헌법학계에서 소수 의견에 속한다. 학계 통설도, 헌법재판소 판례도 자기실현적 표현과 정치적 표현을 구분하지 않고 모두 표현의 자유로 포함시킨다. 그 결과 헌법 제21조를 별도로 규정한 의미가 퇴색하고, 오히려 표현의 자유의 헌법상 위상은 약화된다. 모든 표현을 헌법 제21조 표현의 자유에 포섭하기보다는, 개인적 가치와 사회적 가치로 나누어 민주적 의사형성에 기여하는 사회적 가치가 있는 표현만을 헌법 제21조의 표현의 자유로 인정하고, 두텁게 보호하는 것이 타당하다.

이렇게 보았을 때 표현의 자유는 단순히 말하는 사람의 권리로만 이해될 수 없다. 우리 사회에서는 표현의 자유를 오직 화자의 권리라고만 이해하는 경향이 강한데, 여기에서 모든 문제가 발생한다. 누구나 자기 말이 조금이라도 제한되면 곧바로 위헌이라고 주장하는 분위기가 형성되었다. 정부는 공익을 이유로 표현을 규제하려 하지만, 국민은 자신의 권리가 부당하게 침해된다고 받아들인다. 여기에 사상의 자유시장 이론까지 더해지면, 정부 간섭에 대한 불신은 더욱 커진다. 헌법재판소는 공익과 표현의 자유를 비교형량해서 위헌 여부를 판단하지만, 국민은 그런 방식으로 자기 권리가 상대화되는 것 자체를 받아들이지 않는다. 오늘날 대한민국에서 벌어지고 있는 현실이 바로 이것이다. 누구나 하고 싶은 대로 말하려 하고, 이를 규제하면 곧바로 표현의 자유 침해라는 반발이 일어난다.

표현의 자유는 민주국가의 존립과 발전을 전제로 인정되는 권리다. 이 명제를 수용할 때 표현의 자유를 둘러싼 혼란이 수습될 수 있다. 이렇게 이해하면, 표현의 자유는 국민이 통치의 주체가 되기 위한 수단이며, 개인의 표현은 민주적 질서 형성에 기여할 때 비로소 헌법상 권리로 인정된다. 국가는 또한 표현의 자유가 본래의 목적대로 기능하도록 민주적 공론장을 형성할 의무를 가진다. 이것이 외형상 정부 간섭처럼 보일 수 있지만, 실제로는 표현의 자유가 민주주의에 기여하도록 보장하기 위한 헌법적 장치이다.

이러한 접근은 기본권의 이중적 성격, 즉 주관적 공권이자 객관적 가치 질서라는 헌법 이론에도 부합한다. 국가는 표현의 자유를 침해하지 않을 소극적 의무뿐 아니라, 실현할 적극적 의무도 지닌다. 마을회관 회의에서 진행자가 무질서한 참가자를 제지하듯, 국가는 표현의 자유가 제대로 기능하도록 규율할 수 있다. 이는 억압이 아니라 헌법이 요구하는 실현 의무의 일부다.

정리하자면, 표현의 자유는 국민이 민주적 의사결정에 참여하는 자기지배를 실현하기 위해 반드시 보장되어야 할 자유다. 그 본질은 화자가 마음대로 말할 권리가 아니라, 청자가 민주적 의사결정을 하는 데 도움이 되는 발언을 보호하는 데 있다. 따라서 표현의 자유를 이해할 때는 청자의 이익을 동시에 고려하는 관점이 필요하다. 이를 위해서는 민주주의 실현에 기여하는 표현과 그렇지 않은 표현을 구분해야 한다. 미국 헌법과 달리 우리 헌법은 기본권에 대한 상세한 규정을 두고 있으므로, 전자는 헌법 제21조의 표현의 자유로 두텁게 보호하고, 후자는 헌법 제10조의 일반적 행동자유권으로 포섭하는 접근이 가능하다. 이렇게 구분할 때, '민주적 의사형성에 기여하는 표현'은 헌법 제21조에 따라 강력하게 보호되는 반면, '개인의 자기실현적 발언'은 헌법 제10조에 의해 보호하되 타인의 권리 보호나 공공의 이익과의 균형 속에서 제한될 수 있다. 이러한 구분만이 표현의 자유를 민주주의의 토대로 재정립하는 길이다. 여기에 사상의 자유시장이 개입할 여지는 없다. 사상의 자유시장은 멋진 비유일 뿐, 유용한 법리는 아니다.

미주

1장

1) 김용욱, "이탄희 의원과 헌법재판관 후보자 사이 오간 '언론검열' 토론", 미디어오늘 온라인, 2023.12.12. 20:05.

2) 헌재 2021. 1. 28. 2018헌마456 등, 판례집 33-1, 32, 33.

3) 대법원 2019. 11. 21. 선고 2015두49474 전원합의체 판결.

4) W. Wat Hopkins, *The Supreme Court Defines The Marketplace of Ideas*, 73 Journalism & Mass Communication Quarterly 40 (1996).

5) 존 밀턴, 임상원 역주, 『아레오파지티카: 존 밀턴의 언론 출판의 자유에 대한 선언』, 나남, 2015년.

6) 이춘구, "사상의 자유시장이론 전개의 법적 고찰", 국가법연구 제10집 제1호, 2014년, 99쪽.

7) 존 스튜어트 밀, 김형철 역, 『자유론』, 서광사, 2009년, 42-43쪽.

8) 윤성현, "미국 헌법상 표현의 자유의 지지 논변으로서 사상의 시장론", 공법연구 제42집 제2호, 2013년, 218-19쪽.

9) Abrams v. United States, 250 U.S. 616, 630 (1919).

10) 윤성현, 앞의 논문, 226쪽.

11) United States v. Ramely, 345 U.S. 41, 56 (1953).

12) Hopkins, 앞의 논문, pp. 41-42.

13) Jared Schroeder, *Fixing False Truths: Rethinking Truth Assumptions and Free-Expression Rationales in the Networked Era*, 29 William & Mary Bill Rights Journal 1097, 1109-1110 (2021).

14) New York Times Co. v. Sullivan, 376 U.S. 254 (1964).

15) 376 U.S. at 270.

16) Red Lion Broadcasting Co. v. Federal Communications Commission, 395 U.S. 367, 390 (1969).

17) Lisa Herzog, *What's Wrong with the "Marketplace of Ideas?"* in CITIZEN KNOWLEDGE: MARKETS, EXPERTS, AND THE INFRASTRUCTURE OF DEMOCRACY 106 (Oxford University Press, 2024).

18) 김민배, "표현의 자유와 사상의 자유시장 - 홈즈(Mr. Justice Oliver W. Holmes)를 중심으로 -", 토지공법연구 제33집, 2006년, 321쪽.

19) Thomas I. Emerson, *Toward a General Theory of the First Amendment*, 72 Yale. L.J. 877, 878-86 (1963).

20) 헌재 2011. 12. 29. 2007헌마1001 등, 판례집 23-2하, 739.

21) 표현의 자유의 헌법적 정당성에 대해서는 박용상, 『표현의 자유』, 현암사, 2002년, 15-43쪽 참고.

22) Eric Barendt, FREEDOM OF SPEECH 18 (Oxford University Press, 2007).

23) Cristina Lafont, DEMOCRACY WITHOUT SHORTCUTS: A PARTICIPATORY CONCEPT OF DEMOCRACY 17-33 (Oxford University Press, 2019).

24) Martin H. Redlish & Abby Marie Mollen, *Understanding Post's and Meiklejohn's Mistakes: The Central Role of Adversary Democracy in the Theory of Free Expression*, 103 Nw. U. L. Rev. 1303 (2009).

25) Harry Kalven, Jr., *The New York Times Case: A Note on "The Central Meaning of the First Amendment"*, 1964 SUP. CT. REV. 191, 221 n.125.

26) Alexander Meiklejohn, POLITICAL FREEDOM 70-71 (Harper & Brothers, 1960).

27) Alexander Meiklejohn, *The First Amendment Is an Absolute*, 1961 Supreme Court Review 245, 252.

28) Stanley Ingber, *The Marketplace of Ideas: A Legitimate Myth*, 1984 Duke L.J. 1, 4 (1984).

29) Emerson, 앞의 논문, p. 879.

30) Chris Demaske, FREE SPEECH AND HATE SPEECH IN THE UNITED STATES: THE LIMITS OF TOLERATION 69 (Routledge, 2021).

31) Emerson, 앞의 논문, p. 879.

32) David A.J. Richards, *Free Speech and Obscenity Law: Toward a Moral Theory of the First Amendment*, 123 U. Pa. L. Rev. 45, 82 (1974).

33) Ingber, 앞의 논문, p. 4.

34) Martin H. Redish, *The Value of Free Speech*, 130 U.Pa.L.Rev. 591, 601 (1982).

35) C. Edwin Baker, HUMAN LIBERTY AND FREEDOM OF SPEECH 12-13 (Oxford University Press, 1989).

36) Frederick Schauer, *The Exceptional First Amendment* in Michael Ignatieff (ed.), AMERICAN EXCEPTIONALISM AND HUMAN RIGHTS 29-56 (Princeton University Press, 2005).

37) 강승식, "독일기본법상 표현의 자유 제한에 대한 비판적 고찰", 중앙법학 제7집 제2

호, 2005년, 12-13쪽.

38) 김민배, 앞의 논문, 323쪽.

39) William P. Marshall, *The Truth Justification for Freedom of Speech* in Adrienne Stone & Frederick Schauer (eds.), THE OXFORD HANDBOOK OF FREEDOM OF SPEECH 49 (Oxford University Press, 2021).

40) Edward J. Eberle, DIGNITY AND LIBERTY: CONSTITUTIONAL VISIONS IN GERMANY AND THE UNITED STATES (Praeger, 2001).

41) Guy E. Carmi, *Dignity versus Liberty: The Two Western Cultures of Free Speech*, 26 Boston U. Int'l L.J. 277 (2008); 조재현, "표현의 자유와 인간의 존엄성에 관한 고찰 – 인격 발현적 가치와 대응적 가치를 중심으로 –", 공법학연구 제20권 제4호, 2019년, 132쪽.

42) 강승식, 앞의 논문, 23쪽.

43) Ronald J. Krotoszynski, Jr., THE FIRST AMENDMENT IN CROSS-CULTURAL PERSPECTIVE: A COMPARATIVE LEGAL ANALYSIS OF THE FREEDOM OF SPEECH 93-94 (New York University Press, 2006).

44) 강승식, 앞의 논문, 13쪽; Eberle, 앞의 책, p. 971.

45) Krotoszynski, 앞의 책, p. 96.

46) Markus Thiel, *Germany* in Markus Thiel (ed.), THE 'MILITANT DEMOCRACY' PRINCIPLE IN MODERN DEMOCRACIES (Ashgate, 2009), pp. 109-145.

47) Michel Rosenfeld, *Hate Speech in Constitutional Jurisprudence: A Comparative Analysis*, 24 Cardozo L. Rev. 1523, 1549 (2003).

48) 강승식, 앞의 논문, 12쪽.

49) Carmi, 앞의 논문, p. 329.

50) BVerfGE 90, 241 (255).

51) Jean Morange, LA LIBERTÉ D'EXPRESSION 16 (Bruylant, 2009).

52) Morange, 앞의 책, p. 25.

53) 한동훈, 『프랑스 헌법상 표현의 자유』, 헌법재판연구원, 비교헌법연구 2016-B-5, 2016년, 25, 57쪽.

54) 한동훈, 앞의 보고서, 24쪽.

55) 한동훈, 앞의 보고서, 25쪽.

56) 한동훈, 앞의 보고서.

57) Morange, 앞의 책, p. 23.

58) Décision n° 84-181 DC du 10 et 11 octobre 1984.

59) 한동훈, "프랑스 헌법상 표현의 자유에 관한 연구", 언론과 법 제15권 제2호, 2016년, 218쪽.

60) 한동훈, 위의 논문, 219쪽.

61) Marshall, 앞의 논문, p. 48.

62) Barendt, 앞의 책, p. 40.

63) Marshall, 앞의 논문, p. 49.

64) Barendt, 앞의 책, p. 7.

65) Barendt, 앞의 책, p. 11.

66) Ingber, 앞의 논문, p. 15.

67) 윤성현, 앞의 논문, 230쪽.

68) Lisa, 앞의 논문, p. 109

69) Barendt, 앞의 책, p. 11.

70) Marshall, 위의 논문, p. 47.

71) Ingber, 앞의 논문, p. 27.

72) Ingber, 위의 논문, p. 27-28.

73) Ingber, 위의 논문, p. 31.

74) Jerome A. Barron, *Access to the Press-A New First Amendment Right*, 80 Harv. L. Rev. 1641 (1967).

75) BVerfGE 57, 295 (319f.).

76) 신문법 판례로는 헌재 2006. 6. 29. 2005헌마165 등, 판례집 18-1하, 337, 386, 방송법 판례로는 헌재 2003. 12. 18. 2002헌바49, 판례집 15-2하, 502, 5_7 참고.

77) Moran Yemini, *The New Irony of Free Speech*, 20 Colum. Sci. & Tech. L. Rev. 119, 148 (2018).

78) Whitney v. California, 274 U.S. 357, 377 (1927) (Brandeis, J., concurring)

79) Schenck v. United States, 249 U.S. 47, 52 (1919).

80) Dennis v. United States, 341 U.S. 494 (1951)

81) Brandenburg v. Ohio, 395 U.S. 444 (1969).

82) Chaplinsky v. New Hampshire, 315 U.S. 568 (1942). Chaplinsky 판결은 번복된 적은 없으나, 연방대법원은 다수의 도발적 발언을 금지하는 법률을 불명확 또는 광범위하다는 이유로 위헌으로 선언하였다. 송현정, "미국 연방대법원의 혐오표현 관련 법리와 판단기준", 미국헌법연구 제33권 제1호, 2022년, 125쪽.

83) Holder v. Humanitarian Law Project, 561 U.S. 1 (2010).

84) Dawn C. Nunziato, *The Marketplace of Ideas Online*, 94 Notre Dame L. Rev. 1519,

1531 (2019).

85) Yong Mie Kim, New Evidence Shows How Russia's Election Interference Has Gotten More Brazen, Brennan Center for Justice, March 5, 2020, pp. 1528-31.

86) Ingber, 앞의 논문, p. 7.

87) Gertz v. Robert Welch, Inc., 418 U.S. 323, 339-40 (1974).

88) United States v. Alvarez, 567 U.S. 709 (2012).

89) 헌재 2010. 12. 28. 2008헌바157등, 판례집 22-2하, 684.

90) James Weinstein, *What Lies Ahead?: The Marketplace of Ideas, Alvarez v. United States, and the First Amendment Protection of Knowing Falsehoods*, Seton Hall L. Rev. 135 (2020).

91) 캐스 선스타인, 김도원 역, 『라이어스: 기만의 시대, 허위사실과 표현의 자유』, arte, 2023년, 91쪽.

92) Weinstein, 앞의 논문, p. 148.

93) 315 U.S. at 571-72.

94) Roth v. United States, 354 U.S. 476, 484~85 (1957).

95) 354 U.S. at 476-77.

96) 헌재 1998. 4. 30. 95헌가16, 판례집 10-1, 327, 341.

97) 헌재 2009. 5. 28. 2006헌바109 등, 판례집 21-1하, 545.

98) 위의 판례집, 560쪽.

99) 위의 판례집, 558쪽.

100) 341 U.S. at 510 (quoting 183 F.2 at 212).

101) Steven P. Lee, *Hate Speech in the Marketplace of Ideas* in Deirdre Golash (ed.), FREEDOM OF EXPRESSION IN A DIVERSE WORLD (Springer, 2010).

102) 송현정, "미국 연방대법원의 혐오표현 관련 법리와 판단기준", 미국헌법연구 제33권 제1호, 2022년, 115쪽.

103) 김민배, 앞의 논문, 321쪽.

104) 홍성수, "[특집] 혐오표현의 자유?", 월간 참여사회 온라인, 2020년 01-02월.

105) 비슷한 사고를 하는 사람들끼리 모여 극단화되는 현상에 대해서는 Cass R. Sunstein, GOING TO EXTREMES: HOW LIKE MINDS UNITE AND DIVIDE (Oxford University Press, 2009) 참고.

106) 헌재 1998. 2. 27. 96헌바2, 판례집 10-1, 118, 124.

107) Central Hudson Gas & Elec. v. Public Svc. Comm'n, 447 U.S. 557 (1980).

108) 헌재 2005. 10. 27. 2003헌가3, 판례집 17-2, 189.

109) 헌재 2012. 3. 29. 2009헌마754, 판례집 24-1상, 564, 574.

110) 윤성현, 앞의 논문, 234쪽.

111) G. Michael Parsons, *Fighting for Attention: Democracy, Free Speech, and the Marketplace of Ideas*, 104 Minnesota L. Rev. 2157, 2163 (2020).

2장

1) 마광수 교수의 소설 『즐거운 사라』, 청하출판사, 1992년, 30쪽. 『즐거운 사라』는 1991년 7월 서울문화사에서 출간되었으나 한 달 만에 절판되었고, 1992년 8월 청하출판사에서 개정판으로 다시 출판되었다.

2) 마광수, 앞의 책, 개정판 권말에 실린 '작가의 말' 중에서.

3) 서울형사지방법원 1992. 12. 28. 선고 92고단10092 판결.

4) 서울형사지방법원 항소1부 1994. 7. 13. 선고 93노446 판결.

5) 대법원 1995. 6. 16. 선고 94도2413 판결.

6) 한경진·최선아, "〈디테일추적〉 "마광수 소설은 법적 폐기물"이라던 안경환 감정서 입수해보니", 조선일보 온라인, 2017. 09. 07. 10:06.

7) 위키피디아, https://en.wikipedia.org/wiki/Anthony_Comstock.

8) Regina v. Hicklin, L.R. 3 Q.B. 360(Eng. 1868).

9) United States v. Bennett, 24 F. Cas. 1093 (S.D.N.Y. 1879).

10) United States v. One Book Called "Ulysses", 5 F. Supp. 182 (S.D.N.Y. 1933).

11) Chaplinsky v. New Hampshire, 315 U.S. 568 (1942).

12) 315 U.S. at 572.

13) Roth v. United States, 354 U.S. 476 (1957).

14) 354 U.S. at 489.

15) Memoirs v. Massachusetts, 383 U.S. 413, 418 (1963).

16) Miller v. California, 413 US 15 (1973).

17) Frederick Schauer, *Speech and "Speech" - Obscenity and "Obscenity": An Exercise in the Interpretation of Constitutional Language*, 67 Geo. L.J. 899, 922 (1979).

18) Schauer, 위의 논문, p. 927.

19) 354 U.S. at 485.

20) 헌재 1998. 4. 30. 95헌가16, 판례집 10-1, 327.

21) 대법원 2008. 3. 13. 선고 2006도3558 판결.

22) 헌재 2009. 5. 28. 2006헌바109등, 판례집 21-1하, 545.

23) Frederick S. Lane III, OBSCENE PROFITS: THE ENTREPRENEURS OF PORNOGRAPHY IN THE CYBER AGE 116 (Routledge Books, 2000).

24) 위의 책, p. 32.

25) 헌재 2015. 2. 26. 2009헌바17 등, 판례집 27-1상, 20.

26) 위의 판례집 28쪽.

27) U.S. Commission on Obscenity and Pornography, THE REPORT OF THE COMMISSION ON OBSCENITY AND PORNOGRAPHY 27 (1970).

28) Attorney General's Commission on Pornography, FINAL REPORT (1986).

29) Catherine A. MacKinnon, *Pornography, Civil Rights, and Speech*, 20 Harv. C.R.-C.L. L. Rev. 1, 21 (1985).

30) 헌재 2010. 12. 28. 2008헌바157 등, 판례집 22-2하, 684, 698.

31) 위의 논문, p. 18.

32) 위의 논문, p. 21.

33) 위의 논문, pp. 43-50.

34) 위의 논문, p. 54.

35) 위의 논문, p. 56.

36) American Bookseller's Assn' v. Hudnut, 771 F.2d 323 (7th Cir. 1985), aff'd, 475 U.S. 1001 (1986).

37) 771 F.2d at 329.

38) 771 F.2d at 330.

39) Regina v. Butler, [1992] 1 S.C.R. 452 (Can.).

40) 헌재 2023. 2. 23. 2019헌바305, 판례집 35-1상, 113.

41) 위의 판례집.

42) 대법원 2019. 1. 10 선고 2016도8783 판결.

43) 부산지방법원 동부지원 2015. 10. 20 선고 2015고단1153 판결.

44) 부산지방법원 2016. 5. 27 선고 2015노3926 판결.

45) 대법원 2019. 1. 10 선고 2016도8783 판결.

46) Jacobellis v. Ohio, 378 U.S. 187, 197 (1964) (Stewart, J., concurring).

3장

1) United States v. Alvarez, 567 U.S. 709, 715 (2012) (plurality opinion by Kennedy, J.).

2) 캐스 선스타인, 김도원 역,『라이어스: 기만의 시대, 허위사실과 표현의 자유』, arte, 73쪽.

3) Gertz v. Robert Welch, Inc., 418 U.S. 323 (1974).

4) 후베르투스 게르스도르프, "독일 기본법상 표현의 자유", 헌법재판연구 제7권 제1호, 2020년, 90쪽.

5) 헌재 2010. 12. 28. 2008헌바157등, 판례집 22-2하, 684.

6) New York Times Co. v. Sullivan, 376 U.S. 254 (1964).

7) Garrisson v. Louisiana, 379 U.S. 64 (1964).

8) St. Amant v. Thompson, 390 U.S. 727 (1968).

9) 418 U.S. at 339.

10) Milkovich v. Lorain Journal Co., 497. U.S. 1 (1990).

11) 위의 판결.

12) 대법원 2006. 5. 12 선고 2004다35199 판결.

13) 대법원 2000. 7. 28 선고 99다6203 판결.

14) 대법원 2002. 1. 22 선고 2000다37524, 37531 판결.

15) 567 U.S. at 720-721.

16) 게르스도르프, 앞의 논문, 89쪽.

17) 콘라드 헷세, 계희열 역,『통일 독일헌법원론』, 박영사, 2001년, 243쪽.

18) 헷세, 위의 책, 244쪽.

19) 헷세, 위의 책, 244쪽.

20) 헷세, 위의 책, 244쪽.

21) 헷세, 위의 책, 244쪽.

22) 게르스도르프, 앞의 논문, 90-91쪽.

23) 헷세, 앞의 책, 249쪽.

24) 헷세, 앞의 책, 40-41쪽.

25) 헷세, 앞의 책, 203쪽.

26) 이하 내용은 게르스도르프, 앞의 논문, 94-96쪽.

27) BVerfGE 7, 198 (1958).

28) BVerfGE 90, 241 (1994).

29) BVerfGE 124, 300 (2009).

30) 대법원 1998. 3. 24. 선고 97도2957 판결.

31) 대법원 2000. 2. 25. 선고 99도4757 판결.

32) 선스타인, 앞의 책, 216쪽.

33) 법무부 보도자료, 2018. 10. 16.

34) 헌재 2010. 12. 28. 2008헌바157등, 판례집 22-2하, 684.

35) New York Times v. Sullivan, 376 U.S. 254, 271-272 (1964).

36) 가짜뉴스의 소비심리에 대해서는, 오세욱·정세훈·박아란, 『가짜 뉴스 현황과 문제점』, 한국언론진흥재단, 2017년, 42-49쪽 참고.

37) 헌재 2024. 6. 27. 2023헌바78, 판례집 36-1하, 381; 헌재 2023. 7. 20. 2022헌바299,

38) 대법원 2025. 5. 1 선고 2025도4697 전원합의체 판결.

39) 2023년 언론보도로 인한 손해배상소송에서 인용된 건의 인용액 분포를 보면, 5백만 원 이하가 63건(71.6%)로 대부분을 차지했고, 5백만 원 초과 1천만 원 이하가 11건(12.5%), 1천만 원 초과 2천만 원 이하가 6건(6.8%), 2천만 원 초과 5천만 원 이하가 7건(8%)으로 나타났다. 언론중재위원회, 『2023년도 언론관련판결 분석보고서』, 2024년, 30쪽.

40) 위의 보고서, 31쪽.

41) 이보배, "'태블릿PC 조작설' 변희재 1심 징역2년 ... "악의적 공격 반복"", 연합뉴스 온라인, 2018.12.10. 11:27.

42) 고한솔, "'태블릿PC 조작 주장' 변희재, 징역 2년 실형 선고", 한겨레 온라인, 2018.12.10. 11:13.

43) 조응형, "보수 유튜버 우종창 법정구속 ... "조국 명예훼손" 징역 8개월", 동아일보 온라인, 2020.07.18. 03:00.

44) 헌재 2021. 2. 25. 2017헌마1113등, 판례집 33-1, 261.

45) 윤해성·김재현, 『사실적시 명예훼손죄의 비범죄화 논의와 대안에 관한 연구』, 한국형사정책연구원 연구총서 18-AB-02, 2018년. 이 보고서에 따르면, 진실한 사실을 적시했는데 처벌을 하고 있는 나라는 현재 전 세계에서 손가락에 꼽을 정도이고, 유엔인권위원회(UN Human Rights Committee)와 유엔 산하 시민적·정치적 권리에 관한 국제규약위원회(ICCPR)는 각각 2011년과 2015년에 대한민국의 사실 적시 명예훼손죄 규정을 폐지 권고하였다.

46) Case C-131/12, Google Spain SL and Google Inc. v Agencia Española de Protección de Datos (AEPD) and Mario Costeja González, Judgment of the Court (Grand Chamber), 13 May 2014, ECLI:EU:C:2014:317.

4장

1) 대법원 2008. 4. 17 선고 2004도4899 전원합의체 판결 (대법관 박시환의 별개의견).

2) 민주사회를 위한 변호사모임,『헌법 위의 악법: 국가보안법을 폐지해야 하는 이유』, 삼인, 2021년, 201-202쪽.

3) 권석천, "박시환, 김명수, 그리고 대법원장의 자리", 법률신문 온라인, 2023.10.09. 08:57.

4) 민주사회를 위한 변호사모임, 앞의 책, 29쪽.

5) 민주사회를 위한 변호사모임, 앞의 책, 30쪽.

6) 대법원 2010. 12. 9 선고 2007도10121 판결.

7) 참여연대 사법감시센터, "주장에 대한 동의여부를 떠나 강정구 교수를 국가보안법으로 처벌해서는 안돼", 참여연대 인터넷 홈페이지, 2005.09.02.

8) Schenck v. United States, 249 U.S. 47 (1919).

9) Abrams v. United States, 250 U.S. 616 (1919).

10) 250 U.S. at 628.

11) 250 U.S. at 630.

12) Gitlow v. New York, 268 U.S. 652 (1925).

13) Whitney v. California, 274 U.S. 357 (1927).

14) 274 U.S. at 373.

15) 274 U.S. at 375.

16) 274 U.S. at 375.

17) Dennis v. United States, 342 U.S. 494 (1951).

18) William B. Lockhart et al., CONSTITUTIONAL LAW 667 (West Pub. Co, 1991).

19) 342 U.S. at 510.

20) Yates v. United States., 354 U.S. 298 (1957).

21) Brandenburg v. Ohio, 395 U.S. 444 (1969).

22) 395 U.S. at 447.

23) Hess v. Indiana, 414 U.S. 105 (1975).

24) 414 U.S. at 109.

25) NAACP v. Claiborne Hardware, 458 U.S. 886 (1982).

26) 458 U.S. at 928.

27) T. Barton Carter et al., THE FIRST AMENDMENT AND THE FOURTH ESTATE 74 (Foundation Press, 2017).

28) Richard A. Wilson & Jordan Kiper, *Incitement in an Era of Populism: Updating Brandenburg After Charlottesville*, 5 U. Pa. J. L. & Pub. Affairs 56, 68 (2020).

29) Rodney A. Smolla, *Should the Brandenburg v. Ohio Incitement Test Apply in Media Violence Tort Cases?*, 27 N. Ky. L. Rev. 1, 12 (2000).

30) Smolla, 위의 논문, p. 12.

31) Kathleen M. Sullivan & Noah Feldman, CONSTITUTIONAL LAW (19th ed.) 983 (Foundation Press, 2016).

32) Lyrissa Barnett Lidsky, *Incendiary Speech and Social Media*, 44 Tex. Tech L. Rev. 147, 160 (2012).

33) Sullivan & Feldman, 앞의 책, pp. 983-985.

34) David L. Hudson Jr., *Landmark Case Sets Precedent on Advocating Force*, FIRST AMEND. CTR. (June 8, 2009).

35) Thomas Healy, *Brandenburg in a Time of Terror*, 84 Notre Dame L. Rev. 655 (2009).

36) Healy, 위의 논문.

37) David Skover and Ronald Collins, *What Is War? Reflections on Free Speech in Wartime*, 36 Rutgers L.J. 833 (2005).

38) Leslie Kendrick, *On "Clear and Present Danger"*, 94 Notre Dame L. Rev. 1653, 1663-1667 (2019).

39) Alexander Tsesis, *Terrorist Speech on Social Media*, 70 Vand. L. Rev. 651, 654-662 (2017).

40) Tsesis, 위의 논문, p. 667.

41) Holder v. Humanitarian Law Project, 561 U.S. 1 (2010).

42) 561 U.S. at 29.

43) 박용현, "국보법은 미국 가면 돌 맞는다", 한겨레21 532호 온라인, 2004.10.28. 00:00 등록 2020.05.02. 04:23 수정.

44) 이형석, "유럽인권협약상 표현의 자유와 정치적 풍자표현 - 유럽인권재판소 판결을 중심으로 -", 법과 정책 제24집 제1호, 2018년, 165쪽.

45) Eric Barendt, FREEDOM OF SPEECH 167-168 (Oxford University Press, 2007).

46) Theo Tsomidis, *Freedom of Expression in Turbulent Times - Comparative Approaches to Dangerous Speech: The ECtHR and the US Supreme Court*, 26 Int. J. Hum. Rts. 379, 383 (2022).

47) Handyside v. the United Kingdom, no. 5493/72, ECHR 7 December 1976, § 49 (유럽인권재판소, 한국 헌법재판소 역, 유럽인권협약 제10조에 대한 해설서, 2020년 12월 31일 개정, 12쪽에서 재인용).

48) European Court of Human Rights, GUIDE ON ARTICLE 10 OF THE EUROPEAN CONVENTION ON HUMAN RIGHTS - FREEDOM OF EXPRESSION, updated on 31 August 2022, para. 61.

49) 27 Eur. Ct. H.R. 667 (1997).

50) 유럽인권재판소, 앞의 책, 104쪽.

51) Stefan Sottiaux, *The "Clear and Present Danger" Test in the Case Law of the European Court of Human Rights*, Zeitschrift für Ausländisches Öffentliches Recht und Völkerrecht; 2003; Vol. 64; p. 666.

52) Arslan v. Turkey, no. 23462/94, ECHR 8 July 1999. 이 사건은 터키의 쿠르드 탄압 문제를 다룬 책의 저자인 Arslan이 터키 법원에서 유죄판결을 받은 후 유럽인권재판소에 제소한 사건이다. 유럽인권재판소는 Arslan에 대한 유죄판결이 협약 제10조를 위반하였다고 판단하였다.

53) Leroy v. France, no. 36109/03, ECHR 2 October 2008.

54) 후베르투스 게르스도르프, "독일 기본법상 표현의 자유", 헌법재판연구 제7권 제1호, 2020년, 89면.

55) BVerfGE 7, 198 (1958) - Lüth para. 27.

56) 게르스도르프, 앞의 논문, 90쪽.

57) Edward J. Eberle, DIGNITY AND LIBERTY: CONSTITUTIONAL VISIONS IN GERMANY AND THE UNITED STATES (Praeger, 2002).

58) Ronald J. Krotoszynski, Jr., THE FIRST AMENDMENT IN CROSS-CULTURAL PERSPECTIVE: A COMPARATIVE LEGAL ANALYSIS OF THE FREEDOM OF SPEECH 94 (New York University Press, 2006).

59) Krotoszynski, 위의 책.

60) BVerfGE 90, 241 (1994).

61) BVerfGE 124, 300 (2009).

62) BGH, 23 July 1969 - 3 StR 326/68.

63) BVerfGE 5, 85 (1956).

64) BVerfGE 144, 20 (2017).

65) 헷세, 앞의 책, 249쪽.

66) Olivier Jouanjan, *Freedom of Expression in the Federal Republic of Germany*, 84 Indiana L.J. 867, 875 (2009).

67) 헷세, 앞의 책, 203쪽.

68) 헷세, 앞의 책, 203쪽.

69) Dieter Grimm, *Free Speech in a Globalized World* in Ivan Hare & James Weinstein (eds.),

EXTREME SPEECH AND DEMOCRACY 13 (Oxford University Press, 2009).

70) 이현정, "독일연방헌법재판소의 판결에 투영된 이익형량의 원리", 외법논집 제46권 제1호, 2022년, 152쪽 참고.

71) Barendt, 앞의 책, p. 167.

72) Jean Morange, LA LIBERTÉ D'EXPRESSION 25 (Bruylant, 2009).

73) 전학선, "프랑스에서 인터넷상의 혐오표현에 대한 규제 - 헌법재판소 2020. 6. 18. 아비아법률 결정을 중심으로 -", 외법논집 제44권 제3호, 2020년, 61쪽.

74) 한동훈, 『프랑스 헌법상 표현의 자유』, 헌법재판연구원, 비교헌법연구 2016-B-5, 2016년, 25, 57쪽.

75) 한동훈, 위의 보고서, 24쪽.

76) 한동훈, 위의 보고서, 25쪽.

77) Morange, 앞의 책, p. 27.

78) 한동훈, "프랑스 헌법상 표현의 자유에 관한 연구", 언론과 법 제15권 제3호, 2016년, 206쪽.

79) 박진우, "프랑스의 언론법제: "언론 자유의 위배"에 대한 법적 규정", 언론중재, 2007년 겨울, 54쪽.

80) Commentaire-Décision n° 2015-492 QPC du 16 octobre 2015, p. 5.

81) Cons. const., décision n° 94-352 DC du 18 janvier 1994. 한동훈, 프랑스 헌법상 표현의 자유, 앞의 보고서, 32쪽.

82) Cons. const., décision n° 2020-801 DC du 18 juin 2020 (강명원, "프랑스에서 표현의 자유에 관한 연구", 공법연구 제49집 제3호, 2021년, 127-28쪽에서 재인용).

83) 전학선, 앞의 논문, 70쪽.

84) 한동훈, 앞의 보고서, 54쪽.

85) 전학선, 앞의 논문, 70쪽.

86) Barendt, 앞의 책, p. 40.

87) William P. Marshall, *The Truth Justification for Freedom of Speech* in Adrienne Stone & Frederick Schauer (eds.), THE OXFORD HANDBOOK OF FREEDOM OF SPEECH 49 (Oxford University Press, 2021).

88) Adrian Hunt, *Criminal Prohibitions on Direct and Indirect Encouragement of Terrorism*, The Criminal Law Review (2007), pp. 441-443.

89) Commission for Countering Extremism, Operating with Impunity. Hateful extremism: The need for a legal framework, February 2021, p. 13.

90) R (Miranda) v Secretary of State for the Home Department [2016] EWCA Civ 6.

91) 황지섭, "영국 인권법 하에서의 규범통제의 양상 - 불합치선언(Declarartion of Incompatibility)을 중심으로 -", 헌법재판연구 제8권 제2호, 2021년, 283-319쪽.

92) Barendt, 앞의 책, p. 166.

93) Ian Turner, *Limits to Terror Speech in the UK and USA: Balancign Freedo:n of Expression With National Security*, Amicus Curiae, Series 2, Vol 1, no 2, (2019) p. 202.

94) 初宿正典 外, 憲法 人權 Cases and Materials [基礎編], 有斐閣, 2005, 95頁.

95) Krotoszynski, 앞의 책, p. 140.

96) Krotoszynski, 앞의 책, p. 179.

97) Krotoszynski, 앞의 책, p. 180.

98) 한영학, 『일본 언론법 연구』, 한울아카데미, 2012년, 144-145쪽.

99) 한영학, 위의 책, 143쪽.

100) 最大判 平成5[1993]年3月16日 民集47卷5号3483頁.

101) 梅山香代子, "日本国憲法における「表現の自由」の意義 -米国憲法との比較的観点から-", 東洋学園大学紀要 13号, 2005年3月15日, 15-28頁.

102) 한영학, 앞의 책, 140-41쪽.

103) 한영학, 앞의 책, 142쪽.

104) 芦部信喜 (高橋和之 補訂), 憲法 第八版, 岩波書店, 2023, 105頁.

105) 最大判 平成5[1993]年3月16日 民集47卷5号3483頁.

106) 芦部信喜, 앞의 책, 227쪽.

107) 昭和63(あ)1292, 最高裁判所第二小法廷 平成2年9月28日刑集 第44卷6号463頁.

108) 君塚正臣, "ブランデンバーグ・テストもしくは「明白かつ現在の危険」基準:渋谷暴動事件再考、そしてヘイト・スピーチ", 横浜国際社会科学研究 21 (4·5), 2017年1月20日, 11頁.

109) Daphne Barak-Erez & David Scharia, *Freedom of Speech, Support for Terrorism, and the Challenge of Global Constitutional Law*, 2 Harv. Nat'l Sec. J. 1, 6 (2011)

110) 김대휘, "국가보안법 제7조 제1항 및 제5항의 해석기준", 형사판례연구 제1호, 1993년, 220-221쪽.

111) 김대휘, 위의 논문, 220-221쪽.

112) 대법원 1986. 9. 23. 선고 86도1429 판결.

113) 조국, "1991년 개정 국가보안법상 이적성 판단기준의 변화와 그 함의", 서울대학교 법학 제52권 제3호, 2011년, 66쪽.

114) 대법원 2011. 7. 28. 선고 2009도9152 판결.

115) 민주주의법학연구회, "자료 : 국가보안법의 완전폐지만이 정답이다 - 국가보안법

개폐론에 대한 민주주의법학연구회 성명서 -", 민주법학 제27권, 2005년, 445쪽.

116) 헌재 2023. 9. 26. 2017헌바42등, 판례집 35-2, 269, 320.

117) 대법원 2008. 4. 17. 선고 2003도758 전원합의체 판결.

118) 헌재 1990. 4. 2. 89헌가113, 판례집 2, 49, 61.

119) 헌재 1996. 10. 4. 95헌가2, 판례집 8-2, 283.

120) 대법원 2007. 12. 13. 선고 2007도7257 판결.

121) 김인회, "국가보안법 위헌성에 대한 고찰 - 국가보안법의 반통일성을 중심으로 -", 통일시론 통권 제8호, 2000년, 117-120쪽.

122) 헌재 1993. 7. 29. 92헌바48, 판례집 5-2, 65, 75.

123) 민주사회를 위한 변호사모임, 『헌법 위의 악법』, 삼인, 2021년, 190-221쪽.

124) 민주사회를 위한 변호사모임, 위의 책, 211쪽.

125) 한수웅, 『헌법학』, 법문사, 2022년, 500쪽.

126) 이현정, "독일연방헌법재판소의 판결에 투영된 이익형량의 원리", 외법논집 제46권 제1호, 2022년, 152쪽.

127) 김학성, "국가보안법 폐지논쟁 소고: 국가보안법 단순 폐지는 부당하다", 강원법학 제19권, 2004년, 31-34쪽.

5장

1) 조성은, "표현의 자유, "그건 아니다", 〈북토크〉 혐오표현을 거절할 자유", 프레시안 온라인, 2020.02.04. 19:49.

2) 홍성수, "혐오표현의 자유?", 참여사회 2020년 01-02월 온라인, 2019.12.30.

3) 일간베스트 저장소는 보수적인 성향의 특정 인터넷 커뮤니티의 이름으로, 사회적 약자를 비하하거나 혐오하는 게시글이 여러 차례 올라와 논란이 되었다.

4) 홍성수, 『말이 칼이 될 때』, 어크로스, 2018년, 16쪽.

5) 제러미 월드론, 홍성수·이소영 역, 『혐오표현, 자유는 어떻게 해악이 되는가?』, 이후, 2017년, 42쪽.

6) 이정희, 『혐오표현을 거절할 자유』, 들녘, 2019년, 151-154쪽.

7) 김민수, "혐오표현 피해자가 쓴 혐오표현에 대한 기록, [서평] 이정희 전통합진보당 대표의 〈혐오표현을 거절할 자유〉", 오마이뉴스 온라인, 2020.01.26. 18:04.

8) 이도흠, "종북 혐오 표현에 대한 피해 당사자의 종합보고서, [기고] 이정희의 〈혐오표현을 거절할 자유〉에 대한 서평", 프레시안 온라인, 2020.01.21. 11:40.

9) 이정희, 앞의 책, 154쪽.

10) 국가인권위원회,『혐오표현 리포트』, 2019년, 11쪽.

11) 이정희, 앞의 책, 133쪽.

12) 대법원 2018. 10. 30. 선고 2014다61654 전원합의체 판결.

13) 이정희, 앞의 책, 202-207쪽; 홍성수, "혐오표현의 해악과 개입의 정당성: 금지와 방치를 넘어서", 법철학연구 제22권 제3호, 2019년, 33쪽.

14) 월드론, 앞의 책, 195쪽.

15) 네이딘 스트로슨, 홍성수·유민석 역,『혐오』, arte, 2023년, 108, 304쪽.

16) 앤서니 루이스, 박지웅·이지은 역,『우리가 싫어하는 생각을 위한 자유』, 간장, 2010년, 227-239쪽.

17) 월드론, 앞의 책, 48쪽.

18) 월드론, 앞의 책, 15-17쪽.

19) 월드론, 앞의 책, 26쪽.

20) 홍성수, 앞의 논문, 34쪽.

21) 홍성수, 앞의 논문, 30쪽.

22) 월드론, 앞의 책, 15-16쪽.

23) 이정희, 앞의 책, 77-85쪽.

24) 대법원 2014. 3. 27. 선고 2011도15631 판결.

25) 대법원 2003. 9. 2. 선고 2002다63558 판결.

26) 홍성수, 앞의 논문, 35쪽.

27) Beauharnais v. Illinois, 343 U.S. 250 (1952).

28) National Socialist Party of America v. Village of Skokie, 432 U.S. 43 (1977).

29) Village of Skokie v. National Socialist Party of America, 373 N.E.2d 21 (Ill. 1978).

30) Texas v. Johnson, 491 U.S. 397 (1989).

31) 491 U.S. at 406-410.

32) R.A.V. v. City of St. Paul, 505 U.S. 377 (1992).

33) Matal v. Tam, 582 U.S. 218 (2017); United States v. Schwimmer, 279 U. S. 644, 655 (1929) (Holmes, J., dissenting).

34) 월드론, 앞의 책, 134쪽.

35) 이승현, "혐오표현 규제를 둘러싼 로널드 드워킨과 제레미 월드론의 논쟁", 법과 사회 제55호, 2017년, 39쪽.

36) 유민석, "혐오표현의 해악: 월드론의 확신 논변", 윤리학 제8권 제2호, 2019년, 35-59쪽.

37) 월드론, 앞의 책, 125쪽.

38) 스트로슨, 앞의 책, 80쪽.

6장

1) 헌재 2002. 6. 27. 99헌마480, 판례집 14-1, 616.

2) Reno v. American Civil Liberties Union, 521 U.S. 844 (1997).

3) 헌재 1996. 10. 4. 93헌가13등, 판례집 8-2, 212, 222("의사표현의 자유는 헌법 제 21조 제1항이 규정하는 언론·출판의 자유에 속하고, 여기서 의사표현의 매개체는 어떠한 형태이건 그 제한이 없다고 할 것이다.").

4) 김주언, 『한국의 언론통제』, 리북, 2008년, 307쪽.

5) 문재완, "1980년 언론기본법에 대한 헌법적 평가", 세계헌법연구 제29권 제2호, 2023년, 37-67쪽 참고.

6) 박용상, "[제17회 편협매스컴 세미나 주제논문] 언론기본법상의 새로운 제도", 신문과 방송 제129호, 1981년, 118쪽.

7) 독일 기본법 제5조 제1항: "누구든지 자기의 의사를 말, 글 및 그림으로 자유로이 표현·전달하고, 일반적으로 접근할 수 있는 정보원으로부터 방해받지 않고 정보를 얻을 권리를 가진다. 출판의 자유와 방송과 영상으로 보도할 자유는 보장된다. 검열은 허용되지 아니한다."

8) 박용상, 『언론의 자유』, 박영사, 2013년, 94~101쪽.

9) 박용상, 앞의 논문, 119쪽.

10) 권영성, "언론·출판의 자유의 법리", 서울대학교 법학 제19권 제2호, 1979년, 37쪽.

11) 헌재 1995. 6. 29. 93헌바45, 판례집 7-1, 873, 879-880.

12) 헌재 2006. 6. 29. 2005헌마165등, 판례집 18-1하, 337, 384.

13) 위의 판례집, 386.

14) 헌재 2003. 12. 18. 2002헌바49, 판례집 15-2하, 502.

15) 대표적으로 1981년 제3차 방송판결(BVerfGE 57, 295ff), 공영과 민영의 이원적 방송질서에 관한 1986년 제4차 방송판결(BVerfGE 73, 118ff), 1987차 방송판결(BVerfGE 74, 297ff)가 있다. 독일연방헌법재판소, 전정환·변무웅 역, 『독일방송헌법판례』, 한울아카데미, 2002년 참고.

16) BVerfGE 57, 295, 319f.

17) BVerfGE 57, 295ff, para. 320 (1981) (독일연방헌법재판소, 전정환·변무웅 역, 독일방송헌법판례, 한울아카데미, 2002년, 135쪽.

18) 박용상, "방송의 자유와 방송편성에 관한 법적 규율", 언론과 법 제9권 제2호, 2010 년, 22쪽.

19) National Broadcasting Co. v. United States, 319 U.S. 190, 212 (1943).

20) Radio Act of 1927, ch. 169 §4, 44 Stat. 1163 (1927).

21) 3 F.R.C. 32 (1929).

22) National Broadcasting Co. v. United States, 319 U.S.190 (1943).

23) Red Lion Broadcasting v. FCC, 396 U.S. 367 (1969).

24) Miami Herald Publishing Co. v. Tornillo, 418 U.S. 241 (1974).

25) 곽상진 등, 『멀티미디어 시대에 대비한 헌법개정에 있어 헌법상 방송의 자유에 대한 새로운 해석』, 방송위원회 자유 2006-09, 2006년, 50쪽.

26) 박용상, 『표현의 자유』, 현암사, 2002년; BVerfGE 12, 205, 260 f.

27) FCC v. Pacifica Foundation, 438 U.S. 726 (1978).

28) BVerfGE 90, 60, 87 (최우정, "방송사업의 인수, 합병과 방송의 공공성 확보 - SKT 와 CJ헬로비전 사례를 중심으로 -", 언론과 법 제15권 제1호, 2016년, 42쪽에서 재 인용).

29) 이부하, "매체 융합시대에 방송의 자유와 온라인 매체에 의한 방송 - 독일 헌법이론 을 중심으로 -", 외법논집 제41권 제4호, 2017년, 207쪽.

30) Mark Fowler & Daniel Brenner, *A Marketplace Approach to Broadcast Regulation*, 60 Tex. L. Rev. 207 (1982).

31) 고민수, 『방송의 개념과 본질』, 한국학술정보, 2006년, 153~228쪽.

32) 헌재 2024. 5. 30. 2023헌마820등, 판례집 36-1하, 283, 299.

33) 방송통신위원회·한국정보통신진흥협회, 『2024 방송매체 이용행태조사』, 2024년 12월, 33쪽.

34) 2022. 6. 10. 개정된 전기통신사업법(법률 제18869호)은 온라인 동영상 서비스, 즉 OTT를 "정보통신망을 통하여 「영화 및 비디오물의 진흥에 관한 법률」 제2조제12 호에 따른 비디오물 등 동영상 콘텐츠를 제공하는 부가통신역무"라고 정의하고 있 다(제2조 제12호의2).

35) Directive 2002/21/EC of the European Parliament and of the Council of 7 March 2002 on a common regulatory framework for electronic communications networks and services (Framework Directive).

36) 이상우 등, 『통신방송 융합환경하의 수평적 규제체계 정립방안에 관한 연구』, 정보 통신연구원, 2007년, 45쪽.

37) Directive 2007/65/EC of the European Parliament and of the Council of 11 December 2007 amending Council Directive 89/552/EEC on the coordination of certain

provisions laid down by law, regulation or administrative action in Member States concerning the pursuit of television broadcasting activities.

38) 송영주, "디지털 시대 방송·문화정책의 아이디어: 프랑스 글로벌 OTT 규제의 한국적 함의", 방송통신연구 2021년 가을호, 77쪽.

39) 최세경, "방송법 규제체계 개편의 주요 쟁점과 방향", 방송문화 2020년 봄호, 138쪽.

40) 안정민, "방송규제 이념에 대한 연혁적 고찰 – 공익성에서 산업성으로 –", 정보법학 제20권 제1호, 2016년, 199쪽.

41) 황성기, "사적 검열에 관한 헌법학적 연구", 세계헌법연구 제17권 제3호, 2011년, 163-191쪽; 문재완, "인터넷상 사적 검열과 표현의 자유", 공법연구 제43집 제3호, 2015년, 181-206쪽 참고.

42) Jack M. Balkin, *Free Speech in the Algorithmic Society: Big Data, Private Governance, and New School Speech Regulation*, U.C. Davis L. Rev. 1149, 1153 (2018).

43) 헌재 2002. 6. 27. 99헌마480, 판례집 14-1, 616, 632.

44) Jack M. Balkin, *How to Regulate (And Not Regulate) Social Media*, 1 J. Free Speech L. 71, 88 (2021).

45) Moran Yemini, *The New Irony of Free Speech*, 20 Colum. Sci. & Tech. L. Rev. 119, 126 (2018).

46) Christopher S. Yoo, *Free Speech and the Myth of the Internet as an Unintermediated Experience*, 78 Geo. Wash. L. Rev. 697 (2010).

47) Yemini, 앞의 논문, p. 148.

48) Jerome A. Barron, *Access to the Press-A New First Amendment Right*, 80 Harv. L. Rev. 1641 (1967).

49) Cass R. Sunstein, #republic: DIVIDED DEMOCRACY IN THE AGE OF SOCIAL MEDIA (Princeton University Press, 2018).

50) 캐스 R. 선스타인, 이정인 역, 『우리는 왜 극단에 끌리는가』, 프리뷰, 2011년, 118쪽.

51) 헌재 2012. 2. 23. 2008헌마500, 판례집 24-1상, 228.

52) 인격권 보호를 민주주의의 구성요소로 보는 견해로, 한수웅, "표현의 자유와 명예의 보호", 저스티스 통권 제84호, 2005년, 21-52쪽 참고.

53) 황용석·권오성, "가짜뉴스의 개념화와 규제수단에 관한 연구 – 인터넷서비스사업자의 자율규제를 중심으로 –", 언론과 법 제16권 제1호, 2017년, 55-57쪽.

54) 이승현, "혐오표현 규제에 대한 헌법적 이해", 공법연구 제44집 제4호, 2016년, 152쪽.

55) 헌재 2002. 6. 27. 99헌마480, 판례집 14-1, 616, 627.

56) 해당 판결의 내용과 평가에 대해서는 김민정, "실질적 잊힘(Practical Obscurity)의 관점에서 본 잊힐 권리(the right to be forgotten)의 성격 및 의의", 언론과 법 제14권 제1호, 2015년, 219-248쪽; 문재완, "잊혀질 권리의 세계화와 국내 적용", 헌법재판연구 제4권 제2호, 2017년, 9-12쪽 참고.

57) 한국언론진흥재단, 『2024 언론수용자 조사』, 2024년, 19쪽.

58) 위의 보고서, 37쪽.

59) Yemini, 앞의 논문, p. 180.

60) 김위근·황용석, 『한국 언론과 포털 뉴스서비스』, 한국언론진흥재단 연구서 2020-10, 2020년, 5쪽.

61) Yemini, 앞의 논문, p. 182.

62) 쇼샤나 주보프, 김보영 역, 『감시 자본주의 시대』, 문학사상, 2021년, 31-32쪽.

63) 송경재, "한국 인터넷 언론 공론장의 양면성: 공론장의 재강화와 약화의 갈림길", 시민사회와 NGO 제19권 제1호, 2021년, 39-73쪽.

64) Yemini, 앞의 논문, p. 165.

65) Balkin, *Social Media*, 앞의 논문, p. 71.

66) 배진아, "인터넷 포털의 공적 책무성과 자율 규제", 언론정보연구 제54권 제4호, 2017년, 67-105쪽.

67) 통신심의 및 시정요구 제도와 임시조치 제도가 인터넷 언론의 자유를 침해하여 위헌이라는 견해도 있으나 헌법재판소는 두 제도 모두 합헌이라고 결정하였다. 헌재 2012. 2. 23. 2011헌가13, 판례집 24-1상, 25; 헌재 2012. 5. 31. 2010헌마88, 판례집 24-1하, 578.

68) 헌재 2010. 12. 28. 2008헌바157 등, 판례집 22-2하, 684.

69) Balkin, *Social Media*, 앞의 논문, pp. 79-80.

70) 대법원 2009. 4. 16. 선고 2008다53812 판결.

7장

1) Kathleen M. Sullivan & Noah Feldman, CONSTITUTIONAL LAW (9th edition) 940-946 (Foundation Press, 2016).

2) Victoria L. Killion, The First Amendment: Categories of Speech, Congressional Research Service Reports, March 28, 2024.

3) Frederick Schauer, *The Exceptional First Amendment* in Michael Ignatieff (ed.), AMERICAN EXCEPTIONALISM AND HUMAN RIGHTS 29 (Princeton University Press, 2005).

4) Ian Carter, Positive and Negative Liberty, The Stanford Encyclopedia of Philosophy, Nov.

19, 2021.

5) Eric Barendt, FREEDOM OF SPEECH 59-73 (Oxford University Press, 2007).

6) 문덕민, "혐오표현 형사제재에 관한 비교법적 고찰 -이른바 유럽모델과 미국모델의 비교를 중심으로-", 비교형사법연구 제23권 제2호, 2021년, 209-244쪽.

7) 헌재 1990. 9. 10. 89헌마82, 판례집 2, 306, 310.

8) 헌재 2001. 9. 27. 2000헌마238등, 판례집 13-2, 383, 400.

9) 한수웅, 『헌법학입문』, 법문사, 2022년, 212쪽.

10) 윤성현, "미국 헌법상 표현의 자유의 지지논변으로서 사상의 시장론", 공법연구 제42집 제2호, 2013년, 234쪽.

11) G. Michael Parsons, *Fighting for Attention: Democracy, Free Speech, and the Marketplace of Ideas*, 104 Minnesota L. Rev. 2157, 2163 (2020).

12) Lisa Herzog, *What's Wrong with the "Marketplace of Ideas?"* in CITIZEN KNOWLEDGE: MARKETS, EXPERTS, AND THE INFRASTRUCTURE OF DEMOCRACY 111 (Oxford University Press, 2024).

13) Alexander Meiklejohn, POLITICAL FREEDOM 27 (Harper & Brothers, 1960).

14) Robert H. Bork, *Neutral Principles and Some First Amendment Problems*, 47 Ind. L.J. 1, 26 (1971).

15) Cass R. Sunstein, *Free Speech Now*, 59 U. Chi. L. Rev. 255 (1992).

16) James Weinstein, *Participatory Democracy as the Central Value of American Speech Doctrine*, 97 Virginia L. Rev. 491, 509-514 (2011).

17) Alexander Meiklejohn, FREE SPEECH AND ITS RELATION TO SELF-GOVERNMENT 26 (Harper & Brothers, 1948). ("what is essential is not that everyone shall speak, but that everything worth saying shall be said.").

18) Alexander Meiklejohn, 위의 책, p. 25.

19) 헌재 1992. 11. 12. 89헌마88, 판례집 4, 739, 758.

20) 헌재 1999. 6. 24. 97헌마265, 판례집 11-1, 768, 775.

21) 헌재 2003. 10. 30. 2002헌마518. 판례집 15-2하, 185, 199-200.